# 中华文化"走出去"的财政政策研究

黄波涛◎著

THE STUDIES OF THE FISCAL POLICY
ON CHINESE CULTURE GOING GLOBAL

社会科学文献出版社
SOCIAL SCIENCES ACADEMIC PRESS (CHINA)

# 摘　要

当今世界正处在大发展、大变革、大调整时期，政治多极化、经济全球化、文化多样化深入发展，科学技术日新月异，各种思想文化交流交融交锋更加频繁，文化在综合国力竞争中的地位和作用更加凸显，围绕发展主导权的竞争更加激烈，维护国家文化安全的任务更加艰巨，增强国家文化软实力和中华文化国际影响力的要求更加紧迫。同时，中国正经历着广泛而深刻的社会变革，发展机遇期、改革攻坚期、矛盾凸显期并存，如果没有文化的积极引领，没有人民精神世界的极大丰富，没有全民族精神力量的充分发挥，一个国家、一个民族不可能屹立于世界民族之林。因此，全球化背景下中国要赢得发展新优势，就必须加快中华文化"走出去"的步伐。

第一章首先对支持中华文化"走出去"方面的文献资料进行了梳理，对背景、目的和意义进行了综述。我国理论界研究全球化背景下中华文化"走出去"的文献不多，国际数据则相对丰富一些。尽管世界各国的文化体制、文化内涵及文化产业重点不同，但基本达成以下共识：一是文化的强大是一个国家软实力的体现，在全球化背景下打上本国烙印不仅具有重要的经济意义，而且具有重要的战略意义；二是文化的发展离不开政府的财政支持。

第二章从四个层面对支持中华文化"走出去"的深层次动因进行了总结。一是理论层面。文化"走出去"是一种优效性文化产品，具有意识形态特征和正外部性特征，其供需机制不同于一般的商品，中华文化"走出去"需要政府有所作为。二是现实层面。在政治多极化的国际政治背景下，支持中华文化"走出去"可以使国外民众能够对开放的、充满活力的中国有全面的了解和认识，有利于延长中国发展的战略机遇期。在经济全球化的背景下，文化产品的辐射效应有利于完善进出口结构等。在文化多样化的国际文化背景下，支持中华文化"走出去"对于我国文化免受外来文化颠覆冲击、维护国家文化安全具有十分重要的意义。三是财政支持的必要性和可行性层面。公共财政建设与文化改革发展具有内在统一性，支持文化发展改革、推动中华文化走向世界是公共财政的重要职能之一。四是实证层面。文化产品与GDP之间存在线性关系，扎实的数理分析为支持文化"走出去"提供了科学依据。

第三章从政府、企业和民间三个层面对当前中华文化"走出去"的现状进行了分析。从政府层面看，对外文化工作部际联席会议制度、驻外中国文化中心的成立，使国内和国外、中央和地方、中央部门之间、政府和企业及民间的文化资源得到有效统筹；对外文化交流品牌的形成、文化产业博览交易会以及国际传播能力建设，已成为中华文化"走出去"重要的品牌、平台和渠道；当前如火如荼的文化体制改革为中华文化"走出去"提供了不竭动力。从企业层面看，本章分别对出版、电影、动漫和演艺等产业进行了分析，提出了存在的问题。从民间层面看，孔子学院作为非营利性教育机构，其运营有利于增进世界人民对中国语言和文化的了解；中国民间组织积极参加美国的奥斯卡电影奖、荷兰的荷赛摄影奖、丹麦的安徒生文学奖、格莱美音乐奖、普利策新闻奖等国际文化组织举办的各类活动，充分展示了中华文化的独特魅力。

第四章对当前中华文化"走出去"的相关政策进行了分析。自进入新世纪以来，中国支持文化发展的政策推陈出新、力度较大，文化体制改革不断深化，文化事业与文化产业得到全面快速发展，中华文化"走出去"的步伐越来越快。本章首先厘清了文化发展相关的政策脉络，为下一步分析提供了宏观层面的政策依据。其次，加大对文化机构的财政投入，是支持中华文化"走出去"最主要的财政政策手段，也是文化产业健康持续发展的基本条件。本章从财政投入的规模、财政投入的结构和财政投入的方式进行了分析。再次，税收作为国家经济制度的重要组成部分，其优惠政策有利于鼓励和支持文化企业参与国际竞争，推动我国文化产品和服务更多地进入国际市场。本章对优惠政策的支持方向和优惠税种分别进行梳理。最后，我国文化金融已初步形成包括政府文化产业基金、政策性银行支持、商业贷款和证券基金市场在内的多元化的融资渠道。本章从上述角度进行研究，以期建立多层次文化企业投融资风险分担和补偿机制。

第五章以大量的篇幅对公认的世界文化强国支持文化发展的政策进行剖

析，尤其对美国和法国两个分别代表市场机制和政府干预的国家进行了对比。鉴于意识形态和文化价值观的差异，各国的文化政策不尽相同，但总体而言，世界各国尤其是公认的文化强国对文化发展都进行了有选择、有限度的财政投入扶持，具有重要的借鉴意义。美国政府对文化的支持是在坚持自由竞争的市场原则下有选择地进行的。法国利用"文化例外"原则维护本国文化产业利益，通过财政政策积极支持本国文化"走出去"。英国则对本国创意产业实行"一臂之距"的政策，以法律为主，政策为辅。日本政府认同自由开展文化艺术活动，减少政府主观干预行为，并确立政府对文化艺术活动进行间接援助、对具体事务不加干涉的"内容不干预"原则。韩国通过设立相关机构，加大财政投入和税收优惠力度，将发展文化产业作为"文化立国"战略。另外，印度电影的"明星体制"，加拿大"多元文化主义"政策也各具特色。本章最后对公认的文化强国的相关文化政策进行了对比分析，以期对后面的政策建议提供坚实的国际经验支持。

　　第六章对支持中华文化"走出去"的财政投入政策、税收优惠政策和财政投融资政策提出了建议。这部分内容以第三章中华文化"走出去"现状及问题为基础，结合第四章现行财政政策的分析以及借鉴第五章国际经验。本章首先对政策原则进行了解释，其根本原则是要紧扣政府与市场的关系，有所为有所不为。在处理国际文化贸易、本土文化保护等中华文化"走出去"方面，应采取适度的、在某些阶段甚至是较多的国家干预政策。这是本章第一部分的主要内容。

　　在全球化背景下支持中华文化"走出去"，必须逐步建立健全同财力相匹配、同当前国际国内形势相适应的政府投入保障机制，不断完善支持中华文化"走出去"的财政政策。要统筹国内与国外两个大局，加大财政文化投入力度，确保中央与地方财政的文化投入稳定增长。要进一步拓宽文化投入的来源渠道，合理增加政府非税收入用于文化的投入。另外，要采取项目补贴、定向资助、出口奖励等政策措施，扩大对外文化贸易。

　　制定税收政策的原则是根据"相机抉择"的调控要求，通过税收"自动稳定器"功能和优惠政策的搭配使用，更好地发挥税收在推动文化消费、投资、出口协调拉动方面的积极作用。具体而言，要进一步优化增值税和营业税制度、加快完善推进文化技术创新和促进网络文化建设的税收政策等。

最后，就财政投融资体制而言，一要建立健全文化产业投融资体系，通过贷款贴息、保费补贴以及设立产业投资基金等方式，搭建支持文化产业发展的投融资平台等。二要促进金融资本、社会资本和文化资源有机对接。如设立国家文化发展基金、设立文化创意产业财政担保资金、完善市场准入制度、推动符合条件的文化企业上市融资等。总之，要拓宽投入渠道，鼓励企业、社会团体和公民个人捐赠，努力促进对外文化产品和服务的多元化、社会化，积极引导社会资金以多种方式支持中华文化"走出去"。

# Abstract

Nowadays, the world is undergoing development, revolution and adjustment. Multi - polarization, economic globalization and cultural diversification are all happening. Science and technology are changing quickly, all kinds of thoughts and cultures frequently exchange and blend. The status and effects of culture in the competition of comprehensive national strength are becoming prominent. The competition for dominance in world development is becoming more intense. The task of maintaining national cultural security is also more difficult. The need to enhance national cultural soft power is more urgent. At the same time, China is going through broad and profound social transformation. Development opportunity, reform breakthrough and growing conflicts coexist. Thus, without active cultural guidance, and rich spiritual life of the people, it is impossible for a country and its people to stand tall in the world. Therefore, Chinese culture must "go global" quickly so that China can gain new development strength against the background of globalization.

Chapter One summarizes existing literature on Chinese culture "going global". In China, research on this topic only began about ten years ago. The amount of research achievements is very limited. There in still less policy research on Chinese culture going out. And international data are relatively abundant. Even though countries differ in their cultural systems, cultural substance , and emphases in cultural industries, the following commonalities eist. First, the strength of culture reflects the country's soft power and has strategic siguificance in this era of globalization; Secondly, the development of culture cannot happen without the supported from the government.

The second chapter analyzes the deeper motives behind supporting the Chinese culture "going global" from three aspects. First, from the theoretical aspect, cultural products have the features of ideology and positive externality. Their system of demand and supply is not the same as other types of products. The government should be actively in promoting culture "going global". Secondly, realistically speaking, the "going global" strategy allows foreigners to know China better and help to avoid foreign invasion of Chinese culture and maintain cultural security. Thirdly, from the point of view of necessity and feasibility of finance support, the development of public finance and cultural innovations are consistent with each other. Supporting cultural reform and promoting Chinese culture's reaching out to the world are important functions of public finance.

The third chapter analyzes the current situation of Chinese culture "going global" from the points of view of the government, enterprises and NGOs. From the point of view of the government, several departments have allocated different kinds of culture resources, and have tried to improve cultural communication. And the current reform of cultural institutions has provided inexhaustible fuel for the "going global" campaign. From the point of view of the enterprises, the author analyzes the current situation of the publishing, film, animation and performing arts industries and points out present problems. From the point of view of NGO's, Confucius Institute, as a non-profit educational institution, enhances the knowledge of Chinese language and culture among people all over the world, and fully displays the unique charm of the Chinese culture.

The fourth chapter analyzes policies related to Chinese culture "going global". First, since the start of the new century, China support cultural development policy and this analysis provides macro-level policy basis for the next analysis. Secondly, increasing the financial investment to the cultural institutions is the main form of fiscal support for Chinese culture to "go global", and also the basic condition for sustained and healthy development for the cultural industry. This chapter analyzes financial investment in terms of its scale, structure and methods. Thirdly, as an important part of the national economic system, its preferential tax policies are beneficial to cultural enter by helping them prises participate in international competition and Chinese cultural products and services enter the international market. This chapter analyzes the preferential policy support and preferential taxes. Lastly, the cultural finance of our country has taken shape, featuring diversified financing channels, including government culture industry fund, policy support, bank commercial loans and securities market.

Given the differences in ideology and cultural values, the cultural policies of different countries vary. Generally speaking, nations of powerful cultural traditions have all provided some support for their own cultural development. The fifth chapter studies representative countries, especially the US and France, which represents market system and government intervention, respectively. The US government's supports for the cultural industry honers the principle of free market competition. The French government adheres to the principle of "cultural exception" to safeguard its national interests. At the same time, it also supports native culture actively through fiscal policies. The British government supports its creative culture industry through the law and policies. The Japanese government permits culture to develop freely and reduces intervention. It does not intervene in the contents of the cultural activities. The Korean government sets up related intuitions to enhance financial investments in and tax preferences for the cultural industry, and attaches to it strategic importance. Indian and Canadian policies on culture also have their own features. Finally, the chapter analyzes and compares cultural policies in several culturally powerful countries, generating the following policy suggestions.

The sixth chapter gives financial policy suggestions. The first part of the chapter emphasizes the relationship between government and market. Then, the chapter provides the suggestions about setting up the system of government investments and perfecting the financial policies supporting Chinese culture's "going global". Project-oriented funding, subsidies, export incentives should be used to improve foreign trade. Tax policies should be stimulated according to the principle of discretion. Automatic stabilization function of tax and preferential tax policies should be utilized to improve cultural consumption and investment. In particular, the policies of value – added tax, business tax, culture and technology innovations should be used. Lastly, loan discount, premium subsidy and the establishment of industry investment funds also help to build the platform of cultural development. The establishment of a national cultural development fund and cultural and creative industry finance guarantee funds, improvement of market access and improving the enterprises conforming to the requirements listed should be used to support the development of culture industry.

# 目 录

## 第一章　绪论 001
### 第一节　研究背景 001
### 第二节　研究目的和意义 006
### 第三节　国内外研究综述 007
### 第四节　研究思路和研究方法 025
### 第五节　创新和不足 026

## 第二章　支持中华文化"走出去"的动因分析 028
### 第一节　支持中华文化"走出去"的理论基础 028
### 第二节　支持中华文化"走出去"的现实因素 038
### 第三节　公共财政支持中华文化"走出去"的必要性和可行性 044
### 第四节　全球化背景下文化贸易与GDP关系的实证研究 047
### 第五节　本章小结 056

## 第三章　中华文化"走出去"的现状及问题 058
### 第一节　政府层面的中华文化"走出去" 058
### 第二节　企业层面的中华文化"走出去" 077
### 第三节　民间层面的中华文化"走出去" 088
### 第四节　本章小结 091

# 第一章
# 绪 论

## 第一节 研究背景

文化是国家和民族的灵魂，集中体现了国家和民族的品格。文化的力量，深深熔铸在民族的生命力、创造力和凝聚力之中，是团结人民、推动发展的精神支撑。[①] 当今世界政治多极化、经济全球化、文化多样化深入发展，围绕综合国力的全方位竞争更加激烈，各种思想文化交流交融交锋更加明显，国际思想文化领域斗争日趋尖锐复杂，维护意识形态安全和文化安全始终是一项紧迫任务。在全球化背景下，一个国家的文化发展同该国家的政治、经济、科技与社会发展的关系日趋紧密，是综合国力的重要标志。[②] 要成为一个有影响力的大国，不但需要强大的经济实力、军事实力和科技实力等"硬实力"，还需要强大的文化"软实力"。推动中华文化走向世界是中国文化事业和文化产业肩负的重大历史使命，也是提高国家软实力的内在要求。

### 一 全面建设小康社会的国内环境

2020年前后，我国将建成惠及十几亿人口的全面小康社会，文化大发展大繁荣是从全面建设小康社会和中国特色社会主义事业"四位一体"的总体布局高度提出的根本要求。与发达国家经过上百年发展繁荣的文化相比，我国文化发展的水平还不高，与人民群众日益增长的精神文化需求还不相适应，在体制机制改革方面还不够深入，与当今先进科学技术迅猛发展还不配套，与当

---

[①] 《国家"十一五"时期文化发展规划纲要》。
[②] 《文化产业振兴规划》，新华网，2009年9月26日。

前我国第二大经济体的国际地位相比落后很多。作为在经济体制改革和文化体制改革过程中逐渐形成的后发产业,中国文化产业普遍存在资本积累不足、机制不健全、缺乏市场活力等问题,但这些困难中蕴含着新的机遇和有利条件。十七届六中全会的召开,把文化发展提升到新的战略高度,提出要大力培育市场主体,加快转变文化产业发展方式,进一步解放和发展文化生产力,以推动文化又好又快发展。

文化具有极其鲜明的特点。首先,文化具有反向调节功能,面对经济下滑,文化产业具有逆势而上的特点。[①] 其次,文化产业是典型的来自于人、服务于人的情智产业,具有低能耗、无污染的特征。再次,文化产品和服务的目标是满足人们的精神和情感需求,优秀健康的文化产品可以改善人文环境,具有循环累积的人文价值收益递增的特性。[②] 而且,"文化工作是加快经济发展方式转变的八项重点工作之一,加快文化发展有利于优化经济结构和产业结构,有利于拉动居民消费结构升级,有利于扩大就业和创业"。[③] 以低能耗、低污染、低投入、高附加值为特征的文化业态,不仅在满足了人民群众多样化需求方面创造了良好的社会效益,而且在加快转变经济发展方式的过程中创造了可观的经济效益。文化发展对我国加快转变经济发展方式、优化经济结构、促进经济社会和谐发展方面的重要性不言而喻。

自改革开放以来,尤其是党的十七大以来,我国文化建设逐步适应市场经济发展的要求,取得了长足进步。党的十七大明确提出,要积极发展公益性文化事业,大力发展文化产业,激发全民族文化创造活力。2009年下半年,为应对国际金融危机的新形势和适应文化领域改革发展的迫切需要,我国制定了《文化产业振兴规划》,首次将文化体制改革和大力发展文化产业提升到国家战略层面,提出在重视公益性文化事业的同时,加快振兴文化产业,充分发挥文化产业在调整结构、扩大内需、增加就业、推动发展中的重要作用。

---

① 《文化产业振兴规划》第一部分:"加快文化产业振兴的重要性紧迫性"。
② 财政部网站:《公共财政支持文化产业发展研究》。
③ 胡锦涛在省部级主要领导干部深入贯彻落实科学发展观加快经济发展方式转变专题研讨班上的讲话,2010年2月。

2011年《中华人民共和国国民经济和社会发展第十二个五年规划纲要》第10篇用3章篇幅提出了"传承创新——推动文化大发展大繁荣"内容，为未来五年我国文化发展描绘了宏伟蓝图。[①] 本规划纲要指出，要构建以优秀民族文化为主体、吸收外来有益文化的对外开放格局，积极开拓国际文化市场，创新文化"走出去"模式，增强中华文化国际竞争力和影响力，提升国家"软实力"。《国家"十二五"时期文化改革发展规划纲要》指出要加强对外文化交流与合作。具体措施分为三个方面：一是加强对外文化交流；二是推动文化产品和服务出口；三是扩大文化企业对外投资和跨国经营。

2011年10月召开的十七届六中全会指出要积极推动中华文化走向世界。要"开展多渠道多形式多层次对外文化交流，广泛参与世界文明对话，促进文化相互借鉴，增强中华文化在世界上的感召力和影响力，共同维护文化多样性"。同时，"创新对外宣传方式方法，增强国际话语权，妥善回应外部关切，增进国际社会对我国基本国情、价值观念、发展道路、内外政策的了解和认识，展现我国文明、民主、开放、进步的形象"。

## 二 世界范围内政治多极化深刻变革

美国在当今国际秩序中具有强大的影响力，在很大程度上依赖于其文化的强大吸引力，正是由于经济大国、军事大国和文化大国的充分对接，才造就了美国现在的强势。2010年中国GDP总量超越日本跃居世界第二位，但是单纯的经济总量不能决定一个国家在世界上的综合地位。任何一个国家要成为世界强国，必须具备与经济实力、军事实力相匹配的文化软实力。目前，我国文化整体实力和国际影响力与我国国际地位还不相称，与我国深厚的文化底蕴还不相称，国际文化格局西强我弱的状况并没有改变。在这样的背景下，加快提升国家文化软实力，已经成为事关党和国家发展全局的重大而紧迫的课题。软实力的竞争主要表现为文化核心价值的影响力，中华文明

---

① 《中华人民共和国国民经济和社会发展第十二个五年规划纲要》，新华社《每日电讯》，2011年3月17日。

的核心价值是中国软实力的真正表现所在。文化产品只有"走出去",才能更好地传播中国的文化理念,才能改变其他国家对中国偏颇和扭曲的印象,才能树立中国良好的国际形象。因此,推动中华文化"走出去",提高国家的文化软实力,不仅是经济发展的迫切需要,更是关系到国家发展的整体利益,具有重要的战略意义。

### 三 世界范围内经济全球化愈演愈烈

2008年世界金融危机后,我国传统产业的对外贸易出现了整体不振的局面。要改变这一局面,一方面要加快调整经济结构,由出口主导型向内需主导型转变;另一方面要加快文化产业与外贸出口的有机衔接,加大高科技附加值和高文化附加值产品的出口。在这种情况下,我们只有加快中华文化"走出去"的步伐,合理协调文化内需与外贸的关系,制定出口导向的鼓励政策,把文化产业"走出去"作为新的出口增长点,优化我国对外贸易结构,才能形成生机勃勃运行良好的格局。

文化产业本身涵盖领域广泛,既结合传统制造业与第三产业,又融入了高科技因素,文化产品和服务的国际贸易不同于一般货物的国际贸易,其商品形态和意识形态的双重属性决定了所有国家必须给予重视。但是,就当前我国对外文化贸易现状而言,文化出口的受众还主要是海外华人,非华人地区对中华文化的接受程度较低,体现中华文化核心理念的产品和服务较少,中华文化"走出去"还有很长的路要走。在当今国际文化市场上,西方发达国家的跨国文化公司高度垄断着国际市场,目前,我国较大的文化贸易逆差不仅仅代表着对外贸易的不对等,更代表着文化交流的不对等,久而久之也会削弱中国在国际关系中的话语权。

### 四 世界范围内文化多样化方兴未艾

文化多样化又称文化多元化,是指一个国家或者民族在全球化浪潮中,在继承本国优秀传统文化的同时,吸收和借鉴其他国家或民族的优秀文化,进而形成以本国文化为主,外来文化为辅的多种文化共同存在、相互影响的局面。国家文化安全是指国家以主流价值体系为核心的各种文化体制机制、秩序的运行常态及其所标示的国家文化主权、文化利益及文化尊严的完整性、有机性不被国内外敌对势力所干扰、妨碍、侵蚀与破坏。[①] 中华文化"走出去"对于适应复杂的国际形势，避免本土文化受外来文化的颠覆冲击，维护国家文化安全具有十分重要的意义。

### 五　全球化技术浪潮不可阻挡

从18世纪到21世纪，整个世界范围内的现代化进程可以分为两大阶段，第一次现代化是从农业社会向工业社会转型，第二次现代化是从工业社会向知识社会转型。在这两个阶段的进程中伴随着六次浪潮，即机械化、电气化、自动化、信息化、生物经济和文化经济浪潮。目前，世界正处在现代化的第四次浪潮，而到21世纪中叶将迎来第六次现代化浪潮，那时将走进新物理学革命和文化经济阶段，建成文化经济社会。[②] 电信网、广播电视网和互联网的三网融合给文化发展带来了机遇和挑战，在3G技术的推动下，广电、通信、手机上网和出版等行业出现联动。新技术方兴未艾，文化的发展也带有明显的技术色彩。未来二三十年是中国现代化进程的关键时期，文化的发展将极大程度地影响现代化进程、经济社会的发展建构和世界各国综合国力的竞争比较。

无论是积极推行自由贸易的美国，还是倡导"文化例外"的法国，其政府都是从财政、税收、法律等方面制定鼓励政策，为本国的文化发展创造良好的环境，在扶持文化发展、支持本国文化"走出去"方面起到了至关重要的作用。近年来，我国的对外开放越来越重视中国的核心利益，很少谈及中国的核心价值。而西方则相反，处处强调西方的核心价值观，并以核心价值观为链条联结起西方的核心利益。面对未来文化发展的浪潮，我们需要深刻认识文化的本质，深入研究文化发展的脉络；我们需要充分发挥财政政策作为政府扶持和引导文化发展的经济杠杆作用，进一步从国家层面探索促进文化发展、提升我国"软实力"的战略规划以及政府应采取的财政政策。

---

① 吴满意等：《中国文化安全面临的挑战及其战略选择》，《当代世界与社会主义》，2004年。
② 中国科学院：《中国现代化报告2011》。

## 第二节 研究目的和意义

### 一 研究目的

本书以支持文化发展的国内外相关理论为基础,通过全面研究和比较西方国家支持本国文化发展的路径和经验,深入分析中华文化"走出去"的现状和不足,探讨全球化背景下支持中华文化"走出去",提升我国文化"软实力"的财政政策和相关配套机制,为推动现代化转型、构建社会主义和谐社会提供政策依据。

一是对我国文化发展的现状进行分析,揭示目前中华文化"走出去"进程中存在的主要问题。

二是借鉴财政学、产业经济学、发展经济学等相关理论和西方发达国家支持本国文化"走出去"的经验做法,深入分析制约当前中华文化"走出去"的因素,并对相关财政支持政策进行分析。

三是提出全球化背景下支持中华文化"走出去"、提升国家"软实力"的战略选择和财政政策建议。

### 二 研究意义

当今世界正处在大发展、大变革、大调整时期,世界多极化、经济全球化、文化多样化深入发展,科学技术日新月异,各种思想文化交流交融交锋更加频繁,文化在综合国力竞争中的地位和作用更加凸显,维护国家文化安全的任务更加艰巨,增强国家文化软实力、中华文化国际影响力的要求更加紧迫。我们正面临着日趋复杂的国际环境,围绕发展主导权的竞争更加激烈,要赢得发展的新优势,必须加快中华文化"走出去"的步伐。而且,我们正经历着广泛而深刻的社会变革,发展机遇期、改革攻坚期、矛盾凸显期并存,如果没有文化的积极引领,没有人民精神世界的极大丰富,没有全民族精神力量的充分发挥,一个国家、一个民族不可能屹立于世界民族之林。因此,本书选题意义重大。

本书以促进文化发展的相关理论为基础，通过全面分析和比较西方国家支持本国文化"走出去"的路径和经验，剖析了当前中华文化"走出去"的现状和不足之处，对支持中华文化"走出去"的相关财政政策进行了研究，并提出了相关政策建议，具有较高的实践价值和重要的指导意义。

（1）在政治多极化的国际政治背景下，支持中华文化"走出去"可以宣传中国现代文化发展的特点和现状，使国外民众能够对开放的、有活力的中国有全面的了解和认识。有利于宣传我国和平发展的治国理念，争取他国民众对中国发展的理解和支持，有利于巩固其他国家的民意基础，共同努力建设相互尊重、互利共赢的合作伙伴关系，延长我国发展的战略机遇期。

（2）在经济全球化的背景下，文化产品承载着消费者的某种信任感、亲切感和依赖感，对外文化贸易具有辐射效应。文化对外贸易对于一个国家和地区的重要意义在于不仅可以增加文化产业竞争力和国家竞争优势，还可以向其他制造业和服务业提供丰富的文化附加值，能够带动其他产品的贸易出口，为其他行业的对外贸易打开广阔的出路，中华文化"走出去"在扩大消费、增加就业、完善进出口结构等方面发挥着不可替代的作用。

（3）在文化多样化的国际文化背景下，支持中华文化"走出去"对于适应复杂的国际形势，避免本土文化受外来文化颠覆冲击，维护国家文化安全具有十分重要的意义。

## 第三节　国内外研究综述

### 一　关于文化的基本概念

#### （一）文化

古今中外的许多专家学者从不同角度对文化的概念进行了研究和论述。法国学者卢梭在《社会契约论》中将文化表述为一种风俗、习惯，特别是舆论，并指出文化具有三个特点：一是铭刻于人们的内心；二是文化是一个潜移默化的过程，但每天都能获得新生力量并逐渐取代过去的权威；三是文化能够维系人们的法律意识。① 马克思、恩格斯在《德意志意识形态》中运用唯物主义的基本观点，提出文化是人类物质生产活动的产物。1876年，恩格斯提出：文化作为意识形态，借助于意识和语言而存在，文化是人类特有的现象和符号系统，文化就是人化，人的对象化或对象的人化，起源于劳动。塔尼亚·芙恩在《文化产品与世界贸易组织》一书中指出：在国际法领域，虽然与文化有关的条约和宣言很多，但是共同接受的文化定义却一个也没有。作为具有潜在广泛性认同的是在《世界文化多样性宣言》前言中对文化的定义，即"社会或一个社会群体特有的精神与物质、智慧和情感方面的特征，除文学艺术外，还包括生活方式、相处的形式、价值体系、传统和信仰"。联合国教科文组织也提出，"文化不仅是精英人物所制造的作品和知识的积累……不限于艺术欣赏和人文作品，并且还是对关于某种生活方式和交际需要的知识和要求的习得"。在经济学范畴，戴维·思罗斯比（David Throsby）指出"文化"一词在两个特定含义中使用："在广泛的人类学或社会学领域，指任何族群共有或同享的一套看法、信仰、风俗、习惯、价值和惯例"；从更加宽泛的角度，"指人们从事的某些活动，以及那些活动的成果，而且必须与人类生活的智力、道德和艺术有关"。② 欧阳坚在其著作《文化产业政策与文化产业发展研究》一书中提出，文化是人们的生活方式和生活态度，是一种精神的感悟和体验，因此也是增强人们归属感和幸福感的源泉，它至少具备以下几个特征：第一，文化是历史的记忆；第二，文化是对未来的追求；第三，文化是价值观的选择；第四，文化是一种行为的规范；第五，文化是社会的普遍共识；第六，文化是绝大多数人的自觉遵守。③

综上所述，笔者认为：从广义上讲，文化是指人类创造的一切物质产品和精神产品的总和；狭义上是指语言、文学、艺术及一切意识形态在内的精神产品。按照惯例，我国按文化领域和行政部门的分工，有大、中、小文化之分。"大文化"包括教育、科技、体育和旅游等；"中文化"是指新闻出版、广播电视、电影、网络文化产品、表演院团、文化遗产、图书馆、博物馆、文化馆

---

① 陆杨：《文化定义辨析》，《吉首大学学报（社会科学版）》2006年，第2页。
② 〔澳〕塔尼亚·芙恩：《文化产品与世界贸易组织》，裘安曼译，商务印书馆，2010，第47页。
③ 欧阳坚：《文化产业政策与文化产业发展研究》，中国经济出版社，2011，第38页。

（站）、文化娱乐业和文化市场等；"小文化"主要是指文化部管辖范围内的文化产品与服务。本书所讲的文化是指"中文化"的概念。

（二）中华文化

1. 中华民族优秀传统文化

大约在公元前 3000 年，古埃及的尼罗河文化和两河流域的苏美尔文化形成了西方文化的源泉，到公元前 1000 年左右，古希腊人在爱琴海文化的基础上，吸收了古埃及和两河流域的文化，创造了希腊文明，形成了西方文明的主体。与此同时，在古代中国的黄河流域地区，以黄帝为代表的华夏部落统一了各个部落，后来经过夏、商、周三代的发展，形成了与西方文明相对应的中华文化源泉。汤因比在《历史研究》中指出，从文化的对立形态来看，西方文化以地中海为摇篮，涵盖了整个欧洲和西亚大部分地区，而东方文化则是由中华文化和印度文化构成。但是，亨廷顿的《文明的冲突》把整个伊斯兰教地区从西方文明中划分出去。[1] 刘云德在《面向二十一世纪的中国文化》中指出，公元前 500 年左右，在古希腊、波斯、印度和中国同时出现了一大批思想者群体。他们都是用观察、体验、推理和冥想的方法试图解答宇宙的本源、人生的价值、社会的意义和万物运行的规律。德国哲学家卡尔·雅斯贝尔斯把这个时代称为"轴心时代"。这个轴心时代最突出的成果是以亚里士多德为总结者的希腊思想体系和以孔子为代表的中华思想体系，它们各自成为东西方文化的精神核心。

中华文化是世界上唯一持续发展而没有中断的文化。中华文化孕育了胸怀天下、追求统一的爱国情怀，刚健有力、奋发进取的自强精神，天地之间莫贵于民的民本理念，以和为贵、和而不同的和合思想，扶正扬善、恪守信义的社会美德等。在制度层面，法家的深刻理性与儒家的人文关怀，铸造出稳定高效的政治体制。[2] 一般认为，西方文化价值具有普世意义，强调自由、民主、人权、法治、个人尊严。其实，东方文化价值同样具有普世意义，其"五常"（仁、义、礼、智、信），"四维"（礼、义、廉、耻）代表着正义感、责任、

---

[1] 目前的实际情况也是如此，西方文化中没有包括伊斯兰文化。
[2] 赵峰：《中华文化复兴的先务》，《紫光阁》2011 年第 10 期。

仁爱等社会价值，成为中华文明价值的核心部分。①

关于中国优秀传统文化的具体内容，许多学者都有自己的看法。厦门大学周宁提出，儒家伦理、道家生命哲学和释家宗教信仰是中国传统文化的精神，它构成了中国传统文化的一个完整体系。但是，中国人在进入现代化时经历了巨大的痛苦，出现了对传统文化的过度否定。结果是，中国对现代文化的接受并不彻底，反倒是传统文化被敲得粉碎，造成中国传统文化的断层。学者王渠认为，中国要向世界清楚地表达中国传统文化，其核心价值到底是什么，这种精神核心应该具有普遍意义，包含中国对于这个世界和未来的理想。② 北京大学张颐武认为，中国传统文化是指在西方文化深入碰撞之前，整个中国物质文化和精神文化的总称。中国传统文化提供了儒、释、道三家完整的精神哲学，创造了唐诗宋词等光辉灿烂的文学艺术作品，留下了孔子、李白、苏东坡等杰出文化人物的人格精神。但是，现在已经很难捕捉百分之百纯正的中国传统文化，东西方文化在全球化背景下迅速渗透，两者是"你中有我，我中有你"。

2. 中国特色社会主义文化

中国特色社会主义文化发展道路，就是高扬社会主义先进文化与传承民族优秀传统文化相结合的发展道路，就是根植民族历史文化土壤而又面向现代化、面向世界、面向未来的发展道路，是把中华文化精神与时代精神统一起来的道路。以社会主义核心价值体系为内核，用社会主义核心价值体系凝魂聚气、强基固本，是中国特色社会主义文化发展道路的根本标识。③

一是社会主义核心价值体系。

社会主义核心价值体系是社会主义意识形态的本质体现。④ 具体包括以下四个方面：

（1）坚持马克思主义指导地位。马克思主义深刻揭示了人类社会发展规律，坚定维护和发展最广大人民的根本利益，是指引人民推动社会进步、创造

---

① 何星亮：《继承和弘扬中华文明的价值观》，《学习时报》2011年3月14日。
② 王渠：《重振中国传统文化的精髓》，《环球时报》2012年2月24日。
③ 提出简明扼要、便于传播、能够得到广泛认同的社会主义核心价值观，需要在实践中继续探索。
④ 《高举中国特色社会主义伟大旗帜　为夺取全面建设小康社会新胜利而奋斗》，《十七大以来重要文献选编》（上），中央文献出版社，2009，第26页。

美好生活的科学理论。坚持马克思主义的指导地位，要不断科学分析世情、国情、党情新变化，深入研究解决改革开放和社会主义现代化建设新课题，不断深化对共产党执政规律、社会主义建设规律、人类社会发展规律的认识，不断把党带领人民创造的成功经验上升为理论，不断赋予当代中国马克思主义鲜明的实践特色、民族特色、时代特色。

（2）坚定中国特色社会主义共同理想。中国特色社会主义是当代中国发展进步的根本方向，集中体现了最广大人民的根本利益和共同愿望。中国特色社会主义道路既是实现社会主义现代化和中华民族伟大复兴的必由之路，也是创造人民美好生活的必由之路。

（3）弘扬以爱国主义为核心的民族精神和以改革创新为核心的时代精神。爱国主义是中华民族最深厚的思想传统，最能感召中华儿女团结奋斗；改革创新是当代中国最鲜明的时代特征，最能激励中华儿女锐意进取。广泛开展民族精神教育，大力弘扬爱国主义、集体主义、社会主义思想，增强民族自尊心、自信心、自豪感，有利于激励人民把爱国热情化作振兴中华的实际行动。

（4）树立和践行社会主义荣辱观。社会主义荣辱观体现了社会主义道德的根本要求。深入开展社会主义荣辱观教育，弘扬中华传统美德，推进公民道德建设工程，加强社会公德、职业道德、家庭美德、个人品德教育，评选表彰道德模范，学习宣传先进典型，引导人民增强道德荣誉感，自觉履行法定义务、社会责任、家庭责任，在全社会形成知荣辱、讲正气、作奉献、促和谐的良好风尚。

二是初步提出社会主义核心价值观。

世界上多数国家的核心价值都表达得非常简洁，法国为自由、平等、博爱；美国为自由、民主、人权。中国的核心价值可以探索以自强不息和厚德载物的思想为基础，结合古代"仁、义、礼、智、信"的精神和当前世界的全球化浪潮，凝炼成简短而富于认同感的文字。党的十八大报告关于扎实推进社会主义文化强国建设部分，把社会主义核心价值体系建设作为一项重要任务，提出了新部署、新要求，特别强调要"倡导富强、民主、文明、和谐，倡导自由、平等、公正、法治，倡导爱国、敬业、诚信、友善，积极培育社会主义核心价值观"。这是对社会主义核心价值观的最新概括，分别从国家、社会、活动，以及与这些活动有关联的活动的集合。文化及相关产业的范围包括提供文化产品（如图书、音像制品等）、文化传播服务（如广播电视、文艺表演、博物馆等）和文化休闲娱乐（如游览景区服务、室内娱乐活动、休闲健身娱乐活动等）的活动，它构成文化产业的主体；同时，还包括与文化产品、文化传播服务、文化休闲娱乐活动有直接关联的用品、设备的生产和销售活动以及相关文化产品（如工艺品等）的生产和销售活动，它构成文化产业的补充。按照上述界定，将文化产业分为文化产业核心层、文化产业外围层和相关文化产业层。文化产业核心层包括：新闻服务，出版发行和版权服务，广播、电视、电影服务，文化艺术服务四个部分。文化产业外围层包括：网络文化服务，文化休闲娱乐服务，其他文化服务。相关文化产业层包括：文化用品、设备及相关文化产品的生产，文化用品、设备及相关文化产品的销售。[①] 在统计分类中，行业与产业的概念是等同的，以英语表达均为"industry"。国际上的有关分类一般翻译为"产业"，而我国相对应的分类叫"行业"。《文化产业分类》采用社会上普遍认同的"产业分类"名称，既包括了公益性的文化单位，又包括了经营性的文化单位。但是，由于这种分类不能区分公益性文化事业和经营性文化产业两大部类，在统计中容易造成混淆和重复。

综上，笔者结合我国现阶段文化发展的实际情况，将文化的产品与服务划分为七大类，中华文化也以这七大类为载体，反映中华民族优秀传统文化和当代先进文化，进而形成世界文化多样化的一极。为研究方便，本书将文化产业大致分为以下几个行业：新闻出版业（含新闻、通信、图书、杂志、报纸以及电子出版物和音像制品）、广电影视业（含制作、发行、放映等）、演艺业（含表演团体、演出场所、灯光音响、乐器服装等）、文物和艺术品业（含文物复制与营销、艺术品交易、工艺品生产销售等）、娱乐业（含文化旅游、文化主题公园、电子游戏、歌舞厅等）、网络文化业（网络游戏、网络视听、多媒体文化等）、广告和会展业（广告策划设计、文化会展等）、文化中介服务业（产品租赁与拍卖、文化产权交易等）。

---

① 国家统计局：《关于印发〈文化及相关产业分类〉的通知》（国统字［2004］24号）。

## （四）文化事业与文化产业

"文化产业"一词最早是由法兰克福学派提出的。1947年，阿多诺和霍克海默在其著作《启蒙辩证法》一书中明确提出了"文化产业"这一概念。法兰克福学派普遍认为，"相对于大众文化来言，文化工业更强调文化与工业社会在技术上的联系，更强调已经完全成为商品的'文化'无深度、模式化以及批量生产的特征。"[①] 该学派理论有两个前提假设：一是强调文化的精英性质，对大众性进行批判；二是强调文化的启蒙、教育功能，对其娱乐功能进行批判。法兰克福学派所提出的"文化产业"概念，更多的是着眼于工业化发展对文化本身带来的冲击，强调的是在工业化背景下文化自身的异化。[②]

法兰克福学派关于文化产业的概念启发了后来对于文化产业理论的研究。学者们也逐渐认识到文化与经济的融合已经成为事实和趋势，并把研究重点转向文化产业的特征、具体行业的发展以及相关的应用性理论。

目前，世界各国或组织对文化产业的界定和行业分类标准存在着明显的差异。联合国教科文组织对文化产业的定义是："结合创造、生产与商品化等方式，运用本质是无形的文化内容，这些内容受到知识产权的保护，其形式可以是产品和服务。"美国没有官方的文化产业定义，就行业范围而言，包括文化艺术业、影视业、音乐唱片业和图书业等。英国政府则把文化产业称为创意产业，更加强调人的创造力和文化艺术对经济的贡献，其他英联邦国家对创意文化产业的定义和英国大体一致。

文化事业体现着对公益性文化进行管理、引导、调控和建设的职能。文化事业是一个有中国特色的概念，是国家管理者对主流意识形态和价值取向进行引导的过程。文化事业单位为社会提供公益性文化产品和公益性文化服务，具有公共产品属性、非营利性和先进文化导向性特征，其根本目标是满足全社会的精神文化需求，提高全民族的思想道德水平和科学文化素质。

---

① 胡惠林：《文化产业学——现代文化产业理论与政策》，上海文艺出版社，2006，第28页。
② 汉娜尔·考维恩：《从默认的知识到文化产业》，http://www.lib.hel.fi/ulkkirja/birstonas/index.html。

文化产业的概念是在计划经济向市场经济转变、文化体制改革不断深化的过程中逐渐形成的，文化具有意识形态和产业双重属性的认识也逐渐得到社会各界的认可。2000年党的十五届五中全会通过的"十五"规划中，中国开始使用"文化产业"概念，并把文化事业和文化产业进行了区分。2001年，全国政协和文化部组成文化产业联合调查组，将文化产业界定为从事文化产品生产和提供文化服务的经营性行业。2003年9月，文化部在下发的《关于支持和促进文化产业发展的若干意见》中指出，文化产业与文化事业的概念相对应，二者都是社会主义文化建设中重要的组成部分。

对支持文化发展的政策进行研究，必须对文化事业和文化产业的内涵与外延进行剖析，区别其异同点，才能更好地把握文化发展的规律。关于文化事业与文化产业的关系，李长春同志指出[1]，"从总体上看，人民群众的文化需求可以分为两部分，一部分是体现人民群众文化权益的基本文化需求，另一部分是多样化、多层次、多方面的文化需求"，"正确区分两种文化需求并处理好二者关系，有助于我们对文化建设中政府职责和市场功能进行科学定位，明确文化建设的基本思路，即一手抓公益性文化事业，一手抓经营性文化产业，做到两手抓、两加强，两轮驱动，两翼齐飞"。

另外，欧阳坚在《文化产业政策与文化产业发展研究》中对文化事业与文化产业进行了区分。就相同点而言，无论是文化事业还是文化产业，一是必须以先进文化为指导，在社会效益优先的基础上，坚持社会效益与经济效益的统一；二是其文化载体——文化产品与文化服务，都具有意识形态特征，发挥着教化引导作用，对人的价值观和人生观有着潜移默化的影响。就不同点而言，文化事业与文化产业的不同之处主要体现在以下几个方面：一是主体不同。文化事业主体是行政部门或者事业单位，运作方式是以政府为主导，以公共财政为支撑，更多的是通过行政手段来指导工作；而文化产业主体主要是市场经济体系中的企业，既有国有企业，又有民营企业，同时包含个体经营者，更多的是通过市场手段进行调控。二是功能不同。文化事业的功能主要是满足

---

[1] 李长春：《正确认识和处理文化建设发展中的若干重大关系，努力探索中国特色社会主义文化发展道路》，《求是》2010年第12期。

人民群众的基本文化需要,保障人民群众的基本文化权益,提供公益、均等、基本、便捷的公共文化产品和服务;而文化产业的功能是通过市场化运营,以文化消费的形式,满足人民群众多样化、多层次、多方面的文化需求。三是目标不同。文化事业的目标主要是教化和引导,通过传播先进文化,弘扬社会主义核心价值体系,为意识形态服务,更多地追求社会效益;文化产业的目的是根据市场需求来创作满足消费者多样化、多层次需求的文化产品,在追求社会效益的同时,最大限度追求经济效益。

## 二 关于中华文化"走出去"战略

2006年中国政府出台支持文化产业"走出去"的相关文件后,学术界开始重视对文化"走出去"的相关研究。在文化产业领域的研究中,以"走出去"为主题的学术论文有90%以上为2006年以后发表的。学术论文研究的方向主要有文化产业"走出去"战略理论、特定区域(民族)文化产业"走出去"战略、具体文化行业"走出去"战略三大类。

### (一) 文化产业"走出去"战略理论

胡惠林是我国较早一批研究文化产业"走出去"战略的专家之一,他在2004年发表的《论中国文化发展的"走出去"战略》中提出,文化产业"走出去"并不只是对当前国际文化产业发展趋势的一个简单分析的结果,而是由我国国家发展的整体利益、全球经济和文化发展规律所决定的,并提出四个方面对策:一是必须根据加入世界贸易组织(WTO)后我国对外开放的整体战略需求重建文化外贸体制;二是建设一批有能力参与国际竞争的跨国公司,把"走出去"战略与文化产业结构调整结合起来;三是规范政府行为,为文化企业创造更加公平、透明和可预见的市场环境;四是必须重视民族文化遗产和传统文化资源,充分发挥自己的文化比较优势。

学者花建在2005年发表了《"走出去":中国文化产业的必由之路》,文中提出通过"大力发展对外文化贸易,已成为中国增强文化实力和国际竞争力的一个战略突破口"。同时指出:"文化'走出去'的核心要素,是要研发出大批代表中国民族文化、又为国际文化市场所欢迎的优秀产品。"

## （二）特定区域（民族）文化产业"走出去"战略

我国文化产业发展存在着区域经济发展不平衡和文化资源分布不平衡的特点。沈望舒研究员于2002年以题为《北京文化产业要实施"走出去"战略》和《对实施北京文化产业"走出去"的探讨》开启了对特定区域文化产业"走出去"战略的研究。此后，更多文献的研究对象集中在民族文化资源丰富的中西部地区，对当地进行SWOT分析等。

## （三）具体文化行业"走出去"战略

目前，我国对于具体文化行业"走出去"战略进行研究的文章较多，其中研究出版行业的文章最多。这些文献的研究对象涵盖了新闻出版、儿童出版、专业出版、期刊出版、数字出版、地方出版、民族出版和版权贸易等领域的"走出去"战略。2007年第9期《出版广角》发表了出版业"走出去"的专题文章和版权贸易专题系列文章。

就影视产业"走出去"战略研究而言，目前的研究更多是以案例研究为特征。如杨旸（2009）对《十面埋伏》的海外市场分析，裴旖旎（2007）通过电影《别姬印象》分析如何开拓少数民族电影新领域，卢盛琴（2007）通过重点揭晓"美国—重庆电视周"来说明国外与国内电视的合作状况等。

另外，还有部分文献分析展览业和文化艺术业"走出去"战略。但总体上，我国目前文化产业"走出去"战略研究的理论深度、体系完整性、领域拓展性等有待继续完善。

## （四）中华文化"走出去"工程

党的十七届六中全会突出强调了推动中华文化走向世界的重要意义，指出要"实施文化走出去工程"。积极探索支持重大工程建设为重点、以市场化运作为主要方式，参与国际文化市场竞争，拓展我国文化发展空间，是提高国家文化软实力的战略举措，也是转变文化发展方式的必然要求。2011年，我国确定了"十二五"时期中华文化"走出去"重点工程，重点工程按实施部门的不同分为五个大类，这些项目为中华文化"走出去"的重点领域和项目，也为中华文化"走出去"提供了现实着力点和未来政策支持的方向。中华文化"走出去"工程详见表1-2。

表1-2　中华文化"走出去"工程简况

| 名称 | 内容 |
| --- | --- |
| 国际文化产品交易平台建设 | 以中国国际文化产业博览交易会为中心建设国际文化产品交易平台,重点扶持中国国际广播影视博览会、中国国际动漫节、中国国际图书博览会、上海国际电影电视节,形成既面向国际又面向国内的文化交易平台体系 |
| 海外中国文化中心建设 | 统筹宣传文化系统与地方文化资源,形成布局合理、功能多样、内容丰富的中华文化海外展示、体验并举的综合平台 |
| 孔子学院建设 | 以教师、教材建设为重点,健全体制机制,加强基础能力建设,全面提高孔子学院办学质量和水平 |
| 中华文化对外翻译与传播 | 资助翻译、出版推介中华经典和文化精品,促进电影、电视剧、动画片、纪录片、出版物、演艺等创作生产和海外传播,加快实施中国电影全球推广、中国图书对外推广、中国文化著作翻译出版、经典中国国际出版等专项计划。实施国际文化使者计划,加强与世界思想文化领域互动 |
| 扶持重点文化企业海外发展 | 扶持文化企业到海外兴办实体和投资,形成一批有国际竞争力的跨国企业 |

资料来源:《国家"十二五"时期文化改革发展规划纲要》。

## 三　关于中华文化"走出去"的财政政策

推动中华文化"走出去",提高国家的文化软实力,具有重要的战略意义。世界各国尤其是发达国家和新兴发展中国家高度重视文化产业的对外贸易,并采取各种措施鼓励、提升本国文化的影响力。政府是影响一个国家文化竞争力的重要因素,政府通过出台财政、税收、法律等方面的鼓励政策为本国的文化发展创造良好的环境,对扶持文化发展、支持本国文化"走出去"起到了至关重要的作用。

### (一) 国外研究现状

在当今世界,美国的文化竞争力是首屈一指的。美国文化产品和服务不仅为美国带来了巨大的经济效益,而且成为美国在全世界推行其价值观和国家影响力的重要载体。美国文化的巨大影响力与联邦政府和各州政府在政策、资金上的支持是密不可分的。《美联邦及各州对纽约市文化组织的资助概述》一文深入探讨了政府财政支持文化发展的重要性。该文写道:"政府的支持激发了联邦、各州的基础设施建设,并提供给美国公众获得文化享受的公共服务。政府的资金支持为文化部门提供了因资金限制而不能进入的那些文化领域,这有利于保持我们国家的文化传统,激发了艺术和学术工作的创造性。也许政府的支持最重要的结果是向美国公众表明了一种姿态,即艺术和文化是值得为之付出的领域,它们是我们伟大的美国民主的核心要素。依靠政府的带动作用,激发了私人部门对我国艺术和文化事业的鼎力支持。"[1] 詹姆斯·彼得拉斯在《二十世纪末的文化帝国主义》中写道:"美国文化帝国主义有两个主要目标,一个是经济的,一个是政治的。经济上是要为其文化商品攫取市场,政治上则是通过改造大众意识来建立霸权。文化产品的出口是资本积累最重要的来源之一,也是代替制造业出口在世界范围内获利的手段。"

英国文化学派崛起于20世纪的英伦三岛,其文化理论对美国产生过重要影响。本学派一改法兰克福文化产业理论过分强调现代科技的特点,侧重从制度话语、思想意识、权力等微观政治角度来考察与分析文化产业,把研究的重点由精英主义转向大众文化。[2] 1993年,英国经济学家弗朗克·比安契尼(Franco Bianchini)和迈克尔·帕金森(Michael Parkinson)在其合著的《文化经济政策和城市复兴:西欧经验》中全面介绍了西欧国家的文化产业政策,并以城市为例介绍了政府如何通过财政政策的支持将文化融入城市的发展过程中。在欧洲,对文化产业的财政支持侧重于通过文化产业的发展来实现就业和福利的公共利益目标。英国于1998年颁布《英国创意产业路径文件》,由英国文化、媒体和体育部门成立专门小组,由前首相布莱尔挂帅,提出把文化创意产业作为英国振兴经济的突破点。英国2002年文化产业出口达到175亿英镑,2003年成为仅次于金融业的第二大产业;2010年其文化创意产业产值超过2000亿英镑,占英国GDP的比例超过10%。

与英美两国主要对非营利性文化事业进行支持不同的是,法国政府对文化产业采取的是国家干预主义政策。在法国,国家对文化的财政支持是天经地义的事情,私人对文化尤其是文学和艺术事业的赞助反而被认为是

---

[1] Goddard, Cliff. The Lexical Semantics of culture. Language Sciences, 2005, (1): 51–53. Payne, M. F., Rippingale, R. J. Intensive Cultivation of the Calanoid Copepod. Gladioferens Imparipes. Aquaculture, 2001, (3): 329–332.

[2] 李嘉珊:《国际文化贸易研究》,中国金融出版社,2008。

对文化的不尊重。财政支持在法国文化产业发展过程中起着关键作用，正是得益于财政的支持，灿烂的法国文化在竞争激烈的国际文化市场上占有一席之地。

1997年亚洲金融风暴重创了韩国经济，但韩国政府很快提出了"文化立国"战略，政府的大力支持使韩国的文化产业产生了跳跃式发展，文化产业从此也成为拉动韩国经济飞速发展的引擎。2003年，允龙中和允泰从实证角度对文化产业投资与经济增长之间的关系进行了研究，形成论文《文化产业的投资对经济增长贡献度》。该文依据宏观经济模式分析得出两者之间存在正相关关系，该研究为韩国政府进一步促进文化产业发展提供了理论依据。2004年，韩国统一研究院在《韩国、中国、日本的文化产业比较研究》一文中对三国的文化产业情况展开研究，强调各国之间文化产业交流对产业发展具有促进作用；认为政府对文化产业应减少行政干预手段，采取扶持相关产业和完善市场环境等间接手段，如保护知识产权，支持举办文化产业博览会等。

加拿大提出开拓国际文化市场的"贸易之路计划"，主要包括"贸易之路贡献计划""文化贸易顾问服务""战略市场信息服务"三个部分，为此政府加大对文化机构和文化产业的财政支持。1997年由22个联邦政府组成跨部门团队，共同为加拿大开拓文化国际市场提供服务。

澳大利亚政府对本国文化产品出口十分重视，制定了"在国际上推广澳大利亚文化"战略，并制定鼓励政策和文化产品出口政策，通过财政资金扶持文化产业、提供文化信息服务等方式进行支持。

**（二）国内研究现状**

目前，国内学术界对文化发展的财政支持研究主要集中在两个方面：一是从文化产业的现实问题入手，分析针对性的财政政策；二是从文化本身的属性与特点出发，分析国家对文化产业的支持方向。

郑百灵等在《关于我国文化产业发展的若干思考》一文中，从我国文化产业存在的现实问题出发讨论现有财政政策。认为由于多年来"过分强调文化经营单位的事业性质及其公益性，忽略了文化的产业性质"，文化产业财政体制一直存在着"计划经济下形成的行政隶属关系尚未打破"，"国有专营文化产品生产依然被垄断经营","事业经费统包制的财政大锅饭使等要靠现象仍在滋长"等问题,认为财政对文化产业投入力度不够,文化产业基础设施建设落后等。最后提出政府在对文化事业和文化产业财政投入上要有所区别,对文化事业尤其是公益性文化经营单位要加大财政支持力度,对于文化产业中竞争性部分要放到市场上由市场机制解决。①

2002年12月,原中国社科院院长李铁映撰文指出:"中华民族有着五千年悠久的历史和灿烂的文化,有着多民族创造、兼容和共构一个伟大文化共同体的辉煌。其文化积累之丰厚、文化形态之多样和文化哲学之深刻,是世界上其他国家少有的。这是一笔怎么估价也不过分的宝贵文化资源,是我们得天独厚的优势。对于中国新兴的文化产业来说,启动并整合、包装这些文化资源,就有可能形成具有中国特色的文化产业,并在全球市场的激烈竞争中占有可观的优势。"②

刘玉珠通过对我国文化产业的发展规模、地区差异等方面的分析,指出"我国文化产业需要国家在经济政策上予以支持,尤其是财政税收政策及融资政策";指出可以"通过建立区域文化协调发展基金,对经济落后地区,尤其是西部地区发展文化产业予以必要扶持,促进各地文化产业协调发展"。③

计国忠从实证的角度论证了文化产业的正外部性,包括同伴效应、社会化收益、经济发展及未来效应等,建立了我国政府对文化产业进行财政支持的理论基础,认为我国要大力发展文化产业,必须有政府的支持。④

王家新、宋文玉对我国文化体制方面存在的问题进行了研究,提出了财政积极推动文化体制改革的几个落脚点:一是加大对文化的投入力度,确保重点领域和重点项目的资金需求;二是调整财政支出结构,转变投入方式;三是进一步完善税收优惠政策;四是拓宽文化产业的融资渠道;五是建立行之有效的

---

① 郑百灵、周荫组:《关于我国文化产业发展的若干思考》,《当代财经》2002年第9期。
② 江蓝生、谢绳武主编《2001~2002年中国文化产业发展报告》序言。
③ 刘玉珠:《入世后文化产业面临的挑战与应对策略》,《2001~2002年中国文化产业发展报告》,社会科学文献出版社,2002。
④ 计国忠:《文化产业的政府支持:正外部性角度的分析》,《新疆社会科学》2004年第4期。

财务监督体系。①

祁述裕认为，虽然中国文化企业数量众多，但由于中国文化产业底子薄，大型文化集团较少且缺乏竞争力，因此我们应该借鉴欧盟国家注重扶持中小文化企业的做法。中小文化企业机制灵活，在提供文化产品和服务的过程中具有不可替代的优势，但中小企业的市场竞争力不强，所以政府在鼓励大企业兼并重组时也应把扶持中小文化企业作为政府的一项任务。政府可以通过财政政策、税收政策及其他奖励措施等方式方法对中小文化企业进行扶持。②

齐勇锋、王家新从公共文化服务领域的制度安排出发，认为要从公共财政的职能定位出发构建完善的公共文化服务体系。要提高文化产业的财政预算支出，重点加强原创性文化的研究和广播电视、新闻出版、国家信息网络、国家文化等公共文化服务的核心领域。③

2004 年，十六届四中全会第一次提出要解放和发展文化生产力，提出要增强我国文化的国际影响力。2005 年 7 月，国务院办公厅印发了《关于进一步加强和改进文化产品和服务出口工作的意见》。据商务部 2009 年 5 月在深圳文博会上发布的《文化产品及服务进出口状况年度报告》称，2008 年我国核心文化产品进出口规模稳步扩大，总额达 158.4 亿美元，同比增长 22.6%。跨境文化服务贸易实现进出口 48.16 亿美元，同比增长 29.5%。④但是，中国的对外文化出口中 50% 以上是文化设备及硬件产品的出口，拥有自主知识产权的文化软件的出口额却很少。

近年来，一些学者就支持我国文化"走出去"的内容进行了相关研究。何志平（2009）认为，"中国输出的文化内涵深度不够，过于着重文艺的形式和符号而忽略内在中华文化精神的深层次表述"，"迄今中国的文化产业，输出去的大多是高雅的文化符号，未能向世界清楚展示中国文化的核心价值观"。认为"只有建立起能够承载、传播中华文化核心价值观的文化产业，才

---

① 王家新、宋文玉：《关于财政支持文化体制改革的思考》，《2004 年中国文化产业发展报告》，社会科学文献出版社，2004。
② 祁述裕：《中国和欧盟国家文化体制、文化政策比较分析》，《比较借鉴》2005 年第 2 期。
③ 齐勇锋、王家新：《构建公共文化服务体系的探索》，《2006 年中国文化产业发展报告》，社会科学文献出版社，2006。
④ 商务部：《文化产品及服务进出口状况年度报告》，2009。

能发挥文化产业的文化影响力,激发全世界对中华文化的想象空间"。①

张晓明、胡惠林、章建刚(2009)认为,要"高度重视文化产业与外贸出口政策的衔接",通过"国际社会对发展中国家富含传统文化符号的工艺类出口产品的高度重视","合理处理文化产业的外贸和内需关系,将文化产业作为新的出口增长点看待,使用出口导向产业相关政策加以鼓励"。②

### 四 文献综述

随着全球文化产业的发展,世界各国对文化产业的财政支持研究不断深化,我国理论界对文化领域的研究实际上只有10多年的时间,正处于起步阶段。国外对于文化领域的理论研究比国内更成熟、更深入一些。整体而言,我国目前对于文化产业的财政政策支持方面的研究数量不多,从全球化角度对中华文化"走出去"这个角度进行的研究少之又少。

尽管世界各国的文化体制、文化内涵及文化产业重点不同,但是学者基本达成了以下共识:(1)必须支持本国民族文化的进步与发展,文化的强大是一个国家软实力的体现,在全球化浪潮中能否打上自己国家的烙印,不仅具有重要的经济意义,而且具有重要的战略意义;(2)文化的发展根本离不开政府的财政支持;(3)财政支持文化发展政策主要是从财政资金的扶持、税收政策的优惠、产业政策的支持等方面进行的。学者对支持文化发展的财政政策研究存在的分歧主要体现在财政的直接支持和间接支持的方式和效益等方面。

在当今技术革新日新月异的全球化背景下,在拥有五千年光辉灿烂的中华文化与目前我国文化发展相对滞后的现实冲突中,在西方文化的价值观日趋影响中国以及西方世界扭曲中国形象的情况下,如何创新中华文化"走出去"的方式是一个非常重要、迫切的问题。目前,我国已有的对于文化发展的财政支持研究,在现实经济决策中仍然存在不能被恰当解释的因素,比如文化产业如何应对技术革新的全球化背景?文化"走出去"同我国外贸出口在量上存

---

① 何志平:《文化产业:产业为载体,文化为核心》,《2010年中国文化产业发展报告》。
② 张晓明、胡惠林、章建刚:《以结构调整为主线,加快发展文化产业化,促进国民经济发展方式方法的转变》,《2010年中国文化产业发展报告》。

在什么样的依存度？文化"走出去"如何更好地彰显国家软实力？财政对于支持文化"走出去"和支持国内公益性文化事业之间应有什么样的差别化政策？等等。这些问题仍然没有准确的答案，还需要不断总结国内外现实经验，认真分析文化"走出去"的深层次内涵，进一步加大支持文化"走出去"的政策机制研究。

## 第四节 研究思路和研究方法

### 一 研究思路

本研究以文化发展的相关理论为基础，首先对发达国家支持本国文化"走出去"的财政政策进行比较，总结全球化背景下各国支持文化发展的基本规律、基本政策。然后，从中国近10年来促进文化发展、振兴文化产业的历史背景和政策沿革着手，揭示当前我国支持文化"走出去"的基本特征及存在的问题。最后，在上述基础上分析财政政策支持文化产业"走出去"的路径选择，提出全球化背景下支持中华文化"走出去"的财政政策建议。

研究全球化背景下支持中华文化"走出去"的财政政策，不仅需要具有国际化的眼光、纵观全局的视野、深厚的经济理论和财政理论功底，还需要对比各个国家的文化政策，并对我国近10年来采取的文化政策进行梳理，才能提出适合我国国情的文化政策。但是，个人的实践经验不足会妨碍提出最为有效的政策建议。要解决这一问题，一是要收集多方资料、开阔视野；二是要深入基层实践和调研，夯实实践基础；三是要认真推敲现行政策对文化事业和文化产业的影响。按照以上思路进行认真研究，力争形成论证有力、观点新颖、资料充实、逻辑严密的博士论文。

### 二 研究方法

1. 比较分析法

本研究对国外支持文化"走出去"的财政政策进行比较，归纳出支持文化发展的一般规律。同时，对比分析我国目前采取的相关政策，尤其是财政投入方面的政策，研究影响文化发展的相关因素。

2. 定量分析和定性分析相结合

定性分析主要是从研究对象的性质出发进行描述、概括、总结事物发展的规律。定量分析则是借助于数学等方法从数量的角度进行研究，达到认识规律的目的。本书在研究支持文化发展的财政政策问题时，把定性分析和定量分析结合起来，以定性分析为基础，以定量分析为方法。在分析促进文化产业发展的现状、影响以及动因时，首先根据相关的理论和经验判断，对各影响因素进行定性分析，然后结合中华文化"走出去"与对外贸易的统计数据进行数量分析，探索其中的发展规律。

3. 实证研究和规范研究相结合

实证分析对分析对象做客观描述，不对行为结果做价值判断，主要回答"是什么"的问题；而规范分析，从研究者的价值判断或某种先验标准出发，研究判断经济行为"好"或"坏"的标准，并用这种标准去衡量或评价经济行为"应该是什么"或"应该怎么样"的问题。实证分析和规范分析是经济分析的基本方法，在实际运用过程中，这两种方法总是联系在一起的。研究全球化背景下中华文化"走出去"，必须对文化的相关概念、文化的重要性、财政政策支持的标准等问题进行理论界定。本研究对文化产业的经典理论进行了阐述，这属于规范分析的范畴。同时，通过对发达国家和新兴国家支持文化发展的成功经验进行总结，结合中国现状、探索中国现阶段支持文化发展的战略对策，这种分析属于实证分析。通过实证研究，提出支持文化发展的路径与对策建议，回答了"应该怎么样"的问题。本研究是把规范分析和实证分析结合起来进行的，理论研究是实证分析的前提，实证分析为进一步的规范分析提供了数量基础。

## 第五节　创新和不足

### 一　本书创新

一是选题新颖且意义重大。本书结合全球化浪潮的时代特征，紧扣十七届六中全会提出的文化大发展大繁荣的形势，对支持中华文化"走出去"的财政政策进行研究，对于财政与文化交叉学科领域具有重要的理论意义，对于当前中国"走出去"战略具有重要的现实意义。

二是论证角度密切联系现实。本书从政府与市场的关系出发，从政府、企业和民间三个主体层面对中华文化"走出去"进行了系统分析，符合当前中华文化"走出去"的现实情况，所提出的结论具有很强的针对性，能够给实践以有益的启示。

三是文化贸易与 GDP 之间的相关度分析为实际问题的解决提供了新的数据和思路。本书以联合国教科文组织统计的世界各国文化进出口贸易数据为基础，对文化贸易与 GDP 之间的关系进行了计量分析，对其相关度进行了一定的刻画，得到的结论可为解决实际问题提供依据和思路。

## 二　本书不足

一是理论研讨的深度和精确度不够。本书对公共财政支持中华文化"走出去"的相关政策主要进行了定性分析，并做了一些定量分析，但在模型构建上仍存在不足，其精确性不够高；对相关机制的研究力度较弱，其理论研究的深度不够理想。

二是未能从宏观的中华文化角度进行分析。本书分析的中华文化"走出去"主要是从中观的角度进行分析，既大于仅包括文化产品和文化服务"走出去"在内的微观分析，又小于包括国家文化主权和国家文化安全在内的宏观分析。本书试图将宏观层面的中华文化囊括进来，但限于篇幅不足，只能留待以后展开。

三是对中央财政和地方财政的政策职责定位与互动关系的研究仍有进一步提升的空间，支持中华文化"走出去"的中央和地方的财政政策的侧重点不尽相同，其支持方式和政策效力也不尽相同，需要以后在广泛收集资料的基础上做进一步的分析和研究。

# 第二章
# 支持中华文化"走出去"的动因分析

当今世界正处在大发展、大变革、大调整的时期，世界多极化、经济全球化深入发展，科学技术日新月异，文化交流交融更加频繁，合作与发展已经成为世界主流。同时也必须看到，国际金融危机尚未得到有效化解，欧洲债务危机更是愈演愈烈，全球经济复苏缓慢。世界正在进入创新集聚爆发和新兴产业加速成长时期，抢占未来发展制高点的竞争日趋激烈。在当前背景下，世界范围内综合国力的竞争更多地表现为以创新、教育、科技、文化为核心的软实力竞争。

## 第一节 支持中华文化"走出去"的理论基础

### 一 供需理论

文化产品具有非排他性和非竞争性的意识形态属性，其供需分析不同于一般的商品。为此，国外学者鲍莫尔和佩恩在分析文化产品的公共属性时提出了优效品的概念。

#### （一）基本原理

优效性文化产品通常被认为是一种可以带来较大收益（主要是潜在收益）的产品。该文化产品主要由政府提供，也可以由自由市场供给，但是仅仅由私人供给时会存在缺陷。主要表现在消费者拥有完备的知识和消费能力，但会出现消费不足；或者是自由市场不能提供充分的数量。因此，优效性文化产品一般不是通过价格机制进行分配。优效性文化产品主要包括大型公益性文化演出、文化下乡、国家层次的对外文化交流等。

文化产品的优效性主要是由于文化产品具有意识形态属性造成的，主要体现在以下三个方面：

一是文化具有极强的渗透性和持久性。文化产品和服务在给人们提供精神文化满足的同时，又通过其内在的文化观念、价值判断和思想倾向来潜移默化地影响、引导人们的生活习惯、文化心态、知识结构以及世界观、人生观、价值观的形成。文化产品和文化服务传递的是思想观念、精神追求和价值取向，影响的是人们的思想道德和行为规范，对凝聚社会力量起着重要作用。当今时代，文化与整个社会发展融为一体，影响比以往任何时候都更加广泛而深刻。只有不断加强对文化产品创作生产的引导，才能确保文化发展的正确方向。

二是从社会全面进步看，文化既是推动社会发展的重要手段，也是社会发展的重要目标，一个文明进步的社会必然是物质财富和精神财富共同进步的社会，一个现代化的强国必然是经济、政治、文化、社会协同发展的国家。

三是从人的全面发展看，文化是教育引导人的重要载体，是人的基本需求的重要内容，特别是在物质生活水平达到一定程度后，解决"文化饥渴"、满足文化需求、体现人文关怀，越来越成为提升人的素质、促进人的全面发展的必然要求。文化成为幸福指数、生活质量的重要衡量指标。

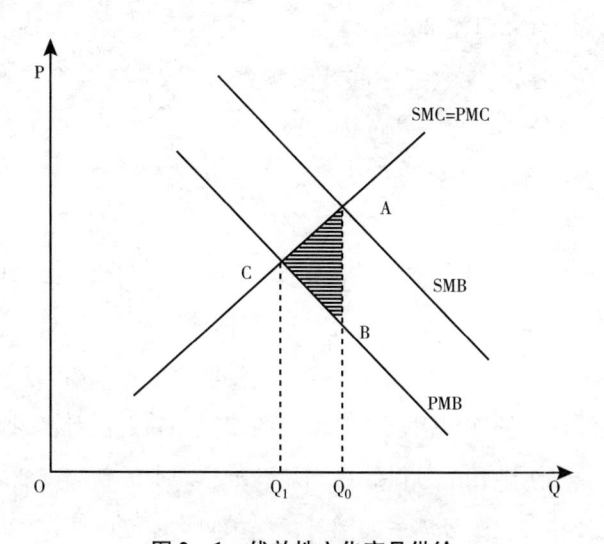

图 2-1 优效性文化产品供给

在图 2-1 中，横轴表示优效性文化产品供给的数量，纵轴表示价格。PMB 为该类文化产品的个人边际收益曲线，SMB 为社会边际收益曲线，对于该类文化产品，其社会边际收益大于个人边际收益。该类文化产品如由市场提供，在市场机制下人们按照满足自身需求的原则购买量为 $Q_1$，在社会效益准则下，根据个人边际收益等于社会边际收益的原则，最佳供给量为 $Q_0$，市场提供的产量小于社会最优供应量。因此，由于供给不足将造成福利损失，如图 2-1 阴影部分 ABC。

国际经验表明，人均 GDP 达到 2000 美元时，文化消费在家族和整个社会消费中所占的比重会越来越大，在这一阶段，人们对文化产品和消费需要将呈快速增长态势。人均国内生产总值超过 3000 美元之后，居民消费进入物质消费和精神文化消费并重时期；超过 5000 美元时，居民消费将进入精神文化需求的旺盛时期。现在，我国人均国内生产总值已经达到 4200 美元，预计 2015 年将超过 5000 美元。我国城乡居民消费正由生存型、温饱型向小康型、享受型转变，人民群众精神文化需求呈"井喷"之势。

（二）指导意义

从世界范围看，无论是发达国家还是发展中国家，其居民消费方式都发生着改变，休闲的时间在增多，更多更新的文化需求越来越多。据法国国家经济研究统计署（INSEE）2003 年的统计数据显示，法国人用于休闲和文化的消费总额达 783 亿欧元，占家庭开支预算的 8.7%，是继住房、交通和饮食之后的第四大家庭消费开支项目。另外，在信息化时代，居民信息消费平台的便捷，使文化消费也相应扩大，对于文化消费需求呈现出极度增长态势。

随着经济条件的宽裕、教育水平的提高、闲暇时间的增多，居民追求自我文化表达、参与自主文化创造活动的愿望更加强烈，实现和维护自身文化权益的意识更加高涨。相比之下，我国文化产业发展水平还不高，总体上还不能很好地适应人民群众精神文化需求快速增长的新形势和人们对繁荣文化市场的新期待。文化产业是少数几个总供给还不能满足总需求的朝阳产业之一，迫切需要我们在构建公共文化服务体系的同时，深化文化体制改革，推动文化产业又好又快发展，加快中华文化"走出去"的步伐。

## 二 政府与市场理论

从经济学发展演变的过程看，各大经济学流派主要是以自由主义和干预主义的前提不同而形成的，自由主义倾向于发挥市场自由竞争机制，干预主义则倾向于政府进行干预。市场由于符合趋利避害的理性原则和优胜劣汰的自然规律而具有无可比拟的配置效率，发挥市场机制对资源配置的基础性作用是一个国家经济健康运行的标志。但是，由于存在公共物品、外部性和不完全信息等现象，市场机制在某些领域会存在失灵。这时，政府需要进行适当干预，以弥补市场失灵造成的"缺位"，促进市场机制的良性运行。规范政府与市场的关系，有效发挥市场机制与政府干预的作用，对于促进我国文化产品"走出去"具有重要意义。

### （一）基本原理

总体而言，市场的自由竞争优先于政府的干预并决定政府干预的程度。政府干预必须同时具备两个条件：一是市场确实不能有效地配置资源；二是政府的干预确实是弥补了市场失灵而不是加剧了配置失效的程度。市场失灵加速了政府干预进程，当政府干预的预期收益大于干预成本时，政府干预则代替市场机制干预经济活动；当干预成本大于预期收益时，政府干预则让位于市场机制；当政府干预所带来的边际收益等于干预的边际成本时，政府干预则达到最优水平。

社会公共利益的最大化是政府干预和市场干预的均衡点。自由主义不是无限度的自由，就连以哈耶克为代表的新经济自由主义学派也认为政府应在一定范围内进行经济干预。市场主体在追求自身利益最大化的同时，不能损害他人和社会的整体利益，否则将造成社会福利的减少。政府干预和市场干预可以相互结合起来使用，但要以维护社会公共利益最大化为结合点。

市场失灵的普遍性必然要求政府干预。但西方经济学的流行观点是，政府本身也有失灵问题，政府干预经常是无效的。格林沃德和斯蒂格利茨（1986）以复杂的数学模型证明，当市场不完备、信息不完全、竞争不完全时，市场机制不会自己达到帕累托最优，这就是格林沃德—斯蒂格利茨定理。此定理认为市场失灵不再局限于外部性、公共产品等狭隘范围，而是以现实中普遍存在的不完全信息、不完全竞争、不完备市场为基础，因此市场失灵是无处不在的。斯蒂格利茨由此提出了政府的经济职能理论，即政府失灵并不比市场失灵更糟，而且这种失灵是可以被缓解乃至消除的；为了弥补市场失灵，政府干预应该遍布各个经济部门和领域，不仅通过制定法规、再分配和提供公共产品，而且要采取适当的政策去实现帕累托改进。

市场失灵是指市场无法有效率地分配商品和劳务，以及市场力量无法满足公共利益的状况。常见的市场失灵形态包括外部性和公共产品。一是外部性。市场经济活动是以互惠的交易为基础，处于交易关系之外的对他人的影响被称为外部影响，也被称为经济活动的外在性。当这种影响对他人有害时就称之为外部不经济，当这种影响对他人有益时就称之为外部经济。外部经济效应使完全竞争市场失去效率性。在市场经济中，外部性使私人成本与社会利益不一致。二是公共产品。公共物品是可供社会成员共同享用的物品。严格意义上的公共物品具有非竞争性和非排他性。非竞争性是指一个人对公共物品的享用并不影响另一个人的享用，非排他性是指对公共物品的享用无须付费。市场机制一般无法解决公共产品的效率配置问题。从本质上讲，生产公共产品与市场机制的作用是矛盾的，生产者是不会主动生产公共产品的。而公共产品是全社会成员所必须消费的产品，它的满足状况也反映了一个国家的福利水平。这样一来，公共产品生产的滞后与社会成员和经济发展需要之间的矛盾就十分尖锐。

（二）文化发展中的政府干预

国家对文化进行干预，原因是多方面的：一是文化所包含的意识形态等内容直接涉及政治，国家不可能放任文化无政府状态的发展；二是公共文化产品是基于公共利益和社会整体福利需要而必须由国家才能提供的公共产品，电影、音乐、广播电视等文化内容的受惠者实际上是全体公民；三是文化是一个国家民族凝聚力的重要源泉，是综合国力的重要组成部分，各国采取相应措施不断提升本国的文化软实力已经成为一种趋势；四是由于文化产品具有意识形态属性，决定了其外部性特征更加明显。要把握文化产品和服务的价值取向和舆论导向，政府不可能单纯依靠市场来对文化产品和文化活动进行调控。政府对文化进行干预是一把双刃剑。一方面，政府的政策支持会加快文化发展；另一方面，政府干预文化会存在消极负面作用，当政府干预超过均衡点后，对文化生态的多样性可能造成威胁，同时会产生干预失灵问题。

### （三）文化发展中的市场机制

市场与文化的有机结合可以加快文化发展。一方面，文化作用于市场；另一方面，市场对文化具有重要的反作用。正是市场机制将文化从意识形态进一步"物化"为文化产品与文化服务，在扩大再生产作用之下，又进一步"产业化"形成文化产业集群。

文化对市场的作用存在正反两个方面。其积极作用表现在：市场机制是具有高效率的，极端的市场机制出清状态下是具有帕累托最优特点的，市场机制有利于优化配置资源，极大地丰富了文化产品与文化服务，并促进文化发展和创新。消极作用表现在：市场失灵导致公共文化产品无法有效供给，文化资源配置无效率以及存在文化过度商品化低俗化带来的外部性等问题。

### （四）指导意义

任何国家的文化发展都离不开政府与市场。政府与市场在一个国家文化发展中占据何种位置，与经济社会体制等方面息息相关。政府和市场作为文化发展的两大主要动力，具有各自的优势，同时也存在各自的失灵区域，都不是完美的调控手段。在支持中华文化"走出去"的政策制定过程中，必须紧紧把握政府与市场的关系，自由放任的市场主义或政府包办的绝对干预主义都是极端而又绝对化的行为。根据政府与市场在其中所发挥作用的不同，可以对文化发展提出不同的政策，如积极的政策、稳健的政策、无为的政策等。总之，要在政府与市场之间不断权衡，找到最佳平衡点，以最小的成本和风险获取文化发展上的最大效益。

目前，我国文化部门主要包括文学艺术、广播影视、新闻出版和文物古迹等，有的属于公共产品，具有文化事业属性；有的属于准公共产品，具有事业和产业的双重属性；有的属于私人产品，具有文化产业属性。同时，即使在同一部门，各个部分的性质也不完全一样，存在着各种交叉。属于公共产品的，要当作文化事业处理；属于准公共产品的，要注意其双重性，既不能当作一般商品，也不能忽视它具有商品的某些特点；属于私人产品的，就交给市场，引入市场机制，鼓励自由竞争。

## 三　新经济增长理论

新增长理论（又称内生增长理论），是诞生于20世纪80年代中期的一个西方宏观经济理论分支；西方学者通常以保罗·罗默1986年《递增收益与长期增长》一文的发表作为新增长理论产生的标志。该理论强调经济增长不是外部力量（如外生技术变化），而是经济体系的内部力量（如内生技术变化）作用的产物，重视对知识外溢、人力资本投资、研究和开发、收益递增、劳动分工和专业化、边干边学、开放经济和垄断化等新问题的研究，重新阐述了经济增长率和人均收入的跨国差异。按照新增长理论，文化的发展、知识和技术的扩散具有正外部性特征，在恰当的产权制度安排下，技术进步、工艺改良、经营管理、制度创新等文化知识的产生与传播会带来经济社会生产价值的增长。

### （一）基本原理

新增长理论主要内容有：一是经济可以实现持续均衡增长，经济增长是经济系统中内生因素作用的结果，而不是外部力量推动的结果。二是内生的技术进步是经济增长的决定因素，技术进步是追求利润最大化的厂商进行意愿投资的结果。三是技术、知识、人力资本具有溢出效应，这种溢出效应的存在是实现经济持续增长不可或缺的条件。四是国际贸易和知识的交流对一国经济增长具有重要意义。五是不存在政府干预的情况下，经济均衡增长通常表现为一种社会次优状态，经济的均衡增长率通常低于社会最优增长率。六是经济政策如税收政策、贸易政策、产业政策影响经济的长期增长率。与本书相关的理论有以下四个方面：

一是政府干预可以促进经济增长。新增长理论认为，市场力量可能充分利用社会资源达到最大创新潜力，一部分创新潜力被浪费掉。新增长理论认为制度（法律、市场机制、公平、社会冲突、政治制度、医疗保健体系、财经制度、政府等）对经济增长有着非常重要的影响，政府有责任、有理由进行干预，以提高经济增长率。制度对经济效益的影响与技术对经济效益的影响有很多相似之处，不好的制度降低了投资（物质资本、人力资本、技术）、劳动和生产的动机，使社会以更多的投入生产出同样的产出。虽然制度和技术对经济效益的影响有很多相似之处，但是构建一个好的制度不同于引入一种新的技术。事实上，假如一个经济系统没有好的制度，它就很难引入好的技术，很难追赶上拥有新技术的经济。①

二是线性技术内生的增长思路。以 Rebdo S. 和 Barm R. 等为代表，认为生产函数凸性，产出是资本存量的函数。这里的资本是物质资本和人力资本的综合，虽然投入具有递减收益，但两种资本在一起就具有不变规模收益。随着资本存量的增加，产出同比例地增加，实现长期增长。其中，政府政策发挥的是增长效应还是水平效应，取决于各种政策的配套。

三是开放经济中的内生增长思路。以 Romer P.，Grossman G.，Helpman E. 和 Krugman R. P. 等为代表，他们受 20 世纪 80 年代初兴起的新贸易理论启发，把内生创新的模式扩张到国际贸易、资本和文化交流领域，强调政府贸易政策对世界经济的长期增长产生影响，国际贸易对发达国家和发展中国家的经济增长具有促进作用。克鲁格曼在提出国际贸易的规模经济效应时指出，一国政府应采用出口补贴、关税等战略性措施，增强本国出口竞争力，通过占据国际市场份额获得规模收益。这种贸易政策观点重新审视了被贸易自由主义者所批判的补贴和关税作用，强调政府在促进出口中的能动作用。②

四是关于经济全球化趋势。全球化背景下，如果国家间技术、知识思想得以自由传播和扩散，那么每个国家的研究部门都可以在总的知识存量的基础上进行新的研究与开发活动，能够提高研究部门的人力资本产出率，从而推动长期经济增长。例如，当陆上第一条由欧洲通往中国的道路（丝绸之路）在中世纪被发现之后，由于货物贸易费用极其昂贵，因而这条丝绸之路对货物贸易几乎没有什么影响。但是，通过丝绸之路的旅行家却为欧洲带去了中国的技术和思想（如指南针和火药制造技术等），这些新技术、新思想对发展欧洲经济起到了不可估量的作用。

**（二）指导意义**

在政府干预方面，技术进步具有正外部性，全社会都从技术进步中获益，

---

① 戴维·罗默：《高级宏观经济学》，上海财经大学出版社，2009。
② 叶劲松：《新增长理论的国际贸易发展观及其启示》，《宁波大学学报》2002 年第 3 期。

因此，政府应该对技术（知识）生产提供补贴以促进技术进步和经济增长。但是，经济学家对研究开发活动提供补贴存在争议。一些经济学家认为，在不完全竞争环境下对研发进行直接补助不是最佳的政府干预方式，最佳方式是用补贴来高价购买私人公司研发出的技术商品（技术商品价格高于其边际成本，生产的数量低于最佳数量）。传统的做法是由公共资金（由富国的政府或富人捐赠）创建一个基金，这个基金不是用来直接资助研发，而是用来从发明者手中购买产品。

在文化贸易方面，政府可制定促进技术、知识积累的税收政策和贸易政策，以促进国际贸易结构升级。在全球化背景下，中国参与国际贸易和经济一体化不仅可以分享广阔的市场，而且可以从其他国家吸收新理念，分享技术创新成果。尽管在某些情况下，国际贸易和经济全球化将扩大国家间不平等发展的趋势，但从国情出发采取适当的贸易和开放政策，可使国家受益，避免陷入被动局面。

在文化促进经济增长方面，尽管技术进步是经济增长的有效途径，但是技术进步在各国经济增长中发挥的作用迥异，原因是文化、地理环境、制度等社会因素会制约技术进步。在这些因素当中，文化对技术进步的影响是技术进步对经济增长充分发挥作用的重要条件。国家要实现经济增长必须依赖技术进步，而核心文化则是技术进步及经济增长的重要保障。因此，中国必须深化文化体制改革，支持中华文化"走出去"，才能为技术进步创造必要的条件和外来推动力。

## 四 其他理论

### （一）产业集群理论

集群理论是解释各种产业在空间上集聚以及由集聚而产生经济效益的理论。阿尔弗雷德·马歇尔（Alfred Marshall）在其著作《经济学原理》中提出了产业集聚理论。他认为，集聚带来外部经济效益，这种经济效益体现在公共设施的改善和经济环境的优化；企业集聚促进了生产专业化的形成，加强了企业间的分工和互补；相关产业的集聚也形成一种良好的发展氛围，促进了技术和信息资源的共享。

与马歇尔认为产业集聚是企业自发创造理论不同的是，法国经济学家珀鲁（Francois Perroux）于20世纪40年代末提出了"增长极理论"。他认为，产业集聚可以通过国家政策自上而下地完成，在区域经济发展过程中，当有目的地把有带动作用的工业注入某个区域后，将产生新的经济增长极，形成集聚经济，带动当地经济的发展。

20世纪70年代至90年代是集群经济学蓬勃发展时期，许多研究成果面世，为产业形成与发展提供了丰富的理论源泉。近几年来，集群理论重点通过研究集群外部经济效益，产业关联度等问题研究产业系统集聚运作的真相和产业集群形成的途径，并关注国家公共政策如何支持产业的发展，为产业集群形成提供良好的发展环境。

### （二）国家竞争理论

迈克尔·波特（Michael Porter）在其竞争三部曲《竞争优势》《竞争战略》《国家竞争优势》中诠释了竞争理论。生产要素、需求条件、产业、企业战略结构和竞争对手、政府、机遇六个因素构成了动态激励创新的环境，是一个国家竞争优势的根源。他认为，企业在地理上集聚会形成产业的整体竞争力，这种竞争力通过横向联系（产业在技术投入方面建立互补合作关系）和纵向联系（上下游之间的供货商与买家）表现出来。他强调一个产业中若干企业之间相互信赖的重要性，这种信赖形成了有力的约束与共振。他强调竞争力的来源主要有三个：一是成本领先；二是标新立异；三是产业化。

另外，美国学者克莱因提出了著名的国家实力的计算公式：$P = (C + E + M) \times (S + W)$，即国家实力 = [（人口 + 领土）+ 经济能力 + 军事能力] × （战略意图 + 贯彻国家战略的意志）。上述公式的前半部分为"硬实力"，包括人口、领土、自然资源、经济实力、军事实力等，后半部分为"软实力"。20世纪90年代后，约瑟夫·奈提出，国家"软实力"的来源有三个：文化、政治价值观及外交政策。其中，文化和价值观作为软实力的主要内容与其自然的吸引力成为国家实力的重要标志。[1] Axford 和 Barrie 于1995年指出，在全球化进程中伴随着政治价值观的全球化，全球化的政治趋同成为一种趋势。经济主

---

[1] Soft Power, The Means to Success in World Politics, New York, Public Affairs, 2004.

体的不断涌现加之文化的侵略，使国家主权被不断地削弱和侵蚀，使经济全球化进程被异化为西方政治文化的扩张过程。[①] 文化产业的全球化造成国家文化主权的弱化和民族文化的边缘化，因此，如果不能有效发展本国文化产业，国家不仅没有文化"软实力"，更没有文化安全可言。

总体而言，竞争优势理论不仅强调了供给，还强调了需求在构建竞争优势的过程中发挥的作用。国际文化贸易的竞争优势是一种动态比较优势，这种比较优势通过核心文化的物化，实现了文化价值，提升了文化产品的国际竞争力，即获得了国家竞争优势。因此，支持中华文化"走出去"是获得国家竞争优势的重要途径。

## 第二节　支持中华文化"走出去"的现实因素

目前，我们正面临着日趋复杂的国际环境，围绕发展主导权的竞争更加激烈，要赢得发展的新优势，必须加快中华文化"走出去"的步伐。另外，我们正经历着广泛而深刻的社会变革，发展机遇期、改革攻坚期、矛盾凸显期并存，如果没有文化的积极引领，没有人民精神世界的极大丰富，没有全民族精神力量的充分发挥，一个国家、一个民族不可能屹立于世界民族之林。支持中华文化"走出去"的动因主要包括五个方面。

### 一　在和谐世界构建中增强国家文化软实力的需要

当今综合国力竞争的一个显著特点是文化的地位和作用更加凸显，越来越多的国家把提高文化软实力作为提高国家竞争力的重要内容。20世纪90年代，哈佛大学教授约瑟夫·奈提出，"软实力"就是通过吸引而非强制或者利诱的方式改变他人的行为，从而使自己得偿所愿的能力。从一定意义上说，谁占据了文化发展制高点，谁拥有了强大的文化软实力，谁就能在激烈的国际竞争中赢得主动。美国在当今国际秩序中具有强大的影响力，在很大程度上依赖其文化的强大吸引力，正是由于经济大国、军事大国和文化大国的充分对接，

---

① Axford, Barrie, The Global System: Politics and Culture, Cambridge, Polity Press, 1995, p.28.

才造就了美国现在的强势。美国一直控制着世界主要的电视和广播节目制作，每年向国外发行的电视节目总量达3万小时，并占有世界2/3的电影市场总票房。任何一个国家要成为世界强国，必须具有与经济实力、军事实力相匹配的文化软实力。

支持中华文化"走出去"可以统一国际国内两个大局，支持国内经济发展的需要。当代中国进入了全面建设小康社会的关键时期和深化改革开放、加快转变经济发展方式的攻坚时期，文化越来越成为民族凝聚力和创造力的重要源泉、越来越成为综合国力竞争的重要因素、越来越成为经济社会发展的重要支撑，丰富精神文化生活越来越成为我国人民的热切愿望。

目前，我国文化整体实力和国际影响力与我国国际地位还不相称，国际文化格局西强我弱的状况并没有改变。要在激烈的国际竞争中赢得主动，就必须加快中华文化"走出去"的步伐，增强我国文化的整体实力和国际影响力。一方面要加快对外文化交流，协调好以"仁、义、礼、智、信"为基础的中国传统文化与改革开放过程中涌现出的新思维、新观念之间的关系，处理好与其他国家"自由""平等""正义"等普世价值的关系。另一方面要加快承载着中国文化理念、文化价值和文化追求的文化产品与文化服务"走出去"的步伐，不断增强国家文化软实力。

另外，随着我国综合国力的不断增强和国际影响的日益提升，国际社会对中国的发展道路和发展模式更加关注，了解中华文化的愿望更加强烈，我国所承载的国际期待和国际责任明显加重，迫切需要我们统筹国际国内两个市场、两种资源，加大政府间文化交流力度，扩大对外文化贸易出口，推动更多反映中华文化的文化产品和服务"走出去"，参与国际竞争、形成特色品牌，不断扩大中华文化的影响力。

## 二　在政治多极化背景下拓展中国发展战略空间的需要

中华民族在五千年的历史发展进程中，对世界文明做出了巨大贡献，形成了以爱国主义为核心的团结统一、爱好和平、勤劳勇敢、自强不息的伟大民族精神。坚持发展多层次、宽领域对外文化交流格局，借鉴吸收人类优秀文明成果，实施文化"走出去"战略，不断增强中华文化国际影响力,有利于向世界展示我国改革开放的崭新形象和我国人民昂扬向上的精神风貌。

目前,许多国家对中国崛起的心理准备不足,有意或无意打压中国的现象时有发生,部分国家对中国的误解是重要原因之一。以中国和欧盟为例,中国和欧盟在大国关系和地区多边关系中占据独特的地位。随着中国国际地位的不断提升,中国与欧盟国家在政治、经济、文化方面的交流日益密切,欧盟国家对中国的关注度空前高涨,其倚重程度逐渐增加。但是,欧盟对中国的迅速崛起准备不足,在与中国合作和对中国牵制与打压这两种态度之间摇摆不定,不时抛出对中国不利的言论与行为。从政治方面看,欧洲政界、媒体和各种势力干涉我国核心利益的事件时有发生;从经济方面看,中欧贸易摩擦不断,欧盟国家不断打压中国贸易出口;从民众基础看,中国在欧洲的民意基础较弱,舆论环境不够友好,民众对中华文化缺乏了解且受突发因素的影响较多。充分的文化交流是一种润滑剂,将有利于减轻中国与欧盟之间的误解,创造国内国际良好的发展环境。

支持中华文化"走出去"可以更好地宣传中国现代文化发展的特点和现状,使国外民众能够对开放的、充满活力的中国有全面的了解和认识;有利于宣传我国和平发展的治国理念,争取他国民众对中国发展的理解和支持,有利于巩固我国在他国的民意基础,共同努力建设相互尊重、互利共赢的合作伙伴关系,延长我国发展的战略机遇期。支持中华文化"走出去"可以整合和统筹我国文化资源,有利于全面展示中华民族精神的独特魅力,提高中国在世界上的影响和地位;有利于扩大中华文化的辐射力,确立中华文化在世界主流文化中的地位,从而为提高中国的国际形象创造条件并借机推动我国文化产品进入国际市场。

## 三 在经济全球化背景下提高中国经济可持续发展的需要

从世界发展规律看,以三次工业革命带动的日益广泛的经济全球化是许多后发国家加快发展、实现"弯道超车"的绝佳机遇。1870~1913年第一次经济全球化和第二次工业革命期间,英国由于没有大规模海外扩张而坐失良机,美国和德国反而抓住机遇迅速崛起。1950~1973年第二次经济全球化期间,日本和东亚"四小龙"把握住资本全球化机遇快速发展,创造了"东亚奇迹"。1990年以来的第三次经济全球化,无论在深度、广度还是发展速度上,都是前两次经济全球化无法比拟的。世界各地的资本市场、要素市场和大宗商品交易市场借助互联网实现了信息共享,经济发展无处不渗透着经济全球化带来的影响。

文化产业是朝阳产业、新兴产业,既结合了传统制造业与第三产业,又融入了高科技因素,对国民经济的贡献率较高。在可持续发展方面,文化产业资源消耗低、环境污染小、科技含量高,低碳、绿色、可持续,对建设资源节约型、环境友好型社会的作用日益突出。从消费者角度讲,文化产品承载着消费者的某种信任感、亲切感和依赖感,对外文化贸易具有辐射效应。文化产品和服务的国际贸易不同于一般货物的国际贸易,在世界范围内受到高度重视。文化对外贸易对于一个国家和地区的重要意义不仅在于增强文化产业竞争力和国家竞争优势,还在于向其他制造业和服务业提供丰富的文化附加值,能够带动其他相关产品的贸易出口,为其他行业的对外贸易打开广阔的出路。

中国是世界贸易大国,但是对外贸易结构不平衡,高技术含量、高附加值的产品贸易所占比例很低,还主要以劳动力与资源廉价出口为驱动因素,导致外汇储备居高不下。目前,我国对外文化贸易存在巨大逆差,这与我国不断增强的经济实力和国际贸易的总体顺差是极不相称的。改善贸易结构已经成为中国对外贸易面临的重要课题,加大对外文化贸易是解决这一难题的重要手段。从当前我国对外文化贸易现状而言,文化出口的受众主要还是海外华人,非华人地区对中华文化的接受程度较低,体现中华文化核心理论的产品和服务较少,中华文化"走出去"还有很长的路要走。另外,中华文化"走出去"战略需要配合国内企业"走出去"、银行"走出去"、资本"走出去"、人民币"走出去"、营销网络和渠道"走出去"等战略,形成包括金融资产、股权投资、战略性资源储备在内的多元化战略格局,有利于抵御和对冲全球汇率和大宗商品价格变动风险,扭转我国经常项目长期顺差造成的资本长期净流出局面,改变我国资产贬值和负债升值的对外资产负债结构,从而实现国民经济的持续健康发展。

## 四　在文化多样化背景下维护中国国家文化安全的需要

文化多样化又称文化多元化，是指一个国家或者民族在全球化浪潮中，在继承本国优秀传统文化的同时，吸收和借鉴其他国家或民族的优秀文化，进而形成以本国文化为主，外来文化为辅的多种文化共同存在、相互影响的局面。文化多样化是从法国最先提出的"文化例外"原则演变而来的，并且在世界范围内获得了广泛的认同。20 世纪 90 年代，法国、西班牙高举保护欧洲文化的旗帜，与其他欧盟国家一起，就视听产品的自由流通问题与美国进行针锋相对的斗争。欧盟国家反对美国文化产品的自由入境，而美国坚持文化产品的无障碍流通，最终结果是暂将视听产品搁置在《关贸总协定》之外。

文化主权是国家主权在文化范畴的表现，是将本民族文化的习惯、信仰和价值观念上升为国家意志，对本民族文化所拥有的最高和独立的权力和权威。[1] 文化主权是国家主权的有机组成部分，本质上是一国公民自主权和自决权在文化领域中的体现。国家文化安全是指国家以主流价值体系为核心的各种文化体制机制、秩序的运行常态及其所标示的国家文化主权、文化利益及文化尊严的完整性、有机性不被国内外敌对势力所干扰、妨碍、侵蚀与破坏。[2] 对本国民族文化进行有意识的保护在世界范围内达成共识，联合国教科文组织于 2001 年 11 月通过了《世界文化多样性宣言》，提出尊重文化多样性、宽容、对话及合作是国际和平与安全的最佳保障之一。维系文化多样化的惯例手法是对国外的文化产品和服务进入本国市场设置一定高度的门槛，以保护本国文化的独立性和维护国家核心利益。

在全球化背景下，文化冲突的表现形式有两种：一是文化的价值观冲突。不同的文化具有各自不同的内涵和外延，具有某些时间和空间上的特殊性，因此，价值观冲突不可避免也非常正常。二是全球化话语权中的文化霸权与反霸权。文化霸权强调世界的同质性，排斥世界的多元性。目前，普遍存在的是以西方文化价值衡量并规范世界其他文化，认为西方文明具有普适性，是世界发

---

[1] 朱健刚、张来治：《文化主权：今天主权斗争的焦点》，《复旦学报》1998 年第 1 期，第 48 页。
[2] 吴满意等：《中国文化安全面临的挑战及其战略选择》，《当代世界与社会主义》，2004 年。

展的文化模板。西方国家往往打着"民主""自由""人权""宗教"等口号，迫使其他国家按照西方民主和人权模式改革国内体制，要求其他国家遵照其文化价值标准、行为理念、生活方式，最终达到意识形态的同化，并以此为理由对违背其文化价值观的国家施加政治压力和经济制裁。特别是随着信息技术的发展，西方国家使用新媒体手段有意识地传播其价值观念和意识形态，滥用话语权，企图在全世界范围内推行西方价值观。

中国所走的道路是与西方世界差异较大的社会主义道路，在东欧剧变后国际共产主义处于低潮的背景下，以美国为首的西方国家从未放弃对我国的颠覆活动。西方国家通过各种途径对我国进行渗透和"和平演变"，特别是在文化、思想、传媒、教育、宗教等意识形态领域进行反动舆论宣传，推行文化霸权主义，极力宣扬西方普世的价值理念和分裂主义思想，并不断制造舆论争端，干扰和破坏国内经济发展、社会稳定、民族团结的良好局面，损害我国的国际形象，遏制我国和平发展的进程。这使中国在全球化浪潮中处于被冲击被裹挟的状态，面临着国家文化安全的严峻挑战。另外，加入WTO后，我国承诺在音像、电影、书刊发行、广告等行业有条件开放。面对西方文化产品的不断冲击和挤压，由于本土文化产业竞争力不强，严重削弱了中国的文化话语权。

支持中华文化"走出去"对于适应复杂的国际形势，避免本土文化受外来文化颠覆冲击，维护国家文化安全具有十分重要的意义。维护国家文化安全，一是要坚持文化主权的自主性，保护我国文化价值体系和意识形态；坚持对外来文化中的不良部分进行审查鉴别，坚持自我选择和自我判断。二是加强对优秀传统文化的保护与传承。三是保护文化的先进性，不断促进文化事业的发展繁荣和文化产业的有序发展。

## 五 在全球化信息浪潮中增强网络话语权的需要

当今世界的科技发展迅猛，现代人的生活方式在某种意义上已经成为一种技术化、数字化生存方式。加强文化与科技的有效融合，可以充分发挥科技对于先进文化建设的促进作用；加强以科技为内容的多种形式文化产品的创制和传播，有利于加快文化产业的升级进程。文化与科技融合创新拓展了中华文化的载体和表现形式，有利于提升中华文化的感染力和影响力，增强网络话语权。

据中国互联网络信息中心（CNNIC）发布的《第28次中国互联网络发展状况统计报告》显示：截至2011年6月底，我国网民规模突破4.5亿人大关，达到4.85亿人；互联网普及率攀升至36.2%，手机网民在总体网民中的比例进一步提高，从2009年末的60.8%提升到66.2%。2011年上半年，中国微博用户数量从6311万人快速增长到1.95亿人，半年增幅高达208.9%。[①] 从全球化信息浪潮看，信息技术的高速发展为新媒体发展提供了有力的技术支撑。3G服务提供的高速数据业务，能够同时传送并处理语音、图像、视频等多媒体数据，提供包括网页浏览、电子邮件、电话会议、电子商务等多种信息服务，为新媒体的应用与传播提供了多种方式。随着多种新型移动互联网终端如电子书、平板电脑等相继上市及平民化，新媒体传播渠道也得以无限拓展。另外，3.18亿的手机网民规模为文化的传播提供了广泛的用户基础。

信息化浪潮是一把双刃剑，在全球化背景下，不同国家之间彼此尊重对方的文化是构建未来国际文化新秩序的基本理念。全球信息化浪潮要求中国必须不断提高文化自主创新能力和文化影响力，必须密切关注对社会文化产生深刻影响的信息技术的发展，提高国家文化在记录、保存、创造、交流、传播等方面的能力，将丰富的文化资源转化为现实的生产力，以适应数字化时代和知识经济所带来的全球性变化。

## 第三节　公共财政支持中华文化"走出去"的必要性和可行性

公共财政是为社会提供公共产品和公共服务的政府资源配置行为。公共财政既着眼于满足社会公共需要，提供合格而丰富的社会公共物质产品和精神产品，消除人们日益增长的物质文化需要同落后的社会生产之间的矛盾；又着力于弥补"市场失灵"，依法促进公平分配，调控宏观经济，合理配置市场资源，这是与现代市场经济相适应的财政制度与体系安排。文化产品本身具有公共产品和市场经济的双重属性，提高国家软实力必须加快中华文化"走出去"

---

① 韩冰：《多部门文化发展战略渐显》，《瞭望》2011年第46期。

的步伐。因此，公共财政建设与文化改革发展具有内在统一性，支持文化发展改革、推动中华文化"走出去"是公共财政的重要职能之一。

## 一　必要性分析

### （一）文化的社会效益属性需要财政给予支持

我国文化发展的特色是强调把社会效益放在首位，实现社会效益与经济效益的统一。所谓社会效益，是指各种经济活动及教育、科技、文化等在社会上产生的非经济效果和利益。文化的社会效益是指符合社会主义意识形态要求，体现社会主义核心价值，为经济社会发展提供思想保证和精神动力，贴近实际、贴近生活、贴近群众的优秀精神文化产品所带来的非经济效果和效益。

只有坚持社会主义主流意识形态和社会主义核心价值体系，积极支持中华文化"走出去"，努力创作出反映人民主体地位和现实生活的优秀精神文化产品，才能促进社会主义经济基础的巩固和发展。如果违背社会主义主流意识形态和社会主义核心价值体系的要求，必然会破坏社会经济基础。"十二五"规划提出要"坚持一手抓公益性文化事业、一手抓经营性文化产业，始终把社会效益放在首位，实现经济效益和社会效益的有机统一"。十七届六中全会要求"坚持把社会效益放在首位，坚持社会效益和经济效益的有机统一"。可以说，把社会效益放在首位，实现经济效益与社会效益相统一，是我国文化发展的基本方针。中华文化"走出去"，不仅要通过文化产品与服务的对外贸易实现经济效益，更要重视其中所体现的社会效益，这种社会效益是争取良好的发展环境、保护国家文化安全、提高国家软实力的重要体现。

### （二）我国文化发展的现阶段特点需要财政予以支持

作为一个在经济体制改革和文化体制改革过程中逐渐形成的后发产业，中国的文化产业普遍存在资本积累不足、市场运行乏力的问题。以往的文化事业体制使文化单位主要依赖国家投入，即使是企业化运营的文化事业单位，其收益也大多上交，自有资本积累很少，转企改制的过程中自我发展的能力有限。

我国文化产业处于发展的起步阶段，在公共技术平台、公共信息平台以及人才建设等方面存在着明显的市场缺陷，特别是从市场投资的角度，文化产业的投资无论是用于形成固定资产的文化基本建设投资，还是用于形成流动资产的文化知识产权投资和用于培育文化战略后备资源的投资，其建设、创作、培养周期和成型期都比较长，失败风险较大，因而常常存在市场失灵的情况。另外，文化产业大多小本经营，即使有良好的技术和创意，如果制作资金不足，也很难做出高水平的产品。在产业化初期，公共财政要介入文化产业的发展，以弥补市场失灵和市场缺陷，推动市场经济的正常运行。目前，我国对于文化体制改革过程中转制的文化企业单位的基本政策是"扶上马送一程"，这是鉴于文化产业领域的市场残缺和主体能力不足的现状而采取的合理举措。

（三）吸引更多社会资本支持文化发展需要财政引导投入

由于我国对于文化产业的资本运行的政策性限制较为严格，资本市场对于发展壮大我国文化产业的作用未得到充分发挥。没有稳定的资金来源，中华文化"走出去"就是一句空话。要实现资金来源的多元化，建立可靠、稳定的文化融资渠道，就需要财政资金的引导和支持。财政资金的杠杆效应可撬动社会资本对文化产业的投资，促进投资主体和渠道的多元化，有利于构建完善的文化产业投资的资本市场和投融资体制。

财政支持文化产业的目标不能局限在扶植具体文化产业项目上，而是要通过财政投入的示范和杠杆作用，培育规范的市场主体与市场环境，撬动更多的社会资本投入文化产业领域，最终建立完善的文化产业发展的市场机制。一方面，财政资金支持文化产业可以采取配套投入、贷款贴息、保险费用补贴、奖励等方式，有效地带动银行、金融机构、社会资本投入文化产业；另一方面，可设立相关投资基金，借鉴成熟资本市场的"产业投资基金"运作模式，由财政部门发起设立，委托专业机构管理基金资产，充分发挥财政资金的引导作用，调动金融机构和大型国有企业等社会资金投入，搭建文化产业投融资平台。

## 二　可行性分析

（一）文化大发展大繁荣的国家战略为财政支持提供了政治条件

按照国家提出的中国特色社会主义经济、政治、文化、社会建设"四位一体"的总体布局，以及党的十七届六中全会提出要深化文化体制改革，促进文化大发展大繁荣的要求，提出了公共财政对文化建设投入的增长幅度要高于财政经常性收入的增长幅度，提高文化支出占财政支出的比例。中华文化

"走出去"作为利用国内国外两种资源、提升中华文化影响力的重要举措得到国家高度重视。"十二五"规划以及十七届六中全会提出的加快中华文化"走出去"的步伐的一系列方针政策，为财政支持提供了政治条件。

**（二）不断增长的经济实力为财政支持提供了经济基础**

自改革开放以来，我国经济高速发展，国家财政收入大幅度增加，为支持文化"走出去"提供了良好的财力保障。"十一五"时期，中国经济总量跃居世界第二位，全国财政收入累计30.3万亿元，年均增长21.3%，全国财政支出31.9万亿元。"十一五"时期，全国财政文化体育与传媒累计支出5615.14亿元，占全国财政收入的1.85%，占全国财政支出的1.76%。因此，财政部门对包括中华文化"走出去"在内的文化事业的发展支持，不会存在财政负担能力不足的问题。

**（三）其他国家的文化政策为财政支持提供了经验借鉴**

无论是强调政府干预的法国、韩国，还是强调市场机制的美国、英国和日本，政府在文化发展中都发挥着不可取代的作用。正是由于政府对于文化发展的财政支持，才使得这些国家的文化产业蓬勃发展，文化影响力广泛。就文化基金而言，美国、加拿大等国家的文化基金会成立较早，运行和管理模式较为成熟，在政府管理文化过程中占据着不可替代的核心地位。借鉴这些国家支持文化发展的经验，结合我国现阶段文化发展特征，可为出台支持中华文化"走出去"的相关政策提供现实依据。

## 第四节 全球化背景下文化贸易与GDP关系的实证研究

### 一 理论基础与研究设计

**1. 多元线性回归模型**

实际生活中，某个经济变量 Y 不是受一个经济变量的影响，而是受多个经济变量的影响。多元线性回归模型是指含有多个解释变量的线性回归模型，用于揭示被解释变量与其他多个解释变量之间的线性关系。

多元线性回归的数学模型是：

$$y = \beta_0 + \beta_1 x_1 + \beta_2 x_2 + \cdots + \beta_p x_p + \varepsilon$$

上式是一个 $p$ 元线性回归模型,其中有 $p$ 个解释变量。它表明被解释变量 $y$ 的变化可以由两个部分解释。第一,由 $p$ 个解释变量 $x$ 的变化引起的 $y$ 的线性变化部分,即 $y = \beta_0 + \beta_1 x_1 + \beta_2 x_2 + \cdots + \beta_p x_p$;第二,由其他随机因素引起的 $y$ 的变化部分,即 $\varepsilon$,$\beta_0$,$\beta_1$,$\cdots$,$\beta_p$ 都是模型中的未知参数,分别称为回归常数和偏回归系数。$\varepsilon$ 称为随机误差,也是一个随机变量。对于上式两边求期望,则有

$$E(y) = \beta_0 + \beta_1 x_1 + \beta_2 x_2 + \cdots + \beta_p x_p$$

**2. 数据选取的原则**

当今世界,国家间文化贸易是经济与文化全球化的重要组成部分,文化产品和服务的交易规模越来越大。然而,由于文化产品和服务的特殊性,各国间文化贸易的方式不尽相同,加上国家意志的力量,正确测算文化贸易规模非常困难。目前,要准确测算文化贸易规模,除了需要详尽的海关和国际收支数据等资料外,还需要其他大量相关数据。本书对来自海关和国际收支平衡表的数据进行了计量分析,尽管这些数据仍存在缺陷,但能够对全球文化产品和服务贸易的趋势和分类进行粗略分析。由于数据收集的局限性以及统计不够精确的客观情况,本书采用的数据以核心文化产品为主,不包括核心文化服务、相关文化产品和相关文化服务。另外,由于受到资料有限性的制约,本书仅选取2002年世界各国核心文化产品的进出口数据进行分析。

**3. 假设和模型的建立**

目前,国际上采用了不同的方法来测度文化产业对国家和国际经济的贡献。一般经济学家通过确定关键产业部门来测度文化的产出,这种测度方法与产业部门的定义密切相关。

由于各个国家之间文化产品分类的标准不尽相同,文化产品的数据收集和整理存在缺陷,缺少足够的数据资源和专业的数据处理技术,无法获得完美的统计数据。因此,本书仅从核心文化产品角度分析其对经济的拉动作用。

一是文物产品。文物产品包括"收集品和珍藏品""年代超过100年的古董",这两项不能完全等同文物产品。文物产品在核心文化产品中所占份额较

小，2002年它以22亿美元的价值占全部文化产品总额的3.7%。2002年高收入国家以超过98%的份额控制着全球进出口市场。文物产品类别中，欧洲占据首要位置，美国则主导着文物产品的出口。在模型建立中将文物产品定义为解释变量$X_1$。

二是印刷媒体。印刷媒体包括图书、报纸和杂志以及其他印刷品。它们共同构成文化产品贸易额的30.7%。2002年印刷媒体成为第二大贸易种类，仅次于已录制媒体。近年来，随着电子信息技术的发展，新媒体不断涌现，对各国印刷媒体行业的冲击越来越大，印刷媒体的重要性被不断削弱。整体来看，高收入国家的印刷媒体贸易增长率没有低收入国家的高，但低收入国家此类产品在全球贸易中的份额微不足道，印刷媒体交易主要集中于欧洲、北美和亚洲国家。在模型建立中将图书定义为解释变量$X_2$，报纸和杂志定义为解释变量$X_3$，其他印刷品定义为解释变量$X_4$。

三是已录制媒体。已录制媒体包括留声唱片机、仅供重放声音的激光阅读系统用盘、磁带（已录制）等。2002年已录制媒体的主要出口国是德国、爱尔兰和美国，这些国家的贸易额占全球出口总额的40.4%。虽然高收入国家已录制媒体产品交易仍然居于主导地位，但是发展中国家和转型国家近年来增长较快，特别是一些亚洲国家，出口音乐产品排名靠前。在模型建立中将已录制媒体定义为解释变量$X_5$。

四是视觉艺术。视觉艺术由绘画和其他材料，如版画、丝网印刷、雕塑品原作、雕像和其他装饰物构成。2002年视觉艺术贸易额达到113亿美元，占文化产品贸易总额的19.1%，是继已录制媒体和印刷媒体之后的第三大贸易种类。近年来，发展中国家和转型国家在视觉艺术贸易方面的增长较快。2002年，英国、中国、美国、瑞士和德国的视觉艺术品是主要出口国。在模型建立中将视觉艺术定义为解释变量$X_6$。

五是视听媒体。视听媒体包括已曝光和已冲洗的摄影胶片、已曝光和已冲洗的电影胶片和使用电视机的电子游戏。近年来，电子游戏所占份额持续上升，把其他视听媒体压低到了只是象征性存在的地位。在模型建立中将视听媒体定义为解释变量$X_7$。

鉴于以上分析，拟提出以下假设：以上解释变量与GDP增长呈正相关，对世界经济均起着拉动作用。由此建立两组模型,第一组模型把文化产品出口作为自变量,第二组模型把文化产品进口作为自变量。

建立两组模型如下:

第一组模型分析核心文化出口额对世界经济的拉动作用,即:

$$E = \beta_0 + \beta_1 X_1 + \beta_2 X_2 + \beta_3 X_3 + \beta_4 X_4 + \beta_5 X_5 + \beta_6 X_6 + \beta_7 X_7 + \varepsilon$$

第二组模型分析核心文化进口额对世界经济的拉动作用,即:

$$E = \beta_0 + \beta_1 Y_1 + \beta_2 Y_2 + \beta_3 Y_3 + \beta_4 Y_4 + \beta_5 Y_5 + \beta_6 Y_6 + \beta_7 Y_7 + \varepsilon$$

## 二 实证研究结果与分析

### 1. 数据来源

核心文化产品的贸易数据是基于海关的统计数据。据海关数据显示,核心文化产品从1994年的383亿美元增长到2002年的592亿美元。据海关数据显示,高收入国家是文化产品最大的出口国和进口国。2002年,英国是全世界最大的文化产品出口国,出口额高达85亿美元;美国居第二位,出口额达76亿美元;中国居第三位,出口额达53亿美元。2002年美国是全世界最大的文化产品进口国,进口额高达153亿美元,是英国进口额的两倍;英国作为第二大进口国,交易额达到79亿美元;德国则以42亿美元的进口额位居第三。具体情况详见表2-1和表2-2。

表2-1 1994～2002年分类文化产品进口贸易额

单位:亿美元

| 年份 | 1994 | 1995 | 1996 | 1997 | 1998 | 1999 | 2000 | 2001 | 2002 |
|---|---|---|---|---|---|---|---|---|---|
| 文物产品 | 1887.90 | 1886.70 | 1960.80 | 2554.20 | 2647.60 | 2914.00 | 3054.40 | 2718.20 | 2644.20 |
| 图书 | 8640.20 | 10206.00 | 10655.00 | 10993.50 | 11058.10 | 11151.90 | 11380.40 | 11581.00 | 11738.00 |
| 报纸和期刊 | 3833.90 | 4630.80 | 4774.80 | 4792.20 | 5073.50 | 4995.00 | 4714.60 | 4592.50 | 4675.10 |
| 其他印刷品 | 1896.60 | 2140.50 | 2218.20 | 2323.20 | 2202.60 | 2253.20 | 2340.70 | 2403.90 | 2620.00 |
| 已录制媒体 | 12235.70 | 15040.50 | 16122.60 | 16363.40 | 17207.20 | 18973.10 | 19396.50 | 18860.50 | 19389.00 |
| 视觉艺术 | 8525.80 | 8622.30 | 8550.00 | 9975.60 | 10870.30 | 11692.80 | 13276.90 | 13193.90 | 12911.00 |
| 视听媒体 | 3391.90 | 3598.10 | 4384.50 | 6693.20 | 6966.10 | 6629.10 | 5814.50 | 7740.00 | 9685.50 |
| 总 额 | 40412.00 | 46124.90 | 48666.40 | 53695.60 | 56025.40 | 58609.10 | 59978.00 | 61089.50 | 63662.80 |

表2-2　1994～2002年分类文化产品出口贸易额

单位：亿美元

| 年份 | 1994 | 1995 | 1996 | 1997 | 1998 | 1999 | 2000 | 2001 | 2002 |
|---|---|---|---|---|---|---|---|---|---|
| 文物产品 | 1461.50 | 1586.30 | 1465.00 | 1822.40 | 1680.40 | 1823.00 | 2075.90 | 859.40 | 1807.40 |
| 图书 | 8441.40 | 9980.50 | 10377.00 | 10450.90 | 10618.70 | 10549.00 | 10530.70 | 10660.40 | 10835.00 |
| 报纸和期刊 | 3806.30 | 4845.90 | 4746.70 | 4476.30 | 4588.20 | 4366.60 | 4145.80 | 4189.70 | 4398.30 |
| 其他印刷品 | 1669.20 | 1945.20 | 1961.00 | 2031.90 | 1999.10 | 2001.70 | 1988.90 | 1993.10 | 2158.90 |
| 已录制媒体 | 12563.30 | 14014.40 | 15307.60 | 15747.90 | 16169.70 | 18514.30 | 19108.80 | 17937.40 | 18509.40 |
| 视觉艺术 | 6690.40 | 6794.40 | 6531.20 | 7723.10 | 7791.80 | 8293.50 | 9835.70 | 7648.80 | 9741.00 |
| 视听媒体 | 1590.40 | 2983.10 | 3584.70 | 3856.20 | 4483.60 | 5336.40 | 3511.50 | 4213.50 | 7216.40 |
| 总额 | 36222.50 | 42149.80 | 43973.30 | 46108.80 | 47031.40 | 50884.50 | 51197.30 | 47502.30 | 54666.40 |
| GDP | 5592 | 7279 | 8560 | 9526 | 10195 | 10833 | 11985 | 13248 | 14538 |

2. 样本描述

进口贸易描述性统计详见表2-3。

表2-3　进口贸易描述性统计结果

|  |  | 文物产品 | 图书 | 报纸和期刊 | 其他印刷品 |
|---|---|---|---|---|---|
| N | Statistic | 9 | 9 | 9 | 9 |
| Range | Statistic | 1167.70 | 3097.80 | 1239.60 | 723.40 |
| Minimum | Statistic | 1886.70 | 8640.20 | 3833.90 | 1896.60 |
| Maximum | Statistic | 3054.40 | 11738.00 | 5073.50 | 2620.00 |
| Mean | Statistic | 2474.2222 | 10822.6778 | 4675.8222 | 2266.5778 |
|  | Std. Error | 149.41753 | 313.77029 | 118.00832 | 65.81652 |
| Std. Deviation | Statistic | 448.25260 | 941.31086 | 354.02495 | 197.44955 |
| Skewness | Statistic | -0.418 | -1.774 | -1.809 | -0.119 |
|  | Std. Error | 0.717 | 0.717 | 0.717 | 0.717 |
| Kurtosis | Statistic | -1.501 | 3.609 | 4.605 | 1.598 |
|  | Std. Error | 1.400 | 1.400 | 1.400 | 1.400 |
|  |  | 已录制媒体 | 视觉艺术 | 视听媒体 | 核心文化产品总额 |
| N | Statistic | 9 | 9 | 9 | 9 |
| Range | Statistic | 7160.80 | 4751.10 | 6293.60 | 23250.80 |
| Minimum | Statistic | 12235.70 | 8525.80 | 3391.90 | 40412.00 |
| Maximum | Statistic | 19396.50 | 13276.90 | 9685.50 | 63662.80 |
| Mean | Statistic | 17065.3222 | 10846.5111 | 6100.3556 | 54251.5222 |
| Std. Deviation | Statistic | 2411.44864 | 2023.64691 | 2047.68953 | 7740.59726 |
| Skewness | Statistic | -0.965 | 0.008 | 0.204 | -0.670 |
|  | Std. Error | 0.717 | 0.717 | 0.717 | 0.717 |
| Kurtosis | Statistic | 0.532 | -1.923 | -0.383 | -0.580 |
|  | Std. Error | 1.400 | 1.400 | 1.400 | 1.400 |

出口贸易描述性统计详见表2-4。

表2-4 出口贸易描述性统计结果

|  |  | 文物产品 | 图书 | 报纸和期刊 | 其他印刷品 |
|---|---|---|---|---|---|
| N | Statistic | 9 | 9 | 9 | 9 |
| Range | Statistic | 1216.50 | 2393.60 | 1039.60 | 489.70 |
| Minimum | Statistic | 859.40 | 8441.40 | 3806.30 | 1669.20 |
| Maximum | Statistic | 2075.90 | 10835.00 | 4845.90 | 2158.90 |
| Mean | Statistic | 1620.1444 | 10271.5111 | 4395.9778 | 1972.1111 |
| Std. Deviation | Statistic | 345.97355 | 725.49774 | 320.65653 | 129.12877 |
| Skewness | Statistic | -1.281 | -2.453 | -0.427 | -1.569 |
|  | Std. Error | 0.717 | 0.717 | 0.717 | 0.717 |
| Kurtosis | Statistic | 2.606 | 6.426 | 0.094 | 4.727 |
|  | Std. Error | 1.400 | 1.400 | 1.400 | 1.400 |
|  |  | 已录制媒体 | 视觉艺术 | 视听媒体 | 核心文化产品总额 |
| N | Statistic | 9 | 9 | 9 | 9 |
| Range | Statistic | 6545.50 | 3304.50 | 5626.00 | 18443.90 |
| Minimum | Statistic | 12563.30 | 6531.20 | 1590.40 | 36222.50 |
| Maximum | Statistic | 19108.80 | 9835.70 | 7216.40 | 54666.40 |
| Mean | Statistic | 16430.3111 | 7894.4333 | 4086.2000 | 46637.3667 |
| Std. Deviation | Statistic | 2255.43024 | 1222.49632 | 1565.87890 | 5479.32726 |
| Skewness | Statistic | -0.462 | 0.708 | 0.648 | -0.537 |
|  | Std. Error | 0.717 | 0.717 | 0.717 | 0.717 |
| Kurtosis | Statistic | -0.911 | -0.628 | 1.618 | 0.521 |
|  | Std. Error | 1.400 | 1.400 | 1.400 | 1.400 |

GDP描述性统计详见表2-5。

表2-5 GDP描述性统计结果

|  |  | GDP(亿美元) | Valid N (listwise) |
|---|---|---|---|
| N | Statistic | 9 | 9 |
| Range | Statistic | 8946 |  |
| Minimum | Statistic | 5592 |  |
| Maximum | Statistic | 14538 |  |
| Mean | Statistic | 10195.11 |  |
| Std. Deviation | Statistic | 2841.766 |  |
| Skewness | Statistic | -0.075 |  |
|  | Std. Error | 0.717 |  |
| Kurtosis | Statistic | -0.540 |  |
|  | Std. Error | 1.400 |  |

通过上述统计，我们不难看出，在进出口贸易中，视觉艺术、已录制媒体和图书在总进口额中所占比例较大。

## 三 回归分析研究结果

使用强制进入策略时，结果详见表 2-6。

**表 2-6 Coefficients（a）**

| Model | Unstandardized Coefficients B | Std. Error | Standardized Coefficients Beta | t | Sig. |
|---|---|---|---|---|---|
| (Constant) | -5729.807 | 5503.267 |  | -1.041 | 0.487 |
| 文物产品 | -2.087 | 0.936 | -0.329 | -2.231 | 0.268 |
| 图书 | 0.374 | 1.075 | 0.124 | 0.348 | 0.787 |
| 报纸和期刊 | -1.801 | 2.040 | -0.224 | -0.883 | 0.539 |
| 其他印刷品 | -0.474 | 3.855 | -0.033 | -0.123 | 0.922 |
| 视觉艺术 | -0.035 | 0.727 | -0.025 | -0.048 | 0.969 |
| 视听媒体 | -0.042 | 0.269 | -0.030 | -0.157 | 0.901 |
| 核心文化产品总额 | 0.501 | 0.340 | 1.364 | 1.472 | 0.380 |

a. Dependent Variable：GDP（美元）。

由以上回归分析结果可知，所有变量的回归系数显著性 t 检验的概率 P 值都大于显著性水平，因此不应该拒绝原假设，即它们与被解释变量之间的线性关系是不显著的，说明目前此模型不可用，需要重新建立模型。

采用向后筛选策略模型结果详见表 2-7 和表 2-8。

**表 2-7 Model Summary**

| Model | R | R Square | Adjusted R Square | Std. Error of the Estimate |
|---|---|---|---|---|
| 1 | 0.999(a) | 0.998 | 0.987 | 320.068 |
| 2 | 0.999(b) | 0.998 | 0.994 | 226.587 |
| 3 | 0.999(c) | 0.998 | 0.996 | 186.396 |
| 4 | 0.999(d) | 0.998 | 0.997 | 166.969 |
| 5 | 0.999(e) | 0.998 | 0.996 | 169.705 |

a. Predictors：(Constant)，核心文化产品总额、报纸和期刊、文物产品、视听媒体、其他印刷品、图书、视觉艺术。
b. Predictors：(Constant)，核心文化产品总额、报纸和期刊、文物产品、视听媒体、其他印刷品、图书、视觉艺术。
c. Predictors：(Constant)，核心文化产品总额、报纸和期刊、文物产品、视听媒体、图书。
d. Predictors：(Constant)，核心文化产品总额、报纸和期刊、文物产品、图书。
e. Predictors：(Constant)，核心文化产品总额、报纸和期刊、文物产品。

表2-8 ANOVA（f）

| Model | | Sum of Squares | df | Mean Square | F | Sig. |
|---|---|---|---|---|---|---|
| 1 | Regression | 64502609.574 | 7 | 9214658.511 | 89.949 | 0.081（a） |
|   | Residual | 102443.315 | 1 | 102443.315 | | |
|   | Total | 64605052.889 | 8 | | | |
| 2 | Regression | 64502369.589 | 6 | 10750394.932 | 209.389 | 0.005（b） |
|   | Residual | 102683.300 | 2 | 51341.650 | | |
|   | Total | 64605052.889 | 8 | | | |
| 3 | Regression | 64500822.279 | 5 | 12900164.456 | 371.297 | 0.000（c） |
|   | Residual | 104230.610 | 3 | 34743.537 | | |
|   | Total | 64605052.889 | 8 | | | |
| 4 | Regression | 64493538.742 | 4 | 16123384.685 | 578.344 | 0.000（d） |
|   | Residual | 111514.147 | 4 | 27878.537 | | |
|   | Total | 64605052.889 | 8 | | | |
| 5 | Regression | 64461053.567 | 3 | 21487017.856 | 746.081 | 0.000（e） |
|   | Residual | 143999.321 | 5 | 28799.864 | | |
|   | Total | 64605052.889 | 8 | | | |

a. Predictors：（Constant），核心文化产品总额、报纸和期刊、文物产品、视听媒体、其他印刷品、图书、视觉艺术。

b. Predictors：（Constant），核心文化产品总额、报纸和期刊、文物产品、视听媒体、其他印刷品、图书、视觉艺术。

c. Predictors：（Constant），核心文化产品总额、报纸和期刊、文物产品、视听媒体、图书。

d. Predictors：（Constant），核心文化产品总额、报纸和期刊、文物产品、图书。

e. Predictors：（Constant），核心文化产品总额、报纸和期刊、文物产品。

由于第一、二个模型存在回归系数不显著的解释变量，因此第一个模型不可用。

表2-9 Coefficients（a）

| Model | | Unstandardized Coefficients | | Standardized Coefficients | t | Sig. |
|---|---|---|---|---|---|---|
| | | B | Std. Error | Beta | | |
| 1 | （Constant） | -5729.807 | 5503.267 | | -1.041 | 0.487 |
|   | 文物产品 | -2.087 | 0.936 | -0.329 | -2.231 | 0.268 |
|   | 图书 | 0.374 | 1.075 | 0.124 | 0.348 | 0.787 |
|   | 报纸和期刊 | -1.801 | 2.040 | -0.224 | -0.883 | 0.539 |
|   | 其他印刷品 | -0.474 | 3.855 | -0.033 | -0.123 | 0.922 |
|   | 视觉艺术 | -0.035 | 0.727 | -0.025 | -0.048 | 0.969 |
|   | 视听媒体 | -0.042 | 0.269 | -0.030 | -0.157 | 0.901 |
|   | 核心文化产品总额 | 0.501 | 0.340 | 1.364 | 1.472 | 0.380 |

续表

| Model | | Unstandardized Coefficients B | Std. Error | Standardized Coefficients Beta | t | Sig. |
|---|---|---|---|---|---|---|
| 2 | (Constant) | -5959.683 | 1968.097 | | -3.028 | 0.094 |
| | 文物产品 | -2.089 | 0.662 | -0.330 | -3.158 | 0.087 |
| | 图书 | 0.366 | 0.752 | 0.121 | 0.487 | 0.674 |
| | 报纸和期刊 | -1.713 | 0.657 | -0.213 | -2.607 | 0.121 |
| | 其他印刷品 | -0.347 | 2.001 | -0.024 | -0.174 | 0.878 |
| | 视听媒体 | -0.033 | 0.135 | -0.024 | -0.246 | 0.829 |
| | 核心文化产品总额 | 0.486 | 0.099 | 1.323 | 4.917 | 0.039 |
| 3 | (Constant) | -6204.532 | 1129.173 | | -5.495 | 0.012 |
| | 文物产品 | -2.053 | 0.516 | -0.324 | -3.981 | 0.028 |
| | 图书 | 0.277 | 0.450 | 0.092 | 0.615 | 0.582 |
| | 报纸和期刊 | -1.640 | 0.415 | -0.204 | -3.948 | 0.029 |
| | 视听媒体 | -0.044 | 0.097 | -0.032 | -0.458 | 0.678 |
| | 核心文化产品总额 | 0.487 | 0.081 | 1.327 | 6.005 | 0.009 |
| 4 | (Constant) | -6156.457 | 1007.100 | | -6.113 | 0.004 |
| | 文物产品 | -1.907 | 0.364 | -0.301 | -5.238 | 0.006 |
| | 图书 | 0.379 | 0.351 | 0.125 | 1.079 | 0.341 |
| | 报纸和期刊 | -1.694 | 0.357 | -0.211 | -4.741 | 0.009 |
| | 核心文化产品总额 | 0.459 | 0.047 | 1.250 | 9.710 | 0.001 |
| 5 | (Constant) | -5485.096 | 805.094 | | -6.813 | 0.001 |
| | 文物产品 | -2.157 | 0.286 | -0.340 | -7.541 | 0.001 |
| | 报纸和期刊 | -1.381 | 0.212 | -0.172 | -6.516 | 0.001 |
| | 核心文化产品总额 | 0.506 | 0.017 | 1.379 | 29.150 | 0.000 |

a. Predictors：(Constant)，核心文化产品总额、报纸和期刊、文物产品、视听媒体、其他印刷品、图书、视觉艺术。
b. Predictors：(Constant)，核心文化产品总额、报纸和期刊、文物产品、视听媒体、其他印刷品、图书、视觉艺术。
c. Predictors：(Constant)，核心文化产品总额、报纸和期刊、文物产品、视听媒体、图书。
d. Predictors：(Constant)，核心文化产品总额、报纸和期刊、文物产品、图书。
e. Predictors：(Constant)，核心文化产品总额、报纸和期刊、文物产品。

通过分析，所建立的五个模型中，前四个模型都存在回归系数不显著的解释变量，因此这些方程都不可用，只有第五个模型是最终方程，其回归系数显著性检验的概率 P 值小于显著性水平，即文物产品、核心文化期刊、核心文化产品总额与被解释变量 GDP 之间存在线性关系。由此建立回归方程为：

GDP = -5485.096 - 20157 文物产品 - 1.381 报纸和期刊 + 0.506 核心文化产品总额

该方程蕴含的原理是：核心文化产品总额每增加一个单位，就会拉动 GDP 增长 0.506 个单位。

表 2-10 显示了变量剔除方程的过程，通过表 2-10 可以反映剔除各变量保留其他变量回归系数的检验情况。

表 2-10　Excluded Variables（f）

| Model | | Beta In | t | Sig. | Partial Correlation | Collinearity Statistics Tolerance |
|---|---|---|---|---|---|---|
| 1 | 已录制媒体 | 6223.965(a) | | | 1.000 | 4.09E-011 |
| 2 | 已录制媒体 | 0.030(b) | 0.048 | 0.969 | 0.048 | 0.004 |
|   | 视觉艺术 | -0.025(b) | -0.048 | 0.969 | -0.048 | 0.006 |
| 3 | 已录制媒体 | -0.014(c) | -0.040 | 0.972 | -0.028 | 0.006 |
|   | 视觉艺术 | 0.018(c) | 0.068 | 0.952 | 0.048 | 0.011 |
|   | 其他印刷品 | -0.024(c) | -0.174 | 0.878 | -0.122 | 0.041 |
| 4 | 已录制媒体 | 0.047(d) | 0.400 | 0.716 | 0.225 | 0.040 |
|   | 视觉艺术 | 0.057(d) | 0.403 | 0.714 | 0.226 | 0.027 |
|   | 其他印刷品 | -0.041(d) | -0.403 | 0.714 | -0.227 | 0.054 |
|   | 视听媒体 | -0.032(d) | -0.458 | 0.678 | -0.256 | 0.110 |
| 5 | 已录制媒体 | 0.076(e) | 0.715 | 0.514 | 0.337 | 0.044 |
|   | 视觉艺术 | 0.068(e) | 0.489 | 0.651 | 0.237 | 0.027 |
|   | 其他印刷品 | 0.017(e) | 0.201 | 0.850 | 0.100 | 0.078 |
|   | 视听媒体 | -0.053(e) | -0.953 | 0.395 | -0.430 | 0.146 |
|   | 图书 | 0.125(e) | 1.079 | 0.341 | 0.475 | 0.032 |

## 第五节　本章小结

本章从四个层面分析了支持中华文化"走出去"的原因：

一是理论层面。首先，文化"走出去"作为一种优效性文化产品，由于具有意识形态特征，其供需机制不同于一般的商品。如果仅由市场进行提供将造成这一优效品的供需失衡，这为政府参与支持提供了基本切入点。其次，从政府与市场的关系分析，政府有所作为的区域是弥补市场失灵，文化由于具有社会效益和经济效益双重属性，所以政府需要支持文化"走出去"。另外，按照新增长理论，文化的发展、知识和技术的扩散具有正外部性特征，在恰当的产权制度安排下，文化对外传播会促进国家经济的增长。最后，产业集群理论和国家竞争理论为支持文化"走出去"提供了宏观动因视角。

二是现实层面。首先，在政治多极化的国际政治背景下，支持中华文化"走出去"可以使国外民众能够对开放的、充满活力的中国有全面的了解和认识，有利于延长我国发展的战略机遇期。其次，在经济全球化的背景下，文化产品的辐射效应有利于完善进出口结构、提高出口产品的附加值等。再次，在文化多样化的国际文化背景下，支持中华文化"走出去"对于避免本国文化受到外来文化颠覆冲击，维护国家文化安全具有十分重要的意义。

三是财政支持的必要性和可行性层面。一方面，中华文化"走出去"的阶段性特征，需要财政引导其他社会资金投入文化建设。另一方面，日益增长的国家财政收入和国外支持文化"走出去"的经验为财政政策的出台提供了可行性。公共财政建设与文化改革发展具有内在统一性，支持文化发展改革、推动中华文化走向世界是公共财政的重要职能之一。

四是实证层面。文化产品与被解释变量 GDP 之间存在线性关系，通过建立回归方程得到核心文化产品总额每增加一个单位则拉动 GDP 增长 0.506 个单位的数理结论，这为支持文化发展、鼓励中华文化"走出去"提供了重要的数理依据。

# 第三章
# 中华文化"走出去"的现状及问题

目前,中华文化"走出去"已初步形成了"政府主导、民间参与、企业多种方式运作、交流与贸易并重"的局面。本章将从政府、企业和民间三个层面对中华文化"走出去"的现状进行梳理,对问题进行分析,对规律进行总结。

## 第一节 政府层面的中华文化"走出去"

以政府为主导的对外文化交流活动整合资源的力度较大,双向交流的层次较高,是中华文化"走出去"的重要手段。政府对外文化工作通过配合国家总体外交战略,开展多渠道、多形式、多层次的政府间对外文化交流,广泛参与世界文明对话,促进文化相互借鉴,有利于树立良好的国家形象,不断扩大中华文化国际影响力和提升国家文化软实力。近年来,政府对外文化交流活动详见表3-1。

表3-1 中国政府历年对外文化交流情况

单位:起

| 年份 | 签订文化协定 | 签订文化协定执行计划 | 文化交流项目 | | |
|---|---|---|---|---|---|
| | | | 总计 | 来华 | 出国 |
| 1985 | 5 | 17 | 804 | 381 | 423 |
| 1986 | 2 | 16 | 1075 | 456 | 619 |
| 1987 | 8 | 32 | 880 | 378 | 502 |
| 1988 | 5 | 19 | 707 | 282 | 425 |
| 1989 | 4 | 18 | 484 | 182 | 302 |
| 1990 | 1 | 14 | 733 | 263 | 470 |

续表

| 年份 | 签订文化协定 | 签订文化协定执行计划 | 文化交流项目 总计 | 文化交流项目 来华 | 文化交流项目 出国 |
|---|---|---|---|---|---|
| 1991 | 4 | 29 | 736 | 227 | 509 |
| 1992 | 13 | 11 | 1181 | 413 | 768 |
| 1993 | 8 | 31 | 1534 | 480 | 1054 |
| 1994 | 7 | 22 | 1176 | 401 | 775 |
| 1995 | 1 | 28 | 1647 | 500 | 1147 |
| 1996 | 4 | 22 | 1580 | 859 | 721 |
| 1997 | 1 | 27 | 1446 | 527 | 919 |
| 1998 | 2 | 23 | 1871 | 672 | 1199 |
| 1999 | 4 | 31 | 1366 | 534 | 832 |
| 2000 | 2 | 27 | 1433 | 595 | 838 |
| 2001 | 4 | 25 | 2042 | 1103 | 939 |
| 2002 | 4 | 26 | 1447 | 748 | 729 |
| 2003 | 4 | 23 | 762 | 420 | 342 |
| 2004 | 15 | 14 | 1647 | 815 | 832 |
| 2005 | 16 | 12 | 1168 | 587 | 581 |
| 2006 | 7 | 17 | 1672 | 943 | 729 |
| 2007 | 2 | 25 | 1815 | 605 | 1210 |
| 2008 | 2 | 24 | 1422 | 625 | 797 |
| 2009 | 2 | 20 | 1537 | 737 | 804 |

资料来源：《中国文化文物统计年鉴2010》。

## 一 基本现状

### （一）建立对外文化工作部际联席会议制度

部际联席会议是为解决某一问题，由与该问题相关的政府部门共同召开的会议，在充分发扬民主的基础上，通过相互讨论、达成共识，形成具有可行性和约束力的规范性意见。部际联席会议被广泛应用于政府管理工作中，是提高管理绩效的有效途径。

2009年，文化部牵头，联合国家广电总局、新闻出版总署、商务部、教育部、海关总署、国家体育总局、国家旅游局、国家文物局等11个部门共同组建了"对外文化工作部际联席会议制度"。该制度的建立，使中央部门之间、中央和地方、政府和民间、国内和国外的文化资源得到有效统筹和协调，有利于对中华文化"走出去"进行科学规划，打破了对原有文化产品和服务按照载体不同分类管理造成的部门分割局面，开启了推动中华文化"走出去"的新篇章。除对外文化工作部际联席会议制度外，文化部国内国外沟通协调机制、文化部与地方文化外事工作协调机制、文化部机关与直属单位对外文化工作统筹协调机制等四个跨部门协调机制，也对深度整合中华文化"走出去"资源发挥着重要作用。

### （二）建立驻外中国文化中心

驻外中国文化中心是中国政府派驻境外的官方文化机构，是在境外全面、深入、持久开展文化外交的重要阵地。中国文化中心以优质、普及、友好、合作为宗旨，围绕文化活动、教学培训和信息服务三大职能，开展多种形式的文化交流活动，逐渐成为全面介绍中华文化的窗口、深入开展文化合作的平台、持续增进理解互信的桥梁。

1988年，我国最早在不要求对等的两个非洲国家——毛里求斯和贝宁设立了中国文化中心，开创了驻外中国文化中心的先河。此后，埃及开罗、法国巴黎、马耳他、韩国首尔、德国柏林中国文化中心相继建成投入使用，日本东京、蒙古国乌兰巴托中国文化中心也通过租用场地正式揭牌。泰国曼谷、新加坡、俄罗斯莫斯科、西班牙马德里中国文化中心也相继启动建设，有效加快了中华文化"走出去"的步伐。截至2010年，我国已同160多个国家和地区建立文化交流关系，同145个国家签订政府间文化合作协定，建成海外中国文化中心9个，与148个国家约458个民间团体和文化组织建立了友好交流关系。

驻外中国文化中心的规格较高，一般经过国家领导人签署相关协议后成立。如西班牙中国文化中心，2005年中西两国领导人签署了互设文化中心的协议，2009年确定马德里中国文化中心的地址，占地面积1306平方米，总建筑面积2402平方米。日本中国文化中心是2008年5月中日两国领导人共同签署协议确定的，2009年在东京虎之门森大厦租用写字楼暂时开展活动。曼谷中国文化中心是中泰两国政府高层亲力促成的在东南亚设立的第一个中国文化中心，受到泰国王室的高度重视和各界的广泛关注，2009年5月泰国总理府正式批准中心方案。新加坡中国文化中心是2009年11月中新两国领导人签署了中心谅解备忘录后成立的,文化中心占地面积1350平方米,位于女皇街217号,毗邻新加坡国家图书馆、国家博物馆、国立美术馆、南洋理工学院等众多文化机构,区域优势非常突出。中俄两国领导人于2009年在北京共同签署了互设文化中心的协议,2010年确定中心选址在俄罗斯真理报街甲1号,毗邻俄罗斯国立人文大学、真理报社、全俄广播电视公司等众多文化教育机构。2010年3月,塞尔维亚文化部长访华期间,积极建议中国在塞尔维亚建设中国文化中心,随后,两国领导人签署了互设文化中心的协议。

总体上看,近年来驻外中国文化中心的发展呈现出以下特点:

一是全面展示,形成合力。围绕文化活动、教学培训、信息服务三大职能,整合各类文化资源,集文化、教育、新闻出版、广播影视、体育等多领域对外工作于一体,使国内国外人力物力资源形成合力。如日本中国文化中心成立之后,先后举办了"梁思成纪念展""现代名画精品展""平山郁夫与中国"等展览以及"中国改革开放30年"等讲座,在当地引起了较大的社会反响。

二是活动常态化,交流深入。借助自有场地和专职队伍的优势,不间断地组织各类活动,成为与驻在国公众了解中国的窗口,方便当地各界人士参与中国文化活动,实现了常态化,以潜移默化的方式使交流和影响向深层次发展。如毛里求斯和贝宁中国文化中心为当地中国文化爱好者开设了舞蹈、武术、汉语、剪纸等课程。在毛里求斯共有26所小学和13所中学开设汉语课程,共有2000余名学生学习汉语。[1]

三是中方主导,权威性强。文化中心改变了以往交流主题和项目全部依靠外方邀请和经办的局面,有利于以我国为主的选题和工作开展。具有政府背景的文化中心具有较强的公信力,比当地民间组织具有更强的权威性和号召力。

四是亲民色彩,官民咸宜。文化中心的专业性和亲民性,使我国工作对象从官员和名流扩展到更广泛的目标观众群。国外政府首脑、文化名流、青年学生、华人华侨均能在中心工作中各得其所,驻在国政治家因文化中心的政府背景和亲民面目,也乐于出席中心活动,体现其亲民形象。

---

[1] 焦雯、陈霜:《毛里求斯再掀中国文化热》,《中国文化报》2011年12月16日。

## （三）打造"欢乐春节""中国文化年"等对外文化交流品牌

以"中非文化聚焦""阿拉伯艺术节""相约北京""中国上海国际艺术节""艺海流金""情系"为代表的对外文化交流品牌是中华文化"走出去"的重要载体。以2011年"欢乐春节"活动为例，国内有2200余名演职人员积极参与了第二届海外"欢乐春节"活动，陆续在全球63个国家和地区成功举办，中华文化的影响力进一步加强。

### 1. 欧盟地区

欧盟是中国举办大型文化活动最活跃的地区之一。

1999年举办的"中法文化年"，聚集了国内17个部委以及中法两国共47对友好城市和50多家中法企业，交流项目达700多个，使中法十几个城市、上百万名民众有机会近距离相互了解彼此文化，大大促进了中法双方的文化交流，而且对其他国家产生了示范和连锁效应，带动了新一轮的文化交流热潮。2003~2005年，中国与法国互办文化年。2011年4月至5月，有关部门在法国举办"上海文化月"，推出的展览、演出、讲座等活动深受好评。

从2010年在比利时举办的欧罗巴利亚中国艺术节上，国内19个省区市及港澳台地区的58家博物馆、图书馆、考古机构、公共和民间文化机构近1500名艺术家参与。在5个月的时间里，中国艺术节组委会围绕"古老的中国、当代的中国、多彩的中国、中国与世界"四大主题，与当地人士共同举办了近500场文化交流活动和50多个展览。艺术节以音乐会、话剧、诗歌朗诵会、研讨会、旅游推介等交流活动，以及文物展、当代艺术展、中国非物质文化遗产展示、中国电影展映、美食展示等展览，吸引了比利时及周边国家的150万名观众。

中德两国大型的文化交流活动主要从2001年开始。2001年在德国柏林举办的亚太周中国主宾国活动影响深远。目前，中德两国有60多对友好省州或城市。2010年，中德两国签署了关于2012年在德国举办"中国文化年"的谅解备忘录，明确从2012年1月到12月，在德国各州以及柏林、慕尼黑、法兰克福等城市举办"中国文化年"活动，以庆祝两国建交40周年；开展的项目包括石荷州国际音乐节·中国主宾国、欧洲青年古典音乐节、柏林宪兵广场中国作品露天音乐会等。

从 2010 年 9 月开始举办的瑞士文化风景线艺术节·中国主宾国活动历时 3 个月，创下了该艺术节自 2003 年创办以来规模和持续时间之最。艺术节在瑞士全境 24 座城市展开，来自中国北京、上海、广东、浙江、贵州、四川、内蒙古等 13 个省、自治区、直辖市的 400 多名艺术家在瑞士开展了涉及音乐、戏剧、舞蹈、文学、建筑、研讨会和论坛等多种形式的交流活动。包括瑞士文化基金会在内的 50 多家文化机构和文艺社团积极参与了该活动，双方共策划了 62 个项目，瑞士另单独举办了 36 个项目。该艺术节影响很大，除了瑞士之外，还辐射到附近的德国、奥地利、列支敦士登、荷兰和瑞典等国家。

2010 年 10 月，在中欧领导人第十三次峰会之际，在布鲁塞尔举办了首届中欧文化高峰论坛。该论坛会聚了中欧思想文化界的重要学者，中方成员是以复旦大学古文字学家裘锡圭教授为首的 11 名中方学者，涵盖哲学、美学、文学、社会学、国际关系学等领域，欧方是由艾柯领衔的来自 11 个国家的 15 名学者。中欧学者以全球化为背景，在开放、坦诚的气氛中围绕"世界观""多种现代性"和"美的概念"等议题展开交流，这也是中欧思想文化界首次进行全面而深入的思想与价值观交流。

中俄两国官方文化交流在两国文化合作中占据主导地位，也是中俄交流的主要形式。自 2007 年以来，中俄两国在国家级层面连续举办文化节等具有重大影响力的大型文化活动，使中俄官方文化交流持续保持在高水平，并逐步使两国互办文化节成为常态化的官方交流标志性项目。2010 年俄罗斯"中国文化节"为中俄两国在文化产业领域的交流与合作提供了有效平台。"中国动漫、网游企业国家队"参加了文化节，集中展示了代表中国动漫产业发展水平和中国网游企业游戏研发实力的成果。目前已有国内 5 家知名网络游戏企业自行研发的 6 款游戏成功占领俄罗斯游戏市场。

除此之外，近年来大型的对外文化交流活动还有：2004 年中国与爱尔兰互办的艺术节，2005 年在荷兰阿姆斯特丹举办的中国艺术节，2008 年在意大利罗马举办的中国艺术节，2010 年举办的意大利中国文化年、中印互办文化节、俄罗斯"中国语言年"等。

2. 亚太地区

一年一度的中日韩文化产业论坛是由中国文化部、韩国文化体育观光部和日本经济产业省轮流主办的三国文化产业领域的重要合作项目。2012年是中日邦交正常化40周年，两国计划共同举办"中国·日本文化年"。2011年，中日已合办了"动漫节"和"电影电视周"活动。2012年是中韩建交20周年，也是两国元首商定的"韩国访问年"。2011年5月，"2011中韩文化交流年——河南文化周"走进韩国，9月，河南省艺术团参加韩国"2011庆州世界文化博览会"，就加强非物质文化遗产等方面进行了深入交流。

2010年10月，中土共同发表《中华人民共和国和土耳其共和国关于建立和发展战略合作关系的联合声明》，正式确定于2012年在土耳其安卡拉举办中国文化年，2013年在中国举办土耳其文化年。

根据2009年10月中澳两国发表的《中澳联合声明》，中国政府于2011年6月至2012年6月对等在澳大利亚堪培拉举办"中国文化年"，这次活动是两国建交以来开展的规模较大的文化交流活动，对于巩固、加深中澳民意基础，促进两国关系纵深发展具有积极意义。

另外，近年来中国大陆与港澳台地区的文化交流继续深入，已连续举办5年的"福建文化宝岛行"、陕西在台湾举办的"陕西民俗艺术节"、青海在台湾举办的"大美青海、玉树常青"等展演活动、对港澳的大型"艺海流金"文化交流活动，以及对台"情系"系列活动，具有强烈的中华文化认同感，影响深远。

3. 美洲地区

根据中美两国在《中美联合声明》中关于扩大人文交流，实现"探讨举办中美文化年及其他活动"的共识，2011年与华盛顿肯尼迪艺术中心合作举办了"中国文化周"。同时，每年在美一所知名高校举办"中国文化周"活动，有利于纠正年轻一代对中国的偏见。2011年，中国驻纽约总领馆与帝国大厦联合举办了春节主题展览，引起了当地民众的高度关注。

4. 非洲地区

非洲一直是中国外交中的重要前沿阵地，文化交流在中非友好大局中的意义重大。2012年是中非《沙姆沙伊赫行动计划》收官之年，中非合作论坛第五届部长级会议在北京召开。中非"文化聚焦"活动深入非洲，其中，"中非文化人士互访—非洲画家来华客座创作项目"邀请了非5国各一名具有代表性的画家来华进行为期两个月的客座创作。据不完全统计，2007~2009年间，国内27个省区市的艺术团共894人赴非洲多个国家进行巡演。

除此之外，地方政府支持文化"走出去"活动异彩纷呈。如山东省精心打造"孔子"品牌，在联合国教科文组织成功举办了"孔子文化周"；河北省"中国吴桥国际杂技艺术节"；河南省力推"少林"和"豫剧"品牌，派少林寺武僧赴多个国家开展文化交流。"欢乐春节""中国文化年"等活动充分展示了中华文化浓厚的底蕴和独特的魅力，为国家间开展合作与对话、实现互利共赢提供了良好的沟通平台。

### （四）支持加强国际传播能力建设

在当代国际关系中，话语权是一种战略资源，话语权的争夺是国家间竞争的一个重要方面。由于新闻传媒蕴含着巨大的文化能量，许多国家都采取各种措施来保护本国、本民族的宣传媒体。新闻媒体通过新闻报道和评述，对受众人群思想施加影响，对社会舆论进行引导，对国家形象和发展状况进行传播。对新闻媒体而言，提高信息传播力、舆论引导力、文化影响力，核心在于提高信息传播能力，如果一个国家的新闻媒体传播能力强，该国的国家形象和文化理念就能广为流传，就能掌握在世界上的话语权。因此，提高新闻媒体的国际传播能力是支持本国文化"走出去"、提高国家文化软实力的重要渠道和有效手段。

新华社、中国国际广播电台、中央电视台涉外频道、《中国日报》和《环球时报》英文版以及正在发展中的对外媒体网络是中国对外传播的主要传媒平台，是中华文化"走出去"的重要途径，也是亟待加强国际传播能力建设的新闻媒体机构。

#### 1. 新华社

新华通讯社，简称新华社，是中国国家通讯社和世界性通讯社，是涵盖各种媒体类型的全媒体机构，充分发挥党和人民喉舌、耳目、智库和信息总汇的作用。中国媒体对外传播的历史始于新华社英文广播部的建立。自1948年在布拉格建立了第一个国外分社以来，新华社相继在100多个国家和地区建立了总分社、分社、支社、编辑部，并在一些国家和地区聘用了一定数量的外籍记者和摄影师，并最终形成了一个以北京总社为中心，以总分社、分社为主体的海外新闻采集合发布网，每天用中文、英文、法文、俄文、西班牙文、阿拉伯文、葡萄牙文和日文 8 种文字 24 小时不间断向世界各类用户提供文字、图片、图表、音频、视频、网络、手机短信等各类新闻和经济信息产品。目前，新华社已拥有近 160 家驻外分社，世界性的影响力日益凸显。新华社驻外分社情况详见表 3-2。

表 3-2 新华社驻外分社情况*

| | | | | |
|---|---|---|---|---|
| 亚太地区 | 亚太总分社(中国香港分社) | 澳门(中国) | 达卡(孟加拉国) | 东京(日本) |
| | 首尔(韩国) | 河内(越南) | 惠灵顿(新西兰) | 吉隆坡(马来西亚) |
| | 加德满都(尼泊尔) | 金边(柬埔寨) | 喀布尔(阿富汗) | 堪培拉(澳大利亚) |
| | 科伦坡(斯里兰卡) | 马尼拉(菲律宾) | 曼谷(泰国) | 平壤(朝鲜) |
| | 乌兰巴托(蒙古国) | 新德里(印度) | 新加坡(新加坡) | 雅加达(印度尼西亚) |
| 欧洲地区 | 欧洲总分社(比利时) | 阿拉木图(哈萨克斯坦) | 巴黎(法国) | 柏林(德国) |
| | 贝尔格莱德(塞黑) | 布达佩斯(匈牙利) | 布加勒斯特(罗马尼亚) | 布拉格(捷克) |
| | 地拉那(阿尔巴尼亚) | 赫尔辛基(芬兰) | 华沙(波兰) | 基辅(乌克兰) |
| | 里加(拉脱维亚) | 里斯本(葡萄牙) | 伦敦(英国) | 罗马(意大利) |
| | 马德里(西班牙) | 莫斯科(俄罗斯) | 日内瓦(瑞士) | 斯德哥尔摩(瑞典) |
| | 索非亚(保加利亚) | 维也纳(奥地利) | 雅典(希腊) | |
| 中东地区 | 中东总分社(埃及) | 耶路撒冷(以色列) | 突尼斯(突尼斯) | 萨那(也门) |
| | 尼科西亚(塞浦路斯) | 利雅得(沙特阿拉伯) | 拉巴特(摩洛哥) | 科威特(科威特) |
| | 开罗(埃及) | 喀土穆(苏丹) | 加沙(巴勒斯坦) | 德黑兰(伊朗) |
| | 大马士革(叙利亚) | 贝鲁特(黎巴嫩) | 巴格达(伊拉克) | 安曼(约旦) |
| | 安卡拉(土耳其) | 阿尔及尔(阿尔及利亚) | 阿布扎比(阿联酋) | |
| 拉美地区 | 拉美总分社(墨西哥) | 联合国分社(美国) | 华盛顿(美国) | 洛杉矶(美国) |
| | 渥太华(加拿大) | 哈瓦那(古巴) | 圣何塞(哥斯达黎加) | 圣菲波哥大(哥伦比亚) |
| | 里约热内卢(巴西) | 巴西利亚(巴西) | 马那瓜(尼加拉瓜) | 圣地亚哥(智利) |
| | 基多(厄瓜多尔) | 巴拿马(巴拿马) | 布宜诺斯艾利斯(阿根廷) | 利马(秘鲁) |
| | 加拉加斯(委内瑞拉) | 蒙得维的亚(乌拉圭) | 墨西哥(墨西哥) | |
| 非洲地区 | 非洲总分社(肯尼亚) | 阿比让(科特迪瓦) | 布拉柴维尔(刚果) | 达喀尔(塞内加尔) |
| | 达累斯萨拉姆(坦桑尼亚) | 哈拉雷(津巴布韦) | 金沙萨(刚果民主共和国) | 坎帕拉(乌干达) |
| | 拉各斯(尼日利亚) | 利伯维尔(加蓬) | 卢萨卡(赞比亚) | 罗安达(安哥拉) |
| | 洛美(多哥) | 马普托(莫桑比克) | 内罗毕(肯尼亚) | 塔那那利佛(马达加斯加) |
| | 雅温德(喀麦隆) | 亚的斯亚贝巴(埃塞俄比亚) | 约翰内斯堡(南非) | |

\* http://203.192.6.89/xhs/zwfs.htm.

除通讯和报刊外，新华社成立了有影响力的公司制机构。中经社控股有限公司开发的新华08金融产品打破了西方长期垄断国际金融指数发布的格局，增强了我国金融市场定价权，维护了国家金融安全和信息安全。中国新华新闻电视网（CNC）有限公司自2010年9月正式注册成立以来，截至2011年底，中文台、英文台的海外落地工作取得了重大突破，电视新闻采集量日均800分钟，居国际电视新闻行业首位。开通的中文台、英文台24小时不间断播出新闻节目，节目信号卫星覆盖亚太、北美、欧洲、中东、非洲等地200多个国家和地区55亿人口，并进入中国香港、中国澳门、奥克兰等地170万户有线电视家庭终端，建成亚太卫星台、北美卫星台、非洲卫星台等10个直属台和合作台，覆盖面和影响力不断扩大。创办手机电视台、网络电视台，并与中文台、英文台一同在苹果产品终端上线，在利用新媒体全球传播渠道方面取得突破。

中国国际文化影像传播有限公司下属的新华影廊（北京）文化传播有限公司承租的纽约时代广场超大型LED显示屏，已经成为新华社展示国际传播能力的高端窗口，对加强中外文化交流、展示中国国家形象起到了重大作用。2009年底，"中国制造"形象广告在CNN亚洲频道滚动播出，被外界看成是中国向世界展示软实力的开始。2011年，由国务院新闻办筹拍的中国国家形象片在美国纽约时代广场大型电子显示屏上播出，不同阶层的中国公民在片中逐一亮相，让世界人民了解到一个更直观、更开放的中国国家新形象。2011年8月，新华社租赁了纽约时代广场北侧的"时报广场2号"大厦高18米、宽12米的液晶显示广告牌。为此，国外中国问题专家认为，中国在华盛顿数百万美元的投资拥有更远大的目标：吸引美国和西半球观众的眼球，甚至是心灵和头脑。他们认为，中国的意图是利用新闻报道和文化策划推进其软实力或文化影响力，令其软实力与中国不断增长的经济实力相匹配。[①]

**2. 中国国际广播电台**

中国国际广播电台（CRI）创办于1941年12月3日，是中国向全世界广播的国家广播电台，宗旨是"向世界介绍中国，向中国介绍世界，向世界报

---

① 美报报道：《中国媒体"走出去"提升国际形象》，《参考消息》2012年1月18日。

道世界，增进中国人民与世界人民之间的了解和友谊"。中国国际广播电台是现有国外宣传媒体中使用外语语种最多的，目前使用61种语言向全世界传播。截至2011年底，每天累计播出节目3200多小时。2011年共收到来自世界161个国家和地区的听众来信、电子邮件等323万件，拥有遍布世界各地的听众俱乐部4112个。

2006年2月27日，中国国际广播电台在海外开设的第一家调频电台——肯尼亚内罗毕调频台（FM91.9）开播，开创了中国对外广播在境外整频率落地的先河。截至2011年底，中国国际广播电台拥有70家海外分台，每天在境外电台播出节目总时数达1520多小时，覆盖70多个国家和地区。中国国际广播电台在世界重要国家和地区建有32个驻外记者站，启动和建成6个驻外记者总站。①

中国国际广播电台的"国际在线"网站是中央重点新闻网站之一。目前，已发展成为由61种语言组成的中国语种最多的网络平台，并陆续开通了18家环球网络电台。"国际在线"的访问者来自世界180多个国家和地区，日均页面浏览量达1900万。此外，通过开展对外合作，转载"国际在线"内容的境外网站不断增加。据不完全统计，世界范围内链接"国际在线"各语种网站首页的网站数量达到近15000个。

2007年12月6日，中国国际广播电台成立了广播孔子学院，并依托条件成熟的听众俱乐部和国外民间友好机构，先后在肯尼亚、日本、俄罗斯、蒙古国、巴基斯坦、孟加拉国、尼泊尔、斯里兰卡、意大利、突尼斯、澳大利亚、坦桑尼亚等国家兴建了12家广播孔子课堂，开展汉语教学和中国文化推广，极大地拉近了与听众的距离，并受到了所在地政府和教育文化部门的重视和关注。

### 3. 中央电视台涉外频道

作为中国实力最为雄厚的国家电视台，中央电视台从20世纪90年代初开始就致力于对外传播，声像合一的特性使其成为国外受众了解中国、感受中国的重要窗口。中央电视台与世界134个国家和地区的208个媒介机构建立了业务关系。中文国际频道、英语新闻频道、西班牙语国际频道、法语国际频道、

---

① http://gb.cri.cn/21344/2007/09/29/1885@1788521.htm.

阿拉伯语国际频道、俄语国际频道通过卫星传送基本覆盖全球，并在北美、欧洲、非洲、亚洲、大洋洲和中南美洲的120多个国家和地区实现了落地入户，其中CCTV-4覆盖境外华语观众1500多万户，CCTV-NEWS在境外入户达到4350万户，CCTV-E、CCTV-F分别在美国、古巴、智利、毛里求斯等6个国家实现完整频道落地，进一步扩大了中国电视媒体的国际影响力。长城（北美）平台运作一年来订户数量持续增长，突破3万户，有效扭转了美国华语市场"台强我弱"的现状。

2010年12月10日，中央电视台亚太中心记者站在香港正式成立，这是中央电视台继欧洲、美洲、俄罗斯和非洲中心站之后建立的第五个中心记者站。亚太中心记者站的建立，将全面提升中央电视台在亚太地区的新闻采集能力，进一步推动亚太地区媒体间的合作和交流。目前，在全球共设有14家记者站，并在台湾地区建立了记者站点，及时报道世界各地的重大新闻事件。[①]

**4. 以《中国日报》和《环球时报》英文版为代表的英文报纸**

《中国日报》（China Daily）是中国国家英文日报，创刊于1981年，全球发行50余万份，是国外媒体转载率最高的中国报纸，是国内承办大型国际会议会刊最多的媒体，是中国了解世界、世界了解中国的重要窗口。中国日报传媒集团旗下共有12种纸质出版物，包括《中国日报中国版》《中国日报美国版》《中国日报欧洲版》《中国日报亚洲版》《中国日报香港版》《中国国家形象专刊》《中国商业周刊》《北京周末》《上海英文星报》《21世纪英文报》《21世纪学生英文报》和《21世纪英语教育报》等。《中国日报》充分发挥自身的国际语言、传播渠道和品牌资源优势，与路透社、美联社、法新社、彭博社、《纽约时报》《华盛顿邮报》《今日美国》《时代周刊》《金融时报》《卫报》《环球邮报》《费加罗报》《国际先驱论坛报》以及英国广播公司、美国全国广播公司等广泛开展合作与交流。另外，《中国日报》在"亚洲新闻联盟"中发挥着重要作用，使中国和亚洲的声音在全球传播。"亚洲新闻联盟"由中国、日本、韩国、新加坡、印度等19个亚洲国家和地区的21家主流媒体组成，《中国日报》充分发挥在联盟中的核心作用，与亚洲各国主流媒体广泛开展稿件互换、人员交

---

① http://cctvenchiridion.cctv.com/20090617/113152.shtml.

流、合办活动等合作，在亚洲2000万名中高端读者中影响较大。

中国日报社在全球建有中国日报控股公司、美国公司、英国公司、香港公司，在华盛顿、纽约、旧金山、伦敦、布鲁塞尔、香港等地设有分社、记者站、编辑部或办事机构。现有23个全球印点：香港、华盛顿、纽约、旧金山、芝加哥、洛杉矶、休斯敦、西雅图、亚特兰大、波士顿、伦敦、布鲁塞尔、巴黎、法兰克福、马德里、沙勒罗瓦、雅加达、曼谷、东京、新加坡、迪拜、新德里、悉尼。目前在完善美国版、欧洲版、亚洲版、香港版和已成立美国分社、欧洲分社、亚太分社的基础上，还将推出非洲版并逐步增设一批海外分社[①]，并且在推特（Twitter）上购买了推广套餐，作为"推荐用户"出现在推荐关注的首位。

《环球时报》（*Global Times*）英文版于2009年4月20日创刊，是中国第二份面向全球发行的英语综合性报纸，向世界展示丰富和变化的中国，以及以中国人的视角表达对重大国际问题的立场和看法，其客观、敏锐、对敏感问题不回避的报道传统受到读者好评。

（五）加大文物对外交流力度

文物是中华文化的重要载体，文物对外交流是中外文化交流的重要内容之一。加强文物对外交流，有利于弘扬中华优秀传统文化，提高中华文化的影响力。文物对外交流的主要方式是举办文物展览，近年来，中国和外国举办的各种文化年、国家年活动中，文物展览都是其中不可或缺的内容。

目前，中国文物对外交流的主要方式为：举办文物展览，文物保护援外（合作）项目工程，考古发掘合作项目，学术研究、业务人员培训等。目前文物对外交流工作的内容，主要以赴外办展为主。2003~2004年中法两国互办文化年，中国在法国先后举办了《中国四川省出土文物展》《孔子文物展》《康熙时期艺术展》《神圣的山峰》等4个文物展，参观人数近百万。2006~2007年中国和俄罗斯互办国家年活动，在圣彼得堡艾尔米塔什博物馆举办的《中国古代艺术集粹展》即为中国年活动的一项内容。2006年中印友好年，中国国家文物局和印度考古局共同在中国北京、郑州、重庆和广州四个城市举办《古代印度瑰宝展》，这是印度第一次在中国举办展览，参观人数达30多万。

---

① http://www.chinadaily.com.cn/static_c/gyzgrbwz.html.

2005年7月中国文物交流中心在日本东京举办《中国—美的十字路展》,中曾根康弘、桥本龙太郎、森喜朗三位日本前首相以及日本天皇和皇后到东京国立博物馆参观。王毅大使说:"在中日政府间关系处于低潮时,民间交往成了主流,我这些年所见到的日本高官,大都是在文物展览的开幕式上。"我国重大文物交流活动详见表3-3,文物展览详见表3-4。

表3-3 我国重大文物对外交流活动

| 出展时间 | 出展国家 | 出展项目 | 参观人数 |
| --- | --- | --- | --- |
| 1974.12.13~1975.8.28 | 美 国 | 《中华人民共和国出土文物展览》 | 180万人 |
| 1980.4.12~1981.9.30 | 美 国 | 《伟大的中国青铜时代》 | 130万人 |
| 1983.10.1~1984.5.13 | 日 本 | 《中国秦兵马俑展》 | 200余万人 |
| 1988.7.28~1989.11.5 | 美 国 | 《天子—中国古代帝王艺术展》 | 119万人 |
| 1995.4.18~1997.9.15 | 美 国 | 《中国帝王陵墓展》 | 185万人 |
| 1995.6.2~1997.5.25 | 德瑞英丹 | 《中国古代人与神》 | 80万人 |
| 2000.8.5~2001.6.17 | 日 本 | 《世界四大文明—中国文明展》 | 83万人 |

表3-4 2001~2006年文物展览*

单位:件

| 序号 | 出展国家和地区 | 展览数量 |
| --- | --- | --- |
| | 亚洲 | 227 |
| 1 | 日 本 | 79 |
| 2 | 韩 国 | 18 |
| 3 | 新西兰 | 1 |
| 4 | 新加坡 | 5 |
| 5 | 以色列 | 1 |
| 6 | 中国香港 | 71 |
| 7 | 中国澳门 | 27 |
| 8 | 中国台湾 | 25 |
| | 澳洲 | 5 |
| 1 | 澳大利亚 | 5 |
| | 美洲 | 41 |
| 1 | 美 国 | 31 |
| 2 | 阿根廷 | 1 |
| 3 | 墨西哥 | 1 |
| 4 | 加拿大 | 5 |
| 5 | 哥伦比亚 | 1 |
| 6 | 巴 西 | 2 |

续表

| 序号 | 出展国家和地区 | 展览数量 |
|---|---|---|
|  | 欧洲 | 73 |
| 1 | 法　国 | 16 |
| 2 | 英　国 | 7 |
| 3 | 德　国 | 9 |
| 4 | 意大利 | 7 |
| 5 | 瑞　士 | 5 |
| 6 | 西班牙 | 8 |
| 7 | 比利时 | 4 |
| 8 | 捷　克 | 1 |
| 9 | 摩纳哥 | 1 |
| 10 | 葡萄牙 | 1 |
| 11 | 奥地利 | 2 |
| 12 | 希　腊 | 2 |
| 13 | 挪　威 | 2 |
| 14 | 荷　兰 | 2 |
| 15 | 俄罗斯 | 1 |
| 16 | 丹　麦 | 1 |
| 17 | 塞尔维亚 | 1 |
| 18 | 芬　兰 | 1 |
| 19 | 波　兰 | 1 |
| 20 | 马耳他 | 1 |

＊中国文物交流中心专题调研报告：《文物对外交流应为推动社会主义文化大发展、大繁荣发挥积极作用》。

### （六）不断加强同国际组织的合作与交流

世贸组织、国际货币基金组织和世界银行一起被称为世界经济发展的三大支柱。1994年4月15日，在摩洛哥的马拉喀什市举行的关贸总协定乌拉圭回合部长会议决定成立覆盖全球绝大部分地区的世界贸易组织（WTO），以取代成立于1947年的关贸总协定（GATT）。WTO是独立于联合国的永久性国际组织，在调解成员国争端方面具有很高的权威性。2001年12月，中国正式加入世界贸易组织，成为第143个成员国。世贸组织制定了一些针对发展中国家和经济转轨国家的特殊优惠待遇，如允许发展中国家在一定范围内实施进口数量限制或提高关税的"政府对经济发展援助"条款，仅要求发达国家单方面承担义务，而发展中国家无偿享有某些特定优惠的"贸易和发展条款"。中国不断加强同上述组织的合作，以支持中国文化产品进入国际市场。

联合国教科文组织公约鼓励推动发展中国家文化产品与服务更快地进入全球市场、发达国家为发展中国家提供优惠待遇等规定，有利于支持中国文化产业走向世界。2001年，联合国教科文组织通过《教科文组织世界文化多样性宣言》及其《行动计划》，2005年10月20日通过《保护和促进文化表现形式多样化公约》，承认文化多样性是"人类的共同遗产"，"与尊重人的尊严是密不可分的"。中国加入联合国教科文组织后，积极同联合国教科文组织成员国进行交流，呼吁相关国家应对美国强势文化霸权地位和重视全球文化传播的失衡状态，并联合弱小和被动的其他国家聚集在公约旗帜下，努力改变全球文化传播和文化市场趋向单一化的恶性循环，为中国文化产品与服务走向世界、为我国文化产业进入国际主流文化市场预留了空间。为支持扩大中国非物质文化遗产项目的影响力，中国积极同联合国教科文司组织沟通申报，2010年新增"中医针灸"和"京剧"两个项目入选代表作名录，另有三项入选急需保护名录。目前，我国共有联合国教科文组织名录34项，位列世界第一。

另外，中国还不断加大同其他国际组织的沟通交流，并签订了一系列公约，如《保护文学和艺术作品伯尔尼公约》《与贸易有关的知识产权协定》《世界知识产权组织版权公约》《世界版权公约》《罗马公约》《保护工业产权巴黎公约》《保护录音制品制作者防止未经许可复制其录音制品公约》等，为支持中华文化"走出去"创造了良好的发展环境和条件。

（七）搭建对外文化贸易平台

1. 文化产业博览交易会

文化产业博览交易会，简称文博会，是国家文化产业振兴规划重点扶持的文化展会，由文化部、商务部、国家广电总局、新闻出版总署、中国贸促会、中国服务贸易协会、广东省政府和深圳市政府办公厅、市科工贸信委、市文体旅游局、报业集团、广电集团、出版发行集团共同主办。担负着推动我国文化产业发展，促进中华文化"走出去"的责任和使命，主要任务是通过投资贸易展览、招商引资项目推介、专项合作洽谈、高峰论坛等，为中外客商搭建文化产业交流与合作的平台，突出文化产业核心层，突出和催生有实力、有竞争力的大型文化企业集团，增强出口贸易，拉动中西部文化产业发展。

为实现"把文博会打造成国际知名品牌"的目标，文博会组委会将其划分为初创培育发展期和成熟期。前五届是初创期，从第六届到第十五届属于培育发展期，第十六届以后由培育成长期向发展成熟期过渡，总成交额、参展商数、国内文化产业骨干企业参展比重、出口成交额、中西部文化产业成交额都要达到一定要求，实现市场化运作。历届文博会按照国家文化产业振兴规划，把握文化产业核心层，以展馆专业定位，提高文化创意、影视制作业、出版发行业、印刷复制业、广告业、演艺娱乐业、文化会展业、数字内容和动漫等重点行业的发展质量。2004年，第一届中国国际文化产业博览交易会在深圳举办。2010年第六届深圳文博会交易额突破1000亿元，是2004年的3倍。在2011年第七届文博会上，共有1881个政府组织、企业和机构参展，全国31个省、自治区、直辖市及港澳台地区全部参展，来自全球85个国家和地区的9025名海外采购商受邀参会。

**2. 其他文化贸易活动平台**

2010年，在举世瞩目的上海世博会上，225个国家、地区和国际组织以及中国各省区市的1289个文艺团体举办了22900余场演出，观众多达3450万人次，真正成为全球跨文化交流的盛会和展示世界文化多样性的舞台。2011年11月，位于上海浦东外高桥保税区内的中国首个国家对外文化贸易基地揭牌成立，如同经济特区，这里将进行各种文化的尝试和探索。①

**（八）深化文化体制改革为支持文化"走出去"提供不竭动力**

总体说来，支撑政府层面文化"走出去"的单位一般为事业单位。对于文化事业单位而言，文化体制改革的方向是按照中央关于分类推进事业单位改革的指导意见，围绕增强活力、改善服务的宗旨，逐步深化人事、收入分配和社会保险改革，健全法人治理结构，完善工资分配激励约束机制，提高运行效率。同时注重强化服务意识，拓宽服务领域，继续推进公共博物馆、纪念馆、文化馆（站）、图书馆、美术馆等公益性文化单位免费开放。对于经营性文化

---

① 陈璐：《2011，对外文化交流亮点频现》，《中国文化报》2012年1月5日。

单位而言，文化体制改革的方向是进一步完善法人治理结构，明确转制企业的出资人主体，确保产权清晰、权责明确。同时，选择那些改革到位、成长性好、竞争力强的大型国有文化企业进行重点培育，在资金投入、项目支持、资源配置等方面加大倾斜力度。

从所有制分布上，我国文化"走出去"呈现"传统产业体量大，国企占主导；新兴产业发展快，民企占主导"的特点。以影视剧出口为代表的传统行业的整体体量较大，国有企业占有绝对优势，在出口产品数量与资金储备等方面发挥着主渠道优势。在以动漫、网络游戏为代表的新兴行业中，民营企业占有较大的比重。2009年11月，中国东方演艺集团有限公司、中国文化传媒集团有限公司、中国动漫集团有限公司在北京成立，连同之前成立的中国对外文化集团，成为文化系统首批由经营性文化事业单位直接转制为国有独资公司的中央文化企业。同时，上海盛大网络发展有限公司、深圳华强文化科技集团等一批民营企业成为文化"走出去"的重要力量。

2009年7月，中宣部、文化部联合下发《关于深化国有文艺演出院团体制改革的意见》，针对国有院团"小而全""散而弱"的难题，提出了切实整合资源、调整布局、优化结构、提高效益的对策，勾勒出了国有文艺演出院团体制改革路线图和时间表。北京演艺集团公司、陕西省演艺集团、上海文广演艺集团公司等区域性骨干演艺集团相继成立。另外，为加快民营文艺演艺团体的发展，文化部出台了《关于促进民营文艺表演团体发展的若干意见》，鼓励社会资本投资举办民营文艺表演团体。到目前为止，全国共有民营艺术表演团体近7000家。[1]

在新闻出版领域，新闻出版总署于2009年出台了《关于进一步推进新闻出版体制改革的指导意见》，以加快市场化进程。截至2009年，全国共有467家出版社完成或正在转制，1000多家报刊已经走向市场，已组建29家出版企业集团公司，出版、报业、印刷、发行领域的上市公司已达39家。[2] 为深化非时政类报刊出版单位体制改革，鼓励中央各部门各单位、各地区结合实际研

---

[1] 中国文化产业网，http：//www.cnci.gov.cn/content/2010429/news_57727.html，2010年4月29日。

[2] 新华网，http：//www.cnr.cn/allnews/201004/t20100422_506322208.html，2010年4月2日。

究制定更加有利于改革的具体政策或实施细则，激发非时政类报刊出版单位整合资源、增加活力，促进文化产业大发展大繁荣。

## 二 存在的问题

一是中央与地方结合、官方和民间结合、政府交流项目与民间有偿演展相结合的多层次、多渠道的机制还未完善，尤其是中央层面的对外文化工作统筹协调的合力作用未能充分发挥。具体而言，未能整合社会科学、文学艺术、新闻、广播电视、电影、出版、版权、民族、侨务、体育、旅游等资源，把对外文化交流与外交、外贸、外援、科技、旅游、体育等工作结合起来。

二是文化"走出去"的项目种类略显单一且短期活动多。当前，对外文化交流主要集中在文艺访演活动上，并且多以杂技、武术、歌舞、民乐等传统项目为主，品牌项目不多，文化交流的品牌化和精品化程度较低，还未形成涵盖对外宣传、对外贸易推介、形象推广等内容的多效应集成的综合性文化活动，与海外受众的融合程度远远不够。另外，我国对外文化活动短期轰动性的活动较多，长期持续性的项目较少，不能做到文化深度交流，很难形成文化的持续影响力。

三是国外文化中心的设立往往被冠以"文化入侵"的说法，容易成为意识形态对立的焦点。另外，国外文化中心举办的活动持续性不强，具有周期性，不像文化产品和服务那样潜移默化地影响受众。

四是在国际传播领域还没有出现具有全球性重大影响的媒体集团。据统计，时代华纳、迪斯尼、贝塔斯曼、维亚康姆、新闻集团、索尼、TCL、环球、日本广播公司这世界九大传媒集团，控制了全球50家传媒公司和95%的世界传媒市场。[①] 以新闻集团为例，该集团2010年收入为328亿美元，折合人民币2080亿元，也就是说，如果不算电信带来的收入，该集团的收入基本上相当于中国整个传媒业的二分之一（中国2010年传媒产业总产值为5808亿元）。[②] 中国媒体的整体实力与西方传媒差距较大，与中国的国际地位和影响

---

① 张书林：《有效传播能力：提高文化软实力的重要环节》，《中国文化软实力研究报告（2010）》，社会科学文献出版社，2011。
② 唐润华、刘滢：《重点突破：中国媒体国际传播的战略选择》，《新华文摘》2012年第5期。

不相适应。

五是中国新闻报道的原创率、首发率、落地率较低，对国际舆论的影响有限，话语权较弱。目前，中国新闻报道的技术、手段和方式与国际一流媒体相比存在较大差距，西方国家则处于全球信息传播的上游，掌控着世界舆论的走向。目前，以新闻集团、三大世界性通讯社、CNN等为代表的西方主流媒体提供了70%以上的国际新闻，"妖魔化中国"的倾向依然存在，偏见和谣言依然出现在国外主流媒体的客户终端，西强我弱的格局没有根本改变。

六是新媒体迅速崛起，但利用新媒体加强国际传播能力的创新不够。在世界范围内，媒体行业正在经历一场跨时代的变革，传统媒体日渐式微，互联网、手机、平板电脑等新媒体的普及打破了时间和空间的障碍，正在成为影响最为广泛的传播渠道。据统计，2011年全球互联网用户已突破20亿人，全球手机用户注册数也达到50亿人，我国的网民数量也跃居世界第一位。但是，从新媒体硬件设施和软件系统到经营模式和传播手段，我国新闻媒体都是在模仿，创新能力不足。

七是中国文物对外交流展览以综合性展览居多，专题性展览较少。综合性展览的长处是可以实现对中国悠久历史和优秀文化的大致了解和感性认识，不足的是展览内涵无法充分展开和深入，学术性不强。专题性展览的长处是能对中国的传统优秀文化某一题材进行较为深入的阐述和展示。

## 第二节　企业层面的中华文化"走出去"

中华文化"走出去"必须坚持"两条腿"走路，在继续大力推动政府间文化交流的同时，积极探索市场化、商业化、产业化模式，培育外向型骨干文化企业和大型文化中介机构，大力打造具有核心竞争力的文化产品品牌，推动文化与国际商贸、旅游相结合，加强与境外经营机构的合作，扩大我国文化产品和服务的国际市场份额，推动形成全方位、多层次、宽领域的对外文化交流新格局。

近年来，我国文化产业迅速发展，逐步成为国民经济新的增长点。自2004年以来，全国文化产业年均增长速度在15%以上，比同期国内生产总值增速高6个百分点,保持了高速增长的势头。国务院于2009年出台了《文化产业振兴规划》,将文化产业提升到国家战略层面,这是文化建设首次进入国家重点规划领域,显示了文化地位的跃升,影响深远。2010年,文化产业增加值突破1万亿元,占国内生产总值比重由2004年的2.1%增加到2.5%以上。① 目前,全国共有23家上市文化企业,总市值2040亿元。中国文化企业"走出去"主要呈现出以下特点:

一是涌现出一批拥有自主研发能力和自主品牌的外向型文化企业。比如,安徽出版集团公司运用图书、光盘与电子产品捆绑出口模式,版权输出覆盖50多个国家和地区,并成功在俄罗斯开办印刷产业基地,近五年文化服务出口产值年均增幅78%。中国对外文化集团公司近三年在全球80多个国家组织演出、展览达15000余场,海外观众总量超过3000万人次。深圳华强文化科技集团公司向美国、加拿大等40多个国家和地区输出70套"环幕4D影院"系统,每年出口配套影片20余部;开创文化主题公园整体设计理念打包输出的新路子,与伊朗、南非、乌克兰等国家合作兴建华强文化科技主题公园,使中国成为继美国之后的第二个大型文化主题公园出口国。

二是文化产品和服务进出口逆差逐步缩小。据统计,从2001年到2010年,我国核心文化产品和服务出口平均增速为15.9%和28.7%。2010年,我国核心文化产品进出口总额143.9亿美元,核心文化产品和服务出口额分别达到116.7亿美元和30亿美元。"十一五"期间,我国核心文化产品出口总额为560.9亿美元,相比"十五"增长100%;文化服务出口总额为11.8亿美元,相比"十五"增长255.6%。文化服务出口占文化产品和服务出口的比重,从2001年的9.1%提高到2010年的20.4%。国产影片海外销售总额超过35亿元人民币,2010年国产游戏产品出口规模比2009年增长116%。图书版权进出口比由2003年的15.4∶1下降为2010年的3∶1。以法兰克福书展为例,版权输出连年攀升,从2005年的615种增长到2010年的2685种。2010年第六届深圳文博会交易额突破1000亿元,是2004年第一届交易额的3倍。

---

① 《财政扬帆文化远航》,《中国财政》2012年第2期。

## 一 出版产业"走出去"

全球出版行业的并购重组势头如火如荼地进行,市场竞争进一步加剧,我国出版行业做大做强、参与国际市场竞争的环境更加复杂。在全球化背景下,支持中国出版产业"走出去"具有重要的战略意义。一是国家间文化软实力的博弈使出版行业的地位日益凸显。出版行业作为提升国家文化软实力的载体之一,在巩固舆论阵地、传播中华文明、增强综合国力等方面发挥着重大作用。二是全球化产业竞争的新特征要求出版行业抢占科技创新和新兴产业的制高点。随着数字技术、信息技术、网络技术全面普及,以数字出版为代表的出版新业态已成为行业发展的战略制高点。各国在出版行业技术创新、标准制定、新业态培育领域的竞争将日趋激烈。

### (一)基本现状

中国的出版产业正处于深化改革、加快技术升级与转型的关键时期,在全球化背景下,中国出版行业"走出去"面临前所未有的历史性机遇与挑战。从世界范围来看,除了图书、报纸、期刊、音像、电子出版物等传统出版业持续发展外,印刷复制、出版物发行呈现多元化趋势。出版行业与现代科学技术加速融合,数字出版、数字印刷、数字发行等新业态发展迅猛,出版行业发展空间逐步拓展。目前,我国出版行业基本形成了以图书、报纸、期刊、音像、电子、网络、手机等媒介的出版、印刷、复制、传播、外贸等为主业,包括教育、科研、版权代理、物资供应、国际合作等业务在内的较为完整的产业体系。

新闻出版总署公布的统计数字显示:2009年全国图书出版品种27.57万种,销售额达1456亿元,比2008年增长20%;印刷复制业总产值5746亿元,数字出版总产值750亿元,年增长42%;投资总额增长35%左右。2010年,全国共出版图书32.8万种共71.7亿册(张);出版期刊9884种共35.4亿册;出版报纸1939种共500.2亿份。全国出版物进出口经营单位出口图书、报纸、期刊、音像制品、电子出版物1047.5万册(份、盒、张),出口金额达3758.2万美元,出版物已进入190多个国家和地区,报刊发行覆盖80多个国家和地区,对重点发达国家的版权输出总量比2005年增长近14倍。目前,我国日报出版规模、图书出版品种与出版总量居世界第一位,电子出版、网络学术出版总量居世界第二位,印刷业总产值居世界第三位。2010年,出版行业总产值1.22万亿元,增加值3500亿元。"十一五"出版行业产值情况详见表3-5。

表3-5 "十一五"出版行业产值情况

| 指标 | 单位 | 2005年实际 | 2010年计划 | 年均增长(%) | 2010年实际 | 年均增长(%) |
| --- | --- | --- | --- | --- | --- | --- |
| 增加值 | 亿元 | 1900 | 2660 | 7 | 3500 | 13 |
| 图书出版品种数 | 万种 | 22.2 | 25.5 | 2.8 | 32.8 | 8.1 |
| 图书出版总印数 | 亿册张 | 64.7 | 70 | 1.6 | 71.7 | 2.1 |
| 图书出版总印张数 | 亿印张 | 493.3 | 600 | 4 | 606.1 | 4.2 |
| 报纸出版总印数 | 亿份 | 412.6 | 500 | 3.9 | 500.2 | 3.9 |
| 报纸出版总印张数 | 亿印张 | 1613.1 | 2030 | 4.7 | 2153.8 | 6 |
| 期刊出版总印数 | 亿册 | 27.6 | 30 | 1.7 | 35.4 | 5.1 |
| 期刊出版总印张数 | 亿印张 | 125.3 | 140 | 2.2 | 200.1 | 9.8 |
| 出版物出口数量 | 万册、份、盒、张 | 807.6 | 1011.3 | 4.6 | 1047.5 | 5.3 |
| 版权输出品种 | 种 | 1517 | 3000 | 14.6 | 5691 | 30.3 |
| 发行网点数量 | 万个 | 16 | 18 | 2.4 | 16.8 | 1 |
| 百万人均年拥有图书种数 | 种 | 170.1 | 192 | 2.4 | 244.6 | 7.5 |
| 人均年拥有图书数量 | 册/人 | 4.9 | 5.3 | 1.4 | 5.35 | 1.6 |
| 人均年拥有期刊数量 | 册/人 | 2.1 | 2.4 | 2.6 | 2.6 | 4.6 |
| 每千人拥有报纸份数 | 份/千人 | 86.5 | 90 | 0.8 | 102.2 | 3.4 |
| 报纸普及率 | 份/户 | 0.27 | 0.3 | 2.1 | 0.37 | 6.8 |

我国出版产业"走出去"的方式已经由最初的单纯版权输出向合作出版及在海外设立分支机构拓展,呈现出纵深发展的趋势。具体表现在以下几点:

**1. 对外出版交流与合作日趋深入**

为加快出版产业"走出去"步伐,全国出版单位积极参加各种国际书展,中外出版交流与合作日趋深入。2009年,全国出版企业参加了20多个国际书展,其中法兰克福国际书展中国主宾国活动为新中国成立以来在国际上举办的规模最大、影响最广的书展。作为书展活动的主宾国,中国举办了许多交流活动,如出版高层论坛、中外经济学家论坛、华文出版论坛、中德文学论坛、中国非物质文化遗产艺术展演、中国传统木版水印展等。600余场的专业活动和文艺演出展示了中华优秀传统文化和当代中国艺术的魅力,极大地提升了中华文化的影响力。2011年6月,安徽出版集团与波兰马萨雷克出版公司以资本合作方式共同出版了《故宫博物院藏品大系》丛书并全球同步发行,是中国国内第一个与波兰主流出版界合作的案例。

2. 中国出版业"走出去"的形式更加多样

除图书等实物出口外,数字出版发展迅速,文化产品、文化装备出口和服务外包等业务也快速发展,并成为新的盈利点。据新闻出版总署统计,2010年中国期刊数据库的海外付费下载收入近千万美元,电子书海外销售收入近700万美元。

中国出版业越来越注重在出版策划阶段将产品与国际市场开拓相结合,选择适合海外受众口味的选题,并出版多种语言版本。另外,在出版产品与服务的出口过程中,比较注重同国际知名度高的出版集团合作,以提高产品核心竞争力和高附加值。

3. 版权贸易出口逐步壮大

2009年中国版权输出总量突破3400项[1],2010年版权贸易的输出引进比达到1∶3[2],这一比例在2002年还是1∶15。在中国版权输出的过程中,国际书展发挥了重要作用,2009年版权输出总量中在法兰克福国际书展中国主宾国活动中就输出了2400多项。

(二)存在的问题

我国目前出版产业"走出去"遇到的问题主要有三个:一是没有掌握市场渠道。在输出方式上,出版业主要以版权贸易、合作出版为主,最终的主动权与控制权还掌握在较大的国际出版集团手中。二是出版行业与数字化技术的融合程度不够。拥有自主知识产权的数字化出版出口产品的数量较少。三是人才断档。具有良好国际贸易专业技巧和丰富实践经验的版权代理经纪人、国际展会专业人才屈指可数,成为出版产业发展的瓶颈。

---

[1] 刘思思:《2009年中国版权输出创历史最好水平》,国际在线,http://news.sina.com.cn/o/2010-01-13/162416927019s.shtml,2010年1月13日。

[2] 韩冰:《新闻出版"走出去"机遇》,《瞭望》2011年第10期。

## 二 电影产业"走出去"

电影产业属于科技含量高、附加值高、资源消耗小、环境污染小、受众接受度高的文化产业形态。在美国,电影产业对 GDP 的贡献和航空、汽车、计算机不相上下。在日本,电影产业年均票房收入 20 亿美元,电影产业链带来的收入逾百亿美元,对经济增长起着重要作用。中国电影产业"走出去",对于优化三个产业的经济结构、扩大中华文化国际竞争力和影响力具有重要意义。

### (一) 基本现状

自 2008 年世界金融危机以来,在相关产业出现衰退的情况下,中国电影产业逆势而上。2008 年制作故事片 406 部,2009 年 456 部,2010 年 526 部,2011 年高达 791 部,进入世界前三甲。电影票房从 2005 年的 20 亿元增加到 2010 年的 102 亿元,2011 年更是达到 131.15 亿元,连续多年保持 25% 的票房增长率,已成为全球增长最快的电影市场之一。据中国电影海外推广公司统计,从 2002 年到 2011 年 10 年间,国产影片共在中国内地以外的市场取得 180 亿元的销售收入。[①] 近年来,在国内电影繁荣发展的同时,国产影片的海外销售持续增长。中国电影"走出去"呈现出如下特点:

**1. 中外电影交流进一步深化**

近年来,中国通过在戛纳国际电影节、香港国际电影节和伊朗国际电影节等平台举办中国电影周、中国电影年等活动,积极开展海外推广活动,与法国、印度、俄罗斯以及一些非洲国家达成了一系列共识。2007 年,中国在法国举办了 4 个"中国电影节",展演影片上百部,放映 350 多场,观众达 3 万多人次。中国电影行业还与刚果电视台合作举办电影周,拍摄专题片等。

**2. 海外市场区域比较固定**

从中国电影对外销售的区域来看,海外市场仍集中在北美、欧洲和亚太三个传统地区。由于地理位置相近和文化背景相似,出口的亚太地区国家主要是日本和韩国。2008 年,中国电影出口美国的销售总收入为 7.58 亿元,占全国

---

① 李舫:《"文化折扣"阻碍中国电影远行》,《人民日报》2012 年 2 月 24 日。

海外销售总额的30%，美国超越日本和韩国，成为我国电影海外销售的第一大市场。2009年，国产影片在美国票房发行总收入为6.1亿元，占全年海外收入总额的22.11%；欧洲区域销售额为4.06亿元，占全年海外收入总额的14.72%；有8部影片销往日本，收入为7.61亿元，占全年海外收入总额的27.58%；有11部合拍影片销往韩国，收入总额为3.14亿元，占全年海外收入总额的11.38%。[1]

### 3. 海外市场逐步开拓

据不完全统计，2009年，中国电影共在47个国家和地区举办了99个中国电影展，展映国家影片647部次，有68部次影片在26个电影节上获得80个奖项。全年共有48部国产影片销往65个国家和港澳台地区，海外票房和销售收入达到27.7亿元，比2008年增长2.42亿元[2]，是2003年的5倍（2003年中国电影出口额为5.5亿元）。

## （二）存在的问题

中国电影产业"走出去"存在的问题主要有四个方面：一是电影票房依然很低。评判一个国家是否成为电影大国的重要指标是看拥有多大规模的海外票房市场。以2007年为例，全球电影票房总收入超过400亿美元，美国电影占据近一半市场份额，中国电影的票房收入仅占全球电影票房的1%。2011年，仅一家美国迪斯尼公司的年度营业收入为380.63亿美元，其中电影票房占1/4左右，是中国电影2011年总票房的5倍。二是多数电影的艺术创新能力不足，电影创作同质化现象严重。中国电影在追求商业价值最大化的同时，对文化价值的展现还远远不够。既具有中国作风和中国气派，又具有国际竞争力的优秀影片较少，大部分影片缺乏"世界眼光"。三是中国电影缺乏不同类型影片的分类指导，没有区分公益性和商业性，造成在海外展演受限，传播渠道单一。四是电影"走出去"的相关规划、实施主体、政策手段等不明确。尽管我国已经提出电影"走出去"的战略目标，也建立了海外推广公司等实施部门，但是，电影"走出去"涉及商务、海关等部门，审

---

[1]《中国电影海外推广公司：2009国产影片海外销售增9.22%》,《综艺报》2009年12月28日。
[2]《2009年国产电影实现五突破 进入快速发展期》,中国网, http://www.china.com.cn/news/txt/2010-01-18/content_19256439.htm, 2010年1月18日。

批环节多，基本上停留在"一事一议"状态，电影产业的国际交流和国际对话还不充分。

### 三　动漫产业"走出去"

动漫产业是指以"创意"为核心，以动画、漫画为表现形式，包含动漫图书、报刊、电影、电视、音像制品、舞台剧和基于现代信息传播技术手段的动漫新品种的开发、生产、出版、播出、演出和销售，以及与动漫形象有关的服装、玩具、电子游戏等衍生产品的产业。在中央和地方一系列政策措施的推动下，我国动漫产业快速发展，实现了从小到大、由代工走向原创的转变，动漫产品数量极大丰富、质量迅速提升，龙头企业和优秀领军人物不断涌现，已经跻身世界动漫大国行列。

2006年11月，第一次扶持动漫产业发展部际联席会议召开，文化部、教育部、科技部、财政部、信息产业部、商务部、国家税务总局、国家工商总局、国家广电总局以及新闻出版总署十部委正式组成扶持动漫产业部际联席会议。在中央财政支持下，联席会议办公室先后批复了国家动漫产业信息服务平台暨国家动漫产业网、国家动漫公共素材库，并在北京、上海、天津、湖南、江苏、黑龙江、陕西、吉林8个省市设立13家动漫产业公共技术平台，为动漫产业提供信息共享、素材制作与技术支撑服务。

#### （一）基本现状

"十一五"期间，我国动画产业市场及生产规模发展迅速。据统计，2006年至2010年，国家广电总局推荐播出优秀电视动画片248部，总集数达11817集，总分钟数达151063分钟，约占总产品量的21%。国家广电总局公布的国产电视动画时间显示：2006年413365.5分钟，2007年305510分钟，2008年320926分钟，2009年428879分钟，2010年591694.7分钟。我国动画生产制作机构大量增加，取得国产电视动画版权发行许可证的动画制作机构从2005年的35家增长到2010年的200家，5年时间增长了近5倍。到"十一五"末期，我国漫画出版物发行总码洋已达24.5亿元，漫画期刊发行总规模已达1.8亿册，漫画图书发行总规模已达1.1亿册。为积极推动中国原创动漫"走出去"，联席会议办公室先后组织国内动漫企业参加法国昂古莱姆国际漫画节、日本东京动漫展、法国安纳动画电影节、韩国富川国际动漫节、俄罗斯"中国文化节"动漫游戏展、美国品牌授权展等国际知名展会,以政府引导为主体,企业积极参与,利用国际展会平台,积极推动中国动漫产品进入世界市场。其间,累计签约金额超过8亿元人民币。2011年中日联合举办"中日动漫节",分别在东京、北京两地举办了开幕式及论坛活动,得到两国高层的高度重视,成为两国动漫产业交流的高端平台。

1. 漫画方面

通过财政政策的引导与支持,"十一五"期间,中国原创动漫企业在"走出去"方面取得了令人瞩目的成绩,涌现了一批具有示范作用的动漫企业及产品。漫画方面具有代表性的有:天津神界漫画有限公司"四大名著"系列漫画被国际版权公司高价买断了国际推广权。自2005年至今,在全球不同地区成功出版包括日、韩、英、法、泰、越、意、中文繁体等在内的近20种语言版本,国际发行量达500万册之多,成为中国优秀漫画作品"走出去"的成功范例。北京天视全景文化传播有限责任公司在法国、意大利、德国、西班牙、美国等国已成功推广出版中国原创漫画已达85种,印数40多万册,为中国优秀原创漫画家搭建了国际平台。

2. 动画方面

截至2010年,我国动画出口收入超过5.1亿元人民币,越来越多的动画作品亮相欧美主流媒体。上海今日动画创作出口的中国原创动画《中华小子》出口70多个国家及地区,同时获得了法国收视冠军。国产动画片《喜羊羊与灰太狼》2009年成功打入国际著名儿童频道——尼克儿童频道,成为中国动画"走出去"的亮点。2009年漫友文化签约作者丁冰在日本出版漫画作品《学园GOD》,夏天岛影视动漫公司夏达的《子不语》开始在日本的集英社月刊杂志连载,成为中国原创漫画走出国门的优秀案例。

(二)存在的问题

1. 大部分动漫市场被国外产品占领,国产动漫缺乏原创精品

从我国动漫市场供需状况看,目前,我国拥有2000多家省市电视台,动画上星频道3个,少儿频道25个,少儿栏目289个,动画栏目200个。有关数据显示,在我国青少年喜爱的影视动漫作品中,日本产品占60%,欧美产

品占29%，美、日、韩等国家的产品赚取了我国动漫产业总收入的70%以上。从我国动漫产品内容看，一是缺少体现中华民族文化的动漫原创，故事取材范围过窄，在人物形象、故事情节、语言风格、画面质感等方面都还处于模仿阶段；二是在产品定位上缺乏市场导向意识，目标消费群仍以未成年人为主，长期以来，偏重于说教功能及知识传播，在题材风格、内容、思想方面都偏于低幼化。

*2. 动漫作品与动漫衍生产品脱节，盈利能力较低*

目前，我国动漫产业运营模式单一，多数企业都是通过动画片的播映获得收益，项目前期缺乏周密的策划，后期不注重推广与营销，本身的价值得不到有效实现。直到最近两年，动漫衍生品这一动漫产业链中收益最为丰厚的环节才被重视起来。如手机游戏"愤怒的小鸟"开发成本仅10万美元，却获得5000万美元的收益，该款游戏的下载量累计超过1.4亿次，全球约有4000万人花费2亿分钟的时间玩这一款游戏。动漫玩具作为动漫衍生品，是动漫产业价值开发和提升的产物，其形象更加贴近人们的日常生活。《喜羊羊与灰太狼》播出后，同名画册发行量超过50万册，喜羊羊和灰太狼的玩偶、文具、地板、墙纸、糖果等各种衍生品已达上千种，实现品牌价值10亿元人民币。但是，更多动漫作品的创作生产与衍生品脱节，不能有效地实现价值最大化。

*3. 动漫企业规模较小、竞争力较弱*

目前，我国动漫企业以中小企业为主，而且大部分企业以美、日、韩等动漫企业加工产品为主要业务，虽然具备一定的制作加工能力，但策划、营销能力不足，大多数尚处于自我积累、小本经营的起步阶段，缺乏市场竞争力，仅靠廉价劳动力优势赚取很少的利润份额。

## 四 演艺产业"走出去"

演艺产业涵盖戏曲、话剧、歌舞剧、木偶、皮影等众多艺术门类，是我国文化体系的重要组成部分，是观众喜闻乐见的艺术表现形式。艺术不分国界，所以演艺产品具有较强的张力，是中华文化"走出去"的重要载体。

## （一）基本现状

据统计，截至 2010 年底，全国共有各类艺术表演团体 6864 个，中央级 16 个，省级 258 个，地市级 765 个，县级 5825 个。从剧种分类来看，戏曲剧团 2451 个，占 35.7%，是全国最大种类的艺术表演团体。从艺术表演团体从业人员看，2010 年全国艺术表演团体从业人员 22.07 万人。从营业收入看，2010 年，全国艺术表演团体全年总收入达 128.76 亿元，其中演出收入 34.27 亿元。以中国对外文化集团为例，其下属中演公司先后成功策划运作了费城交响乐团、维也纳爱乐乐团、维也纳国家歌剧院、纽约爱乐乐团、莫斯科大剧院芭蕾舞团、英国皇家芭蕾舞团、皇家莎士比亚剧团以及帕瓦罗蒂、多明戈、祖宾·梅塔、伊扎克·帕尔曼等近千起世界各国艺术团体和艺术家的来华访问演出，成功引进了世界知名音乐剧《猫》《妈妈咪呀》以及爱尔兰《大河之舞》等精品剧目。集团下属中展中心先后与西班牙达利基金会、英国亨利·摩尔基金会、法国城堡协会等成功合作，相继举办了《萨尔瓦多·达利绘画原作展》《亨利·摩尔雕塑大展》《天竺之魂——印度古国青铜器展》《新浪潮——透过巴黎蓬皮杜中心国家现代艺术博物馆收藏看法国当代艺术》《太阳城——俄罗斯社会主义现实主义的辉煌》《法国城堡文化艺术展》《阿拉伯世界艺术展》和《东盟十国艺术展》等数以百计的精品展览。自 2009 年起，中国对外演出公司开始打造"中华风韵"演出品牌，像舞剧《一把酸枣》《梁祝》《大爱无疆》《丝路花雨》《牡丹亭》等节目在国外引起强烈反响，受到广泛好评。整体而言，我国演艺产业在"走出去"方面体现出如下特点：

**1. 演艺产业出口力度加大，认可度越来越高**

据统计，2009 年中国境外商业演出团组数 426 个，演出场次 16373 场，演出收益约 7685 万元。[①] 在澳大利亚演出的《风中少林》、在韩国演出的音乐剧《蝶》、赴美国和加拿大演出的当代交响乐《蝶恋花》、在美国展演的舞台剧《少林武魂》和杂技《红舞鞋》引起了所在国观众很大的反响。同时，美国观众追求真实可信，欧洲一些国家的观众注重文化神韵，法国观众重质量轻数量等，中国的演艺公司结合国外传统和演出市场的特点对演出节目进行相应

---

[①]《文化产业增速超越同期 GDP》，中国文化产业网，2010 年 3 月 2 日。

的调整，使观众易于接受，认可程度较高。

2. 中国优秀演艺集团成为走出去的龙头

中国对外文化集团、中演公司、中国战旗杂技团、中演票务通等演艺集团发展迅速，成为中国演艺"走出去"的龙头；其《龙狮》节目系列、《世纪风骨——中国当代艺术名家展》节目系列影响力较大，国外受众数量逐渐增多，对外文化集团承办的亚洲艺术节则是新中国成立以来首次举办的国家级区域性国际艺术节，在亚洲的影响力巨大。

3. 演艺产业在跨国资本运作与经营模式方面取得了突破性进展，海外投资并购力度加大

2009年，中国对外文化公司采取了与外国演出商联合投资和自己独立购买剧场两种方式，在国外演出《功夫传奇》540场，经济效益可观；该剧在海外演出时，天创公司收取票房总收入的15%作为剧目版权费，提升了演艺产业自有知识产权的附加值。另外，天创国际演艺集团收购美国第三大演艺中心——密苏里州布兰森市"白宫剧院"，东上海国际文化影视集团收购美国田纳西州的两家剧院，成为海外并购的典型。

（二）存在的问题

目前，中国的演艺公司缺乏国际知名演艺公司的成功运作经验，国外受众面窄，国际竞争力远远不够。演艺产业"走出去"往往是"形式足，印象浅"。同时，国内外演出供需信息不对称是国内演艺集团在拓展国际市场时经常遇到的问题。另外，像缺乏通晓国际市场规则的演出经纪人等问题的普遍存在也严重束缚了文化产业发展。

## 第三节　民间层面的中华文化"走出去"

通过民间交流推动中华文化"走出去"，对于增进世界各国对中华文化价值观的了解和认同，扩大我国文化产品和服务在国际市场上的份额具有重要而独特的作用。在西方国家推行其意识形态和价值观念的严峻形势下，中外民间文化交流可以有效避开意识形态壁垒，成为获得民意基础的重要手段，做到"风景这边独好"。

## 一 孔子学院

随着世界各国对汉语学习的需求急剧增长,中国在借鉴英国、法国、德国、西班牙等国推广本民族语言经验的基础上,探索在海外设立以教授汉语和传播中国文化为宗旨的非营利性公益机构,取名为"孔子学院"。从2004年在乌兹别克斯坦开办第一家孔子学院至今,孔子学院快速发展,已成为世界各国人民学习汉语和了解中华文化的园地、中外文化交流的平台、加强中国人民与世界各国人民友谊合作的桥梁。《孔子学院章程》明确规定,孔子学院作为非营利性教育机构,其宗旨是增进世界人民对中国语言和文化的了解,发展中国与外国的友好关系,促进世界多元文化发展,为构建和谐世界贡献力量。十七届六中全会明确提出加强孔子学院建设,为更好发挥孔子学院在推动中华文化"走出去"的进程中发挥更大作用指明了方向。

### (一)基本现状

截至2011年底,孔子学院已在世界五大洲占世界人口86%的105个国家和地区开设了358所学院和500个课堂,注册学员数有50多万人,还有76个国家的400多个机构与中国达成了合办孔子学院(课堂)的意向。[①] 网络孔子学院已开通英、法、德、西、日、俄、韩、泰、阿拉伯语等9个语种,广播孔子学院在12个国家设立了广播孔子课堂。目前,全世界有35个国家和地区颁布政令将汉语教学纳入本国国民教育体系。在美国,2010年公立学校开设汉语课程的大中小学校超过5000所,学汉语人数达20万人。同时,英国的5200多所中小学开设了汉语课,法国中小学学汉语的人数近年来增长了40%,德国学汉语的人数在5年内增长了10倍,泰国中小学学汉语的学生超过80万人。

在孔子学院之前,法国的法语联盟、英国文化协会、德国的歌德学院、西班牙的塞万提斯学院都试图在全世界推广本国语言与文化,取得了一些成功的经验。相对而言,中国孔子学院建设起步较晚,但发展极为迅速,影响较大。美国布鲁多金斯学会主席约翰·桑顿讲过,"孔子学院坚持这样办下去30年

---

① 沈卫星、靳晓燕、沈耀峰:《孔子学院:向世界的一声问候》,《光明日报》2012年1月5日。

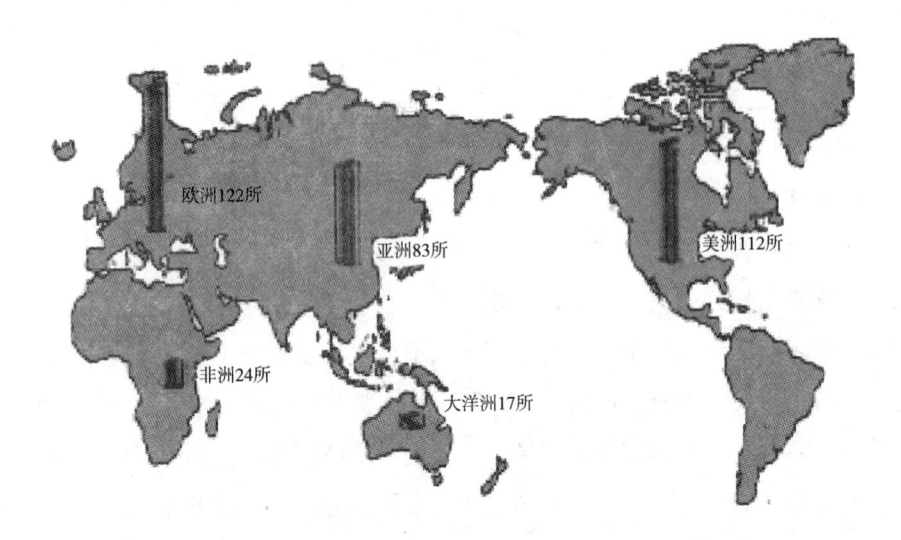

图 3-1　孔子学院分布图（截至 2012 年 1 月）*

\* 《光明日报》，2012 年 1 月 5 日。

不动摇，世界将会大变样"。总体看来，孔子学院的发展具有以下特点：

（1）坚持民间运作、中外合作办学、不强加于人。孔子学院的申办由外方自愿首先提出申请，中外双方在充分协商的基础上签署合作协议。一般而言，孔子学院由国内大学和外国大学合作共建（孔子课堂是中小学合办）。中国人民大学已经和国外多所大学合作建立了 10 多所孔子学院，比如美国的哥伦比亚大学、芝加哥大学、密歇根大学，非洲的津巴布韦大学，欧洲的博洛尼亚大学、都柏林大学、日内瓦大学等。

（2）孔子学院从语言入手，用文化交融，以传播中华文化为己任，受到国际社会普遍欢迎，迅速成为加快汉语走向世界、推动中华文化"走出去"的重要平台。美国《纽约时报》、英国《金融时报》、CNN、BBC 等媒体多次评论称，孔子学院在推进世界对中国文化的了解方面很成功，是迄今为止中国出口的一个最好最妙的产品。

（3）公共外交作用日益凸显。近年来，俄罗斯总统普京、英国王储查尔斯、比利时首相范龙佩、巴西总统罗塞夫等 100 多位国家和地区领导人出席孔子学院的活动，为展示中国民主文明和谐的良好形象、增强国际话语权提供了一个广阔而易于交流的外交舞台。

（4）孔子学院是华人华侨安排下一代学习祖国语言文化的重要场所，也是了解祖国、维系民族情感的纽带，有利于广交朋友，培养知华友华亲华力量和海外"中国通"，有利于巩固中外合作的民意基础和社会基础。

### （二）存在的问题

一是由于孔子学院作为新生事物，在发展过程中存在着不被接纳的情况，国际敌对势力的干扰破坏时有发生；有些国家对孔子学院抱有偏见，认为是一种文化侵略，敌意明显。

二是教师数量短缺，许多外派人员属于临时聘任，许多学院还没有专职管理和教学队伍且缺乏吸引高素质双语及多语种教师的机制。孔子学院是宣传中华文化的重要媒介，不是权宜之计，必须尽快建立一支高素质、专业化、愿意投身这项事业的专职教师队伍。

## 二 其他民间文化交流

近年来，中外民间文化交流日益增多，中国积极参加国外各种文化品牌活动，如美国奥斯卡电影奖、荷兰的荷赛摄影奖、丹麦的安徒生文学奖，还有格莱美音乐奖，普利策新闻奖等。以柏林电影节为例，1982年中国动画片《三个和尚》获得短片竞赛单元的最佳编剧奖后，1988年《红高粱》、2007年《图雅的婚事》获得金熊奖，1989年《晚钟》、1990年《本命年》、1991年《河流》、2000年《我的父亲母亲》、2001年《十七岁单车》分别摘得银熊奖。

据统计，中国拥有联合国教科文组织颁布的世界自然遗产、文化遗产和双遗产共41处，总数居世界第三位；人类非物质文化遗产代表作名录28个，急需保护的非物质文化遗产名录6个，总数位列世界第一。国家级非物质文化遗产传承人共命名了三批1488个代表性传承人。

## 第四节 本章小结

目前，政府、企业和民间三个层面结合各自的特点在中华文化"走出去"方面齐头并进，大有"山雨欲来风满楼"的气势。本章从上述三个层面进行了分析。

# 第四章
# 支持中华文化"走出去"的现行财政政策

近年来,中央财政不断加大投入力度,在大力推动政府文化交流的同时,积极支持搭建"走出去"服务平台,对文化出口重点企业和重点项目给予绩效奖励,推动中国出版、动漫、电影等文化产业走向国际市场,有力地支持了中华文化"走出去"战略的顺利实施。

## 第一节 支持中华文化"走出去"的政策脉络

### 一 文化探索阶段(2002年十六大以前)

这一阶段是伴随着适应社会主义市场经济深入发展的新形势和加快发展社会主义先进文化的要求而出现的。1991年,国务院在批转《文化部关于文化事业若干经济政策意见的报告》中正式提出"文化经济"概念。1992年,党的十四大报告提出"完善文化经济政策";同年出版的由国务院办公厅编著的《重大战略决策——加快发展第三产业》一书中首次使用"文化产业"的提法。1999年,国务院发展计划委员会在《关于1998年国民经济和社会发展计划执行情况与1999年国民经济和社会发展计划草案报告》中提出"推进文化、教育、非义务教育和基本医疗保健的产业化",文化产业从此纳入国家发展政策视野。[①] 2000年10月,党的十五届中央委员会第五次会议通过的《中

---

① 张晓明等主编《2001~2002年中国文化产业发展报告》,社会科学文献出版社,2002,第4页。

共中央关于制定国民经济和社会发展第十个五年计划的建议》中提出:"要完善文化产业政策,加强文化市场建设和管理,推动有关文化产业的发展",这是第一次提出"文化产业政策",标志着政府开始有意识地运用产业政策及财政政策推动文化发展。[①]

## 二 文化转型阶段(2003~2009年上半年)

2002年党的十六大指出,文化建设成为实现全面建设小康社会的三大目标之一。十六大报告指出:"当今世界,文化与经济和政治相互交融,在综合国力竞争中的地位和作用越来越突出,全党同志要深刻认识文化建设的战略意义,推动文化的发展和繁荣",并把文化区分为文化事业和文化产业,强调一手抓公益性文化事业、一手抓经营性文化产业,标志着我们党在文化建设的认识上实现了一个重大突破。2004年,十六届四中全会第一次提出要解放和发展文化生产力,提出要增强我国文化的国际影响力。2005年,中共中央、国务院下发《关于深化文化体制改革的若干意见》,把加快文化领域结构调整、培育现代文化市场体系、形成以公有制为主体多种所有制共同发展的文化产业格局作为深化文化体制改革的重点任务进行了系统部署。2006年,中办、国办下发《国家"十一五"时期文化发展规划纲要》,明确了"十一五"时期文化产业发展的重点任务、重大工程和重要举措。2007年,党的十七大从增强国家文化软实力、兴起社会主义文化建设新高潮、推动社会主义文化大发展大繁荣的战略高度,强调要加快文化建设步伐。

## 三 文化繁荣阶段(2009年下半年至今)

2009年下半年,国家结合应对国际金融危机的新形势和文化领域改革发展的迫切要求,制定了《文化产业振兴规划》,系统地提出了新形势下文化产业发展的指导思想、基本原则、目标任务、重点项目和扶持政策,这是我国第一部文化产业发展专项规划,标志着国家将文化体制改革和大力发展文化产业提升到国家战略。《规划》就中华文化"走出去"提出要求:

---

[①] 陈少峰、朱嘉:《中国文化产业十年:1999~2009》,金城出版社,2010,第21页。

（1）从宏观机制建设方面，要落实国家鼓励和支持文化产品和服务出口的优惠政策，在市场开拓、技术创新、海关出口等方面给予支持，形成鼓励、支持文化产品和服务出口的长效机制。

（2）在具体行业领域，要重点扶持具有民族特色的文化艺术、展览、电影、电视剧、民族音乐、杂技等产品的出口，抓好国际营销网络建设。支持动漫、网络游戏、电子出版物等文化产品进入国际市场。

（3）在对外投资领域，鼓励文化企业通过独资、合资、控股、参股等多种形式，在国外兴办文化实体，建立文化产品营销网点，实现落地经营。

（4）从"走出去"平台建设方面，要办好国家重点支持的文化会展，通过中国（深圳）国际文化产业博览会、中国国际广播影视博览会、北京国际图书博览会等推动文化产品和服务出口，支持文化企业参加境外图书展、影视展、艺术节等国际大型展会和文化活动。

2010年3月，中办、国办转发了《中央宣传部关于党的十六大以来文化体制改革及文化事业文化产业发展情况和下一步工作意见》，强调加快推进文化产业发展，把文化产业培育成为推动我国经济发展方式转变的战略性新兴产业。

2011年3月，《中华人民共和国国民经济和社会发展第十二个五年规划纲要》第10篇用3章篇幅提出"传承创新——推动文化大发展大繁荣"，为未来五年我国文化发展描绘了宏伟蓝图。本规划纲要指出，要构建以优秀民族文化为主体、吸收外来有益文化的对外开放格局，积极开拓国际文化市场，创新文化"走出去"模式，增强中华文化国际竞争力和影响力，提升国家"软实力"。

2011年党的十七届六中全会提出了深化文化体制改革，促进社会主义文化大发展大繁荣的战略性目标，《国家"十二五"时期文化改革发展规划纲要》提出了加强文化"走出去"战略的实施，中华文化"走出去"步伐明显加快，中华文化的影响力越来越大。

2012年2月，文化部印发了《"十二五"时期文化产业倍增计划》，指出文化产业是国民经济中具有先导性、战略性和支柱性的新兴朝阳产业，是推动中华文化"走出去"的主导力量，并提出"十二五"时期的发展目标，即文化部门管理的文化产业增加值年平均现价增长速度高于20%，2015年比2010年至少翻一番，实现倍增。

近20年来，我国支持文化发展的政策推陈出新、力度较大，从不断满足人民群众日益增长的精神文化需要、确定为国家战略、推动文化大发展大繁荣到鼓励文化"走出去"、提升国家"软实力"等一系列政策的颁布与实施，促使我国文化体制改革不断深化，文化事业与文化产业得到全面快速发展，中华文化"走出去"的步伐越来越快。

## 第二节 支持中华文化"走出去"的财政投入政策

加大对文化领域的财政投入，是支持中华文化"走出去"最主要的财政政策手段，也是文化领域健康持续发展的基本条件。财政投入政策的优点表现在：一是财政投入方式的短期效果明显，能够有效引导和扶持文化项目"走出去"；二是财政对文化交流项目和公共服务平台等进行重点支持，可以提升文化产业发展水平，夯实中华文化"走出去"的产业基础；三是财政前期投入有利于帮助企业抵御风险，后期投入有利于提升总体实力。财政投入政策也存在着不合理之处：一是财政投入项目往往缺乏指标约束，资金分配具有主观性，容易出现判断和选择上的失误，影响财政资金的效益；二是政府补贴有时不能发挥激励作用，反而成了机构不求上进的"温床"；三是财政补贴容易掩盖产品与服务的价值真相，影响公平竞争市场机制的形成。

### 一 现状分析

#### （一）财政投入规模分析

"十一五"时期，中国经济总量跃居世界第二位，全国财政收入累计30.3万亿元，年均增长21.3%。据统计，2006~2010年，全国财政教科文累计支出6.38万亿元，比"十五"时期的2.48万亿元增长了1.57倍，年均增长23%，高于全国财政收入年均21.3%的增长速度。"十一五"时期，全国财政文化体育与传媒累计支出5615.14亿元，年均增长20.9%。"十一五"时期，我国文化体育与传媒财政支出情况详见表4-1。

表 4-1 "十一五"时期全国文化体育与传媒财政支出

单位：亿元，%

| 项　　目 | 合计 | 2006年 | 2007年 | 2008年 | 2009年 | 2010年 | "十一五"年均增幅 |
|---|---|---|---|---|---|---|---|
| 全国财政收入 | 303010.63 | 38760.20 | 51321.78 | 61330.35 | 68518.3 | 83080.00 | 21.3 |
| 全国财政支出 | 318970.83 | 40422.73 | 49781.35 | 62592.66 | 76299.93 | 89874.16 | 21.5 |
| 全国文化体育与传媒支出 | 5615.14 | 684.99 | 898.64 | 1095.74 | 1393.07 | 1542.7 | 20.9 |
| 中央财政 | 1226.04 | 125.87 | 210.63 | 252.81 | 320.73 | 316.00 | 25.4 |
| 其中:中央本级 | 673.80 | 101.1 | 127.21 | 140.61 | 154.75 | 150.13 | 12 |
| 补助地方 | 552.24 | 24.77 | 83.42 | 112.2 | 165.98 | 165.87 | 58.4 |
| 地方财政 | 4389.10 | 559.12 | 688.01 | 842.93 | 1072.34 | 1226.7 | 19.9 |
| 全国文化体育与传媒支出占全国财政支出比重(%) | 1.76 | 1.69 | 1.81 | 1.75 | 1.83 | 1.72 | — |

2003年，全国财政文化体育与传媒支出为429.6亿元，2005年为597亿元，2006年为684.99亿元，至2010年达到1542.7亿元，2011年则高达1864.86亿元。与地方财政相比，中央财政文化投入增幅较大。2003年中央财政文化体育与传媒支出70.64亿元，2005年为102亿元，2006年为126亿元，至2010年达到316亿元，"十一五"时期年均递增25.88%；中央财政文化体育与传媒支出占全国支出的比例由2006年的14.8%增加到2010年的21.6%。

"十一五"时期，中央财政安排农村文化支出237亿元，安排中西部地区文化支出8亿元。安排公共文化服务体系建设相关资金302亿元，安排63亿元用于支持文化遗产保护，安排文化产业发展专项资金42亿元。为贯彻落实《文化产业振兴规划》，2010年中央财政大幅增加"文化产业发展专项资金"规模达到20亿元，比2009年增加一倍。2010年专项资金主要用于以下方面：文化类产业项目23650万元、广电类产业项目78120万元、出版类产业项目68830万元、动漫项目15100万元、境外投资项目10200万元、出口奖励项目6100万元。

以2010年为例，中央财政累计安排海外文化中心建设和业务活动经费6.6亿元，中外"文化年""文化节"等政府间文化交流活动经费8.5亿元，支持有关部门组织文化企业参加国外书展、电影节、动漫节以及相关活动等经费约2亿元，安排文化出口奖励资金1.7亿元。为加快构建与我国经济社会发展水平和国际地位相称的现代传播体系，中央财政安排专项资金用于加强中国重点媒体国际传播能力建设。

第十二届全国人民代表大会第一次会议上，财政部作《关于2012年中央和地方预算执行情况与2013年中央和地方预算草案的报告》，2012年我国文化体育与传媒财政支出494.68亿元，完成预算的100.2%，增长18.9%。支出包括支持1804家博物馆、纪念馆和4万多家美术馆、图书馆等公益性文化设施免费开放，积极推进文化信息资源共享、农家书屋等重点文化惠民工程；加大对国家重点文物、大遗址、红色文化资源和非物质文化遗产保护力度；提升重点媒体国际传播能力，促进中华文化"走出去"；推动文化产业快速发展等。

2013年我国文化体育与传媒支出预算为540.54亿元，增长9.3%。预算用于包括深入推进博物馆等公益性文化设施免费开放；加强基层公共文化服务体系建设；大力支持红色文化资源、文物保护重点工程、水下文化遗产和大遗址文物保护；强化重点媒体国际传播能力建设，支持文化产业发展，鼓励文化产品和服务出口；加强全民健身设施建设，启动体育场馆免费或低收费开放等。

（二）财政投入方式分析

财政投入的方式主要有专项资金、财政补贴、后期奖励等。财政补贴是一种影响相对价格结构，进而可以改变资源配置结构、供给结构和需求结构的政府无偿支出，具体包括价格补贴、出口补贴和消费者补贴等。支持中华文化"走出去"的财政投入政策主要有专项资金、出口补贴、以奖代补和出口奖励等形式。

1. 专项资金

一是中央财政专项资金。如中央财政安排专项经费支持海外文化中心建设，同时对已建成的海外文化中心给予经费补助，支持其开展文化活动。

二是中央地方共担资金。在安排涉及基本公共文化服务，如农家书屋、农村电影放映场次补贴、中央地方共建国家级博物馆的专项资金时，实行中央和地方按比例共担经费的办法。实行"因素分配法"，合理选择地域、人口、设施数量等因素确定权重，核定补助金额。

**2. 出口补贴**

中央财政对重点文化出口企业开展境外投资给予补助，对文化对外贸易给予适当补贴。从 2010 年起，出口补贴更加注重企业的优质性和项目的针对性。

**3. 奖励资金**

一是出口奖励。为鼓励和支持我国文化企业参与国际竞争，扩大文化出口，提高中华文化的国际影响力，自 2008 年起，中央财政通过"文化产业发展专项资金"对列入《国家文化出口重点企业目录》的企业（项目实施企业）给予绩效奖励。其中，对文化出口 500 万美元（含）至 1000 万美元的企业，每家奖励 100 万元；对文化出口 100 万美元（含）至 500 万美元的企业，每家奖励 50 万元；对文化出口 50 万美元（含）至 100 万美元的企业，每家奖励 25 万元。

二是以奖代补。以奖代补主要用于引导和激励地方财政加大农村文化投入，支持地方开展有地域特色、适合当地风俗的农村文化活动。

**4. 政府购买服务**

这种模式一是对党报党刊等企业化管理的事业单位，以"政府采购"方式支持其实行扩版不提价、免费赠阅、禁止刊登形象广告。二是在安排"文化下乡"、农村电影放映等经费时，采取政府购买服务方式，充分调动包括民营文化企业在内的社会各类文化机构提供公共文化服务的积极性。

**（三）财政投入结构分析**

政府收支分类科目中，文化体育与传媒专项资金包括文化、文物、体育、广播影视、新闻出版和其他文化体育与传媒支出共 6 个款级科目。"十一五"时期，中央财政安排公共文化服务体系建设相关资金 302 亿元，一是用于广播电视"村村通"、乡镇和社区综合文化站、文化信息资源共享、农村电影公益放映、农家书屋等五大农村文化惠民工程；二是支持全国 1444 家文化文物部门归口管理的公共博物馆、纪念馆和全国爱国主义教育示范基地向社会免费开放；三是支持"文化下乡"和城市社区文化活动，改善基层公共文化设施条件等。另外，中央财政安排 63 亿元用于支持文化遗产保护，增加大遗址、全国重点文物、非物质文化遗产保护专项资金投入力度，支持第三次全国文物普查、红色旅游和古籍保护工作。其次，中央财政安排文化产业发展专项资金

42亿元，用于支持文化企业转企改制，推动文化产业发展。在支持中华文化"走出去"方面，财政部门积极发挥财政资金的引导作用，具体情况如下：

1. 支持政府间文化交流

一是支持政府间文化交流活动。通过支持文化部"对美文化交流活动""中华文化走出去""欧罗巴利亚中国艺术节""中朝友好年""意大利中国文化年""澳大利亚中国文化年"等活动、支持中国文联"芬兰中国主题活动"等对外文化交流项目，弘扬了中国优秀传统文化。另外，加大倾斜支持力度，支持民族优秀文化的弘扬和传播，积极推动中华文化"走出去"，不断扩大中华文化的国际影响力和竞争力。以2011年为例，中央财政重点支持"相约北京"、"欢乐春节"海外文化活动、第二届中国新疆国际民族舞蹈节、中华文化"走出去"、意大利中国文化年以及2011年开罗国际书展中国主宾国活动等。

二是大力加强海外文化中心建设。为支持海外中国文化中心建设，中央财政会同文化部门研究制定《驻外中国文化中心发展规划（草案）（2011～2020年）》，提出了下一步文化中心建设的指导思想、基本原则和规划目标，明确了制定科学合理的布局、完成基础设施建设、打造文化活动中心等10项主要任务，并对充分发挥多部门协调机制作用、加强经费保障等方面作了规定。按照规划，中央财政安排专项经费支持海外文化中心建设，同时对已建成的海外文化中心给予经费补助，支持其开展文化活动。据统计，2011年安排专项资金8900万元，重点支持了莫斯科、曼谷、新加坡等海外文化中心建设。

三是加强重点媒体国际传播能力建设，设立重点媒体国际传播能力建设专项资金。按照有关部门要求，中央财政设立加强重点媒体国际传播能力专项资金。重点支持了新华社、中央电视台、中国国际广播电台、中国新闻社、人民日报社、中国日报社等6家中央重点媒体加强国际传播能力建设，加快构建覆盖广泛、技术先进的现代传播体系，提高国际话语权。按照要求，中央财政安排专项资金重点支持人民日报社、新华社、中央电视台、中国国际广播电台、中国日报社、中国新闻社等媒体国际传播能力建设。另外，不断支持《人民日报》（海外版）、《中国日报》等报刊在海外赠阅活动，以及我国广播电视节目在海外落地。为了让中国的声音更好地传向世界各地，中央财政积极支持国家广电总局广播电视"走出去"工程,用于广播、电视节目在海外落地。如每年安排新疆广播电视"走出去"工程专项资金,主要用于哈、维和柯尔克孜语广播电视节目在哈萨克斯坦、吉尔吉斯斯坦和乌兹别克斯坦落地。

四是支持华文教育发展。首先,中央财政安排华文教育专项经费由2004年前每年4000万元提高到现在的1亿元,每年安排国侨办三个华文学院专项教育经费。其次,国务院侨办会同有关部门成立了"中国海外华文教育基金会",中央财政从资金和政策上给予了积极支持。基金会成立五年来,筹集社会资金达2.77亿元,有效弥补了海外华文教育资金的不足。

五是支持孔子学院建设,举办汉语教学、提供中华文化讲座、开展传统文化活动等,不断增强中华文化海外影响力。

**2. 支持文化企业"走出去"**

近年来,中央财政研究出台了一系列财税优惠政策,促进我国文化企业更多地进入国际市场,不断提升中华文化影响力。"十一五"时期,中央财政设立了文化产业发展专项资金,地方省份还设立了文化产业投资基金,有效搭建起了文化产业融资平台。2010年,我国文化产业法人单位实现增加值11052亿元,占GDP的2.75%,比2004年高出近0.65个百分点。截至2011年底,全国共有23家上市文化企业,总市值2040亿元。

文化产业发展专项资金面向文化产业类企业法人,采用贷款贴息、项目补助、补充国家资本金、绩效奖励、保险费补助等多种形式,重点支持骨干文化企业培育、国家级文化产业园区和文化产业示范基地建设、重点文化体制改革转制企业发展、大宗文化产品和服务出口等。

为鼓励和支持我国文化企业参与国际竞争,扩大文化出口,自2008年起,中央财政通过文化产业发展专项资金对列入《国家文化出口重点企业目录》的企业(项目实施企业)给予绩效奖励。2008年中央财政安排经费5050万元,支持企业数69家;2009年中央财政安排经费5750万元,支持企业数83家。自2010年起,财政部门对重点文化出口企业开展境外投资给予补助。

在电影产业方面,2010年国务院办公厅出台了《关于促进电影产业繁荣发展的指导意见》。具体而言,我国电影行业的优惠政策包括:一是从电视广告纯收入中提取3%建立"电影精品专项资金",用于支持电影精品摄制;二是从电影放映收入中提取5%建立"国家电影事业发展专项资金";三是从进口影片收入中提取部分资金,用于电影制片、译制;四是特别重点影片的创作生产,可个案报财政补贴。2006~2009年中央财政安排电影"走出去"专项经费2100万元,支持国产优秀电影译制洗印成外文电影拷贝。

在出版产业方面,推动实施中国出版"走出去"战略,积极支持俄罗斯书展、希腊萨洛尼卡书展、法兰克福书展、首尔书展等主宾国活动的开展,促进中国图书版权输出和实物出口,加快我国由出版大国向出版强国目标迈进。2006~2009年中央财政安排专项资金3500万元,支持中国出版"走出去";安排专项资金8013万元,支持有关部门组织文化企业参加韩国首尔、德国法兰克福等国际知名书展。2006~2008年中央财政还安排专项资金2500万元,支持国产音像制品的出口。

在动漫产业方面,2007~2008年中央财政安排动漫"走出去"专项资金2700万元,支持有关部门组织文化企业参加加拿大渥太华、法国安古兰、日本东京等国际知名动漫节(展)。

另外,财政部门还通过安排部门预算积极支持文化产业展会节庆等,不断搭建文化"走出去"服务平台。我国重点发展的文化产业展会节庆详见表4-2。

表4-2 我国重点发展的文化产业展会节庆[*]

| 展会名称 | 发展目标 | 举办地 |
| --- | --- | --- |
| 中国国际文化产业博览交易会 | 打造享有较高国际知名度和较大国际影响力的综合性、国际化文化产业博览交易会 | 深圳 |
| 中国北京国际文化创意产业博览会 | 发挥首都全国文化中心示范作用,打造集聚文化创意资源、反映产业动向和趋势、促进产业合作和产品交易的国际文化经贸交流盛会 | 北京 |
| 中国演艺产业博览会 | 为国内外演艺界搭建集"展示、合作、交易、发展"于一体的综合性服务平台,繁荣发展演艺产业 | 天津 |
| 中国国际动漫游戏博览会 | 支持成为国内一流、亚洲知名的动漫游戏会展活动 | 上海 |
| 中国国际网络文化博览会 | 引导网络文化产业发展方向,引领数字内容产业创新趋势 | 北京 |
| 中国(北京)艺术品产业博览会 | 打造全国性、专业化、品牌化的艺术品产业交易交流平台 | 北京 |

续表

| 展会名称 | 发展目标 | 举办地 |
|---|---|---|
| 中国西部文化产业博览会 | 搭建展示中西部地区优秀文化资源、助推东中西部文化交流、推动西部文化产业走向国际的重要平台 | 西安 |
| 中国义乌文化产品交易博览会 | 成为国际化特色明显、市场化运作模式相对成熟的文化产业投资、贸易和技术合作的平台 | 义乌 |
| 中国东北文化产业博览交易会 | 构建主题突出、内容丰富、形式新颖、特色鲜明、功能完善、参与广泛的国家级文化产业交流展示和交易合作平台 | 沈阳 |
| 中国洛阳牡丹文化节 | 打造以花为媒、融文化交流、旅游观光、经贸合作为一体的具有广泛影响力的国家级知名文化品牌节会，成为推动区域经济发展方式转变的引擎 | 洛阳 |
| 中国原创手机动漫游戏大赛 | 培育手机动漫游戏精品，发掘优秀创作人才，打造成为国内手机动漫领域的一流赛事 | 长沙 |

\* 文化部"十二五"时期文化产业倍增计划，《中国文化报》2012年3月1日。

### 3. 积极支持深化文化体制改革

自2003年6月我国开展文化体制改革试点工作以来，财政部门在科学界定文化单位性质和功能的基础上，分层次、分类别实施有针对性的财政扶持政策，从财政税收、投资融资、资产管理、收入分配、社会保障和人员分流安置等多方面出台扶持政策。截至2011年上半年，已有590家文艺院团、402家出版单位、327家电影公司、595家非时政类报刊出版单位、32家省级党报党刊发行机构、52家电视剧制作机构完成转企改制。中央各部门各单位出版社体制改革任务如期完成，人民网等10家重点新闻网站完成转制任务，29个省区市已组建省级广电传输网络公司。全国共注销经营性文化事业单位4000多家，核销事业编制17.2万个。[①] 2011年，中央文化企业国有资产监督管理工作小组办公室成立，切实履行起中央文化企业出资人职责和国有文化资产监管职责。

为配合做好文化体制改革，不断夯实中华文化"走出去"的基础，中央财政出台的财政政策包括：一是对公共图书馆、博物馆、美术馆、文化馆、群众艺术馆等公益性文化事业单位，将按照增加投入、转换机制、增强活力、改善服务的方针，进一步加大经费保障力度，支持其转换内部机制，深化劳动人事、收入分配制度等改革，增强内在活力，改善设施条件，提高服务水平，支

---

① 《财政扬帆文化远航》，《中国财政》2012年第2期。

持其面向社会公众提供免费或低价服务。二是对体现民族特色和国家水准的重点艺术院团、党报党刊、广播电台电视台等，将按照政府扶持、转换机制、面向市场、增强活力的方针，采取政府购买服务等方式，鼓励优秀剧节目创作和演出，支持其推进改革创新，逐步建立起面向社会公众、以市场为导向、以社会效益和经济效益兼顾为目标的经营管理机制，不断增强自我发展的内在动力。三是对出版社、新华书店、电影制片厂、电影放映单位、一般艺术院团、非时政类报刊社等经营性文化单位，将按照创新体制、转换机制、面向市场、壮大实力的方针，积极推动经营性文化单位进行转企改制，做到"扶上马、送一程"，在弥补改革成本方面给予适当补贴，促进其加快转企改制步伐，以培育合格的市场主体，并对转制后企业的重点产业发展项目予以支持。四是进一步完善国有文化资产管理制度，探索建立新型国有文化资产管理和运营机制，明确出资人职能，推动转制后文化企业建立现代企业制度和公司治理结构，确保国有资产保值增值。

## 二 存在的问题

### （一）体制层面

**1. 政府与市场的关系理不顺，文化投入政策存在"缺位""越位"现象**

政府职能定位不准确，"管文化"和"办文化"力度与程度不能很好地把握，使得事权不够清晰，过度强调文化的特殊性即意识形态性和社会效益属性，政府的政策在某些领域干预过多，未能实现由行政手段向经济手段、法律手段的转变。这种现象不但不能实现依法行政，促进文化事业、文化产业的发展，而且加重了财政负担。从文化部门看，其主要精力放在组织和直接举办大型活动上，反映到预算安排上，具体的活动性项目经费多，而对关系到事业发展全局性、延续性的项目投入少，使文化部成了"活动部"。项目安排表现出单次性和程式化，举办活动只讲投入不讲效益，例行公事，周而复始。经费申请重点考虑中央本级事业费、院团等事业单位的利益和资金安排，成为"中直单位的文化部"，而忽视了对全社会文化的指导作用及公共文化体系的构建，缺乏对全国的、涉及基层文化、东西部文化协调均衡发展的宏观调控，没有在政策上、投入上起到引导和带动作用。

## 2. 公益性文化事业与经营性文化产业的体制改革不彻底

目前，一些文化传媒集团公司"事业体制、产业化经营"的二元体制结构缺乏法律依据，在财务管理、对外融资方面存在着诸多问题，以建立现代企业制度为目标的改革战略与事业性质的体制特征存在着内在矛盾，既没有很好地保护和发展公益性文化事业，满足公益性文化需求，也没有给文化产业提供公平竞争的平台和发展空间。反映到财政预算上，由于文化事业单位公益性、准公益性和经营性界定不清，文化单位仍然依靠财政拨款，经费用于养人，没有生存压力，不考虑面向市场。同时，该供给和保障的经费不足，该推向市场的没有政策和体制界定，实现经费自给和利益激励机制，造成资金投入上的缺位和越位，双向制约了文化事业和文化产业的发展。比如院团改革，虽然经过两轮试点和探索，但效果并不明显，目前文化部直属院团有10个，中央歌剧院、中国歌剧舞剧院、东方歌舞团、中国歌舞团等综合歌舞类院团分别建制，仍然存在重复设置的问题。演员有基本工资保障和演出补贴，缺乏奖罚机制，不能调动积极性和创造性。另外，受人员编制和行政职务、艺术职称评定的影响，艺术院团缺乏优秀人才引进机制，不能促进演职人员合理进出流动。社会保障机制不健全，严重阻碍了艺术院团人事制度改革的进程，一些地方院团离岗人员和老演员生活无保障，增加了社会不安定因素。

## 3. 文化部门职能分散，条块分割与职能交叉重叠并存

目前，在政府部门机构设置中，从大文化的概念考察，教科文方面有教育部、科技部、文化部、国家广电总局、新闻出版总署、国家文物局、国家体育总局等；从文体广范畴来讲，原文化部先后独立出国家广电总局（附属电影局）、新闻出版总署以及部管国家文物局，在几次机构改革中分分合合，多有反复。中宣部也设有涉及文化方面实质性工作的机构，还有中国文联和中国作协。文化部除部属司局外，管理着直属院团、中国美术馆、国家图书馆、国家博物馆和故宫博物院等中央本级近30个事业单位。从严格意义上讲，文化部实际上承担的是狭义的、局部的文化管理（小文化）职能。这种机构设置和职能分工有管理细化、责权分明的优点和合理性，但在实际运行中却存在很多难以逾越的问题。文化管理职能分散、政出多门、各行其是，为维护各自部门利益互相扯皮、相互掣肘，导致文化资源和职能按计划分配和配置，造成文化

布局不合理和管理上的交叉与盲点，程序复杂，链条割裂，不利于规模发展和效率的提高。同时，这种机构设置影响到文化政策和发展战略的全局思考和规划，实施不畅通、不协调，不能在大文化的范围内形成合力，保障文化事业的整体发展。落实到投入方面，机构设置的分散，影响到对教科文、文体广投入的关联比照和边际效益，一方面投入分散，苦乐不均；另一方面投入重复，缺乏效率，不能做到合理配比、资源互补。体现在财政预算科目上，不能准确、全面地反映整个教科文与文体广的支出状况，国家对大文化的投入难以估量、测算、统计和评价。

（二）投入层面

1. 在财政投入规模上存在投入不足问题

尽管近年来文化财政投入的增幅很大，但由于基数低，绝对数额并不高。目前财政资金投入的绝大部分都还在公共文化领域，对中华文化"走出去"方面的投入金额较少，远远不能满足全球化背景下中华文化"走出去"的战略需求。

2. 在财政投入结构性上存在失衡问题

目前，财政支出结构存在着一些不合理的现象，苦乐不均，该保的没保，不该花的钱花了，缺位和越位并存。由于机构设置等原因，从文化、文物、广电、出版乃至文联、作协等方面考察，投入分散，职能交叉重复，文化类投入没有形成合力，既分散又重复，财政资金的效益不高。

3. 财政资金的引导作用不足

财政直接投入不可能从根本上解决支持中华文化"走出去"所面临的资金短缺问题，必须通过财政资金的投入去引导其他社会资本投资文化领域，形成示范效应，激发支持中华文化"走出去"的活力。

## 第三节 支持中华文化"走出去"的税收优惠政策

税收作为国家经济制度的重要组成部分，在发挥筹集财政收入主渠道作用的同时，配合国家宏观经济政策和社会发展目标，在促进经济增长、调整经济结构、保持社会稳定等方面发挥着重要作用。推动中华文化"走出去"，是提升国家文化软实力的战略举措，也是转变文化发展方式、统筹国内国际两个市场两种资源的必然要求。税收优惠政策有利于鼓励和支持文化企业参与国际竞争，推动我国文化产品和服务更多地进入国际市场。

## 一 现状分析

为支持中华文化"走出去"战略，政府制定了一系列税收优惠政策，相关法律法规详见表4-3。

表4-3 我国文化行业的税收优惠政策

| 文号 | 名称 |
| --- | --- |
| 主席令第六十三号 | 《中华人民共和国企业所得税法》 |
| 财政部 国家税务总局令第65号 | 《中华人民共和国营业税暂行条例实施细则》 |
| 财税[2002]81号 | 《财政部、国家税务总局、海关总署关于印发〈国有文物收藏单位接受境外捐赠、归还和从境外追索的中国文物进口免税暂行办法〉的通知》 |
| 财税[2005]1号 | 《关于文化体制改革中经营性文化事业单位转制后企业的若干税收政策问题的通知》 |
| 财税[2009]31号 | 《财政部 海关总署 国家税务总局关于支持文化企业发展若干税收政策问题的通知》 |
| 财税[2009]34号 | 《财政部、国家税务总局关于文化体制改革中经营性文化事业单位转制为企业的若干税收优惠政策的通知》 |
| 财税[2009]65号 | 《财政部 国家税务总局关于扶持动漫产业发展有关税收政策问题的通知》 |
| 财税[2009]105号 | 《关于转制文化企业名单及认定问题的通知》 |
| 财税[2009]111号 | 《财政部 国家税务总局关于个人金融商品买卖等营业税若干免税政策的通知》 |
| 财税[2009]122号 | 《财政部 国家税务总局关于非营利组织企业所得税免税收入问题的通知》 |
| 财税[2009]147号 | 《财政部 国家税务总局关于继续实行宣传文化增值税和营业税优惠政策的通知》 |
| 财税[2010]64号 | 《财政部 国家税务总局关于示范城市离岸服务外包业务免征营业税的通知》 |
| 财税[2010]65号 | 《财政部 国家税务总局 商务部 科技部 国家发展改革委关于技术先进型服务企业有关企业所得税政策问题的通知》 |
| 财税[2011]92号 | 《关于继续执行宣传文化增值税和营业税优惠政策的通知》 |

### （一）从税收优惠的支持方向分析

支持中华文化"走出去"的税收政策可以分为三个层面。第一层面是针对中国当前文化体制改革，目的是加快文化事业转企改制，培养合格的市场主体；第二层面是针对文化企业，目的是壮大企业实力，生产和提供符合市场规律的优效文化产品和服务；第三层面是针对文化对外贸易，目的是加大文化产品和服务的出口，不断提高中华文化的影响力。

**1. 支持文化体制改革的税收优惠政策**

文化体制改革是解放和发展文化生产力、开创宣传思想文化工作新局面的根本途径。自2003年6月中央决定开展文化体制改革试点工作以来，为了尽量减少纳税人由于单位性质转变而产生税收负担的变化，根据国办发〔2003〕105号文和国办发〔2008〕114号文的规定，财政部、国家税务总局、海关总署相继下发了《关于文化体制改革中经营性文化事业单位转制后企业的若干税收政策问题的通知》（财税〔2005〕1号）和《财政部、国家税务总局关于文化体制改革中经营性文化事业单位转制为企业的若干税收政策问题的通知》（财税〔2009〕34号），后者对前者中的政策进行了延续、修订和完善，重点在于加快出版发行、电影业、文艺院团等重点文化领域的改革发展，培育新型市场主体。

这方面的政策主要包括：一是符合条件的经营性文化事业单位转制为企业，自转制注册之日起免征企业所得税。二是由财政部门拨付事业经费的文化单位转制为企业，自转制注册之日起对其自用房产免征房产税。三是党报、党刊将其发行、印刷业务及相应的经营性资产剥离组建的文化企业，自注册之日起所取得的党报、党刊发行收入和印刷收入免征增值税。四是对经营性文化事业单位转制中资产评估增值涉及的企业所得税，以及资产划转或转让时涉及的增值税、营业税、城建税等给予适当的优惠政策等。

自2003年6月中央决定开展文化体制改革试点工作以来，财政部门在科学界定文化单位性质和功能的基础上，对文化体制改革单位给予了前后十年的税收优惠政策，涉及增值税、营业税、所得税、关税、房产税、城镇土地使用税和车船税等多个税种，税收减免惠及全国2000多家转制文化单位，范围几乎涉及文化经营活动相关的所有税种。2004~2008年，全国共有238家试点单位被核准减免企业所得税87.73亿元。实践证明，这些税收优惠政策对于激励文化单位加快转制或改制步伐，发挥了重要作用。

## 2. 支持文化产业发展的税收优惠政策

发展文化产业是社会主义市场经济条件下满足人民群众多样化、多层次、多方面精神文化需求的必然选择，也是调整经济结构、加快经济发展方式转变的重要抓手。为不断增强我国文化产业整体实力和竞争力，配合实施重大文化产业项目带动战略，我国实施了一系列税收优惠政策。

一是2009年1月1日至2013年12月31日，广播电影电视行政主管部门（包括中央、省、地市及县级）按照各自的职能权限批准从事电影制片、发行、放映的电影集团公司（含成员企业）、电影制片厂及其他电影企业取得的销售电影拷贝收入、转让电影版权收入、电影发行收入以及在农村取得的电影放映收入免征增值税和营业税。

二是2010年底以前，广播电视运营服务企业按规定收取的有线数字电视基本收视维护费，经省级人民政府同意并报财政部、国家税务总局批准，免征营业税，期限不超过3年。

三是经国务院有关部门认定的动漫企业自主开发、生产动漫产品，可申请享受国家现行鼓励软件产业发展的有关增值税、所得税优惠政策；动漫企业自主开发、生产动漫产品涉及营业税应税劳务的（除广告业、娱乐业外），暂减按3%的税率征收营业税；对动漫企业为开发动漫产品提供的动漫脚本编撰、形象设计、背景设计、动画设计、分镜、动画制作、摄制、描线、上色、画面合成、配音、配乐、音效合成、剪辑、字幕制作、压缩转码（面向网络动漫、手机动漫格式适配）劳务，暂减按3%的税率征收营业税；对企业在境内转让动漫版权交易收入减按3%的税率征收营业税。2011年1月1日至2012年12月31日，对属于增值税一般纳税人的动漫企业销售其自主开发生产的动漫软件，按17%的税率征收增值税后，对其增值税实际税负超过3%的部分实行即征即退政策。

四是2011年1月1日至2012年12月31日，对符合条件的出版物在出版环节实行增值税100%或50%先征后退政策；对符合条件的新华书店实行增值税免税或先征后退政策，并规定退还的增值税税款应专项用于技术研发、设备更新、新兴媒体的建设和重点出版物引进开发；出版、发行企业库存呆滞出版物，符合条件的可以作为财产损失在税前据实扣除。

五是对符合条件的新华书店实行增值税免税或先征后退政策，并规定免征或退还的增值税税款应专项用于发行网点建设和信息系统建设。

六是对科普单位的门票收入，县（含县级市、区、旗）及县以上党政部门和科协开展的科普活动的门票收入免征营业税；对境外单位向境内科普单位转让科普影视作品播映权取得的收入免征营业税。

**3. 支持文化企业"走出去"和文化产品与服务出口的税收优惠政策**

推动中华文化"走出去"，是提升国家文化软实力的战略举措，也是转变文化发展方式、统筹国内国际两个市场两种资源的必然要求。税收优惠政策有利于鼓励和支持文化企业参与国际竞争，推动我国文化产品和服务更多地进入国际市场。

税收优惠政策包括对文化企业在境外演出从境外取得的收入免征营业税；出口图书、报纸、期刊、音像制品、电子出版物、电影和电视完成片按规定享受增值税出口退税政策。为生产重点文化产品而进口国内不能生产的自用设备及配套件、备件等，按现行税收政策有关规定免征进口关税。

居民文化企业来源于中国境外的应税所得，已在境外缴纳的所得税税额可以从其当期应纳税额中抵免，抵免限额为该项所得依照企业所得税法规定计算的应纳税额；超过抵免限额的部分，可以在以后五个年度内，用每年度抵免限额抵免当年应抵税额后的余额进行抵补。文化企业在境外演出从境外取得的收入免征营业税。

除了鼓励市场化、产业化的文化"走出去"外，政府还出台了税收政策积极支持推动政府主导的文化交流活动。近年来，中国相继与法国、德国等国签订了《互设文化中心的协议》，规定了互惠的税收优惠政策，支持了我国海外文化中心的建设，推动了政府间文化交流活动的开展。

**4. 鼓励文化技术创新的税收优惠政策**

科技是文化发展中最活跃、最具革命性的因素，坚持文化与科技相融合，增强自主创新能力，有利于增强我国文化表现力、促进传统文化产业改造升级，创新文化生产方式，积极培育新兴文化业态。

现行鼓励文化企业进行技术创新的税收优惠政策：一是在文化产业支撑技术等领域内，依据相关税收法律法规认定的高新技术企业，减按15%的税率征收企业所得税。二是文化企业开发新技术、新产品、新工艺发生的研究开发费用，可以按照税法规定享受加计扣除或摊销的优惠政策。三是文化产业企业从事技术开发、技术转让及其相关的技术服务、技术咨询取得的收入免征营业税。

**5. 鼓励文化与社会资本对接的税收优惠政策**

为进一步鼓励社会组织、机构和个人捐助以及兴办公益性文化事业，企业凡是通过符合条件的基金会、慈善组织等公益性社会团体或者县级以上人民政府及其部门，用于《中华人民共和国公益事业捐赠法》规定的公益性文化事业的捐赠支出，在年度利润总额12%以内的部分，准予在计算应纳税所得额时扣除。个人将其所得通过中国境内的社会团体、国家机关向公益性文化事业的捐赠，捐赠额未超过纳税义务人申报的应纳税所得额30%的部分，可以从其应纳税所得额中扣除。符合条件的非营利组织从事公益性文化事业等非营利性活动取得的收入为免税收入。

**（二）从税收优惠的税种税目分析**

目前，与文化有关的税种主要集中在增值税、营业税、所得税和关税方面。

**1. 增值税**

增值税是为了适应市场经济专业化分工，避免多个流通环节重复征税而产生的。增值税在西方国家被称为最"干净"的税种，是主要开征税种之一。我国现行增值税的征税范围是销售货物、提供加工修理修配劳务及进口货物。增值税一般纳税人从事新闻出版、软件开发等业务适用17%的税率，小规模纳税人适用3%的征收率。

与中华文化"走出去"相关的优惠政策主要体现在以下几个方面：一是对新闻出版和发行实行100%和50%的增值税先征后退政策。二是对销售自主研发的软件产品成本实行增值税实际税负超过3%的部分实行税收返还政策。三是自2009年1月1日至2013年12月31日，出口图书、报纸、期刊、音像制品、电子出版物、电影和电视完成片按规定享受增值税出口退税政策。四是对动漫软件出口免征增值税，该政策已于2010年12月31日执行到期，经报请国务院同意，将继续执行至2012年12月31日。

### 2. 营业税

营业税是按照营业额与适用的税率计算应纳税额的，和增值税以增值部分为税基相比，营业税是以营业额为税基的，因此，其税收设计存在着一定的重复征税问题。在税收征管日益完善的情况下，营业税课税范围逐渐缩小是一种趋势。目前，文化体育业的营业税税率为3%，服务业的营业税税率为5%，娱乐业的营业税税率为5%~20%（具体适用税率由省级人民政府在上述幅度内决定）。

与中华文化"走出去"相关的优惠政策主要体现在以下几个方面：一是2009年新修订的营业税暂行条例，改变了原来进口服务免税、出口服务征税的做法，将进口服务纳入营业税的征税范围，并对出口服务全面实行免征营业税的政策。对中华人民共和国境内单位或者个人在中华人民共和国境外提供建筑业、文化体育业（除播映）劳务暂免征收营业税。二是对文化体育业（不含播映）劳务实行免征营业税政策。三是对文化企业在境外演出从境外取得的收入免征营业税。四是对出版物、影视等产品版权的出口，不征收营业税。五是对个人转让著作权免征营业税。六是自2010年7月1日至2013年12月31日，对注册在北京、上海等21个中国服务外包示范城市的企业从事离岸服务外包业务取得的收入免征营业税。

### 3. 所得税

与中华文化"走出去"相关的所得税优惠政策主要体现在以下几个方面：一是对企业从事文化"走出去"来源于中国境外的应税所得已在境外缴纳的所得税税额，可以从其当期应纳税额中抵免。二是出版、发行企业库存呆滞出版物，纸质图书超过五年（包括出版当年，下同），音像制品、电子出版物和投影片（含缩微制品）超过两年，纸质期刊和挂历年画等超过一年的，可以作为财产损失在税前据实扣除（已作为财产损失税前扣除的呆滞出版物，以后年度处置的，其处置收入应纳入处置当年的应税收入）。三是在文化产业支撑技术等领域内，依据《关于印发〈高新技术企业认定管理工作指引〉的通知》的规定认定的高新技术企业，减按15%的税率征收企业所得税；文化企业开发新技术、新产品、新工艺发生的研究开发费用，允许按国家税法规定在计算应纳税所得额时加计扣除，文化产业支撑技术等领域的具体范围由科技部、财政部、国家税务总局和中宣部另行发文明确。四是自 2010 年 7 月 1 日至 2013 年 12 月 31 日，在北京、上海等 21 个中国服务外包示范城市对经认定的技术先进型服务企业实行以下企业所得税优惠政策：减按 15% 的税率征收企业所得税（从事离岸服务外包业务取得的收入不低于企业当年总收入的 50%）；发生的职工教育经费支出，不超过工资薪金总额 8% 的部分，准予计算应纳税所得额时扣除；超过部分，准予在以后纳税年度结转扣除。

4. 关税

与中华文化"走出去"相关的关税优惠政策主要体现在以下两个方面：一是为生产重点文化产品而进口国内不能生产的自用设备及配套件、备件等免征进口关税。二是符合《国有文物收藏单位接受境外捐赠、归还和从境外追索的中国文物进口免税暂行办法》规定并由国务院文物行政管理部门和国有文物收藏单位以接受境外机构、个人捐赠、归还的和从境外追索等方式获得的中国文物进口免征关税。这些文物包括：1949 年以前的所有中国文物或其他具有文物价值的制品等；1949 年以后，我国已故近、现代著名书画家、工艺美术家的作品；原产于中国的古脊椎动物化石、古人类化石等。国有文物收藏单位接受此类文物时，需要免税的，应在文物入境的一个月前向国务院文物行政管理部门提出书面申请。

## 二 存在的问题

1. 税收调节经济的功能未得到充分发挥

现行的税收政策主要是以基本税收法规条款表现出来的，分散在各类税收单行法规或税收文件之中，法规之间的衔接性差，政策目标重叠交叉，难以产生应有的政策合力和作用。目前，税收收入政策与预算支出政策相互替代、协同作用的政策协调机制还没有建立起来，在一定程度上削弱了税收调控效果，税收促进结构调整和经济发展方式的作用不能得到充分发挥。

2. 增值税和营业税并存的税制安排导致重复征税，严重影响了我国文化企业的国际竞争力，不利于文化产业结构优化升级

现行税制对工业环节征收增值税，对服务业等第三产业征收营业税，将交易全额计入税基，不能抵扣，不利于企业服务外包和生产型服务业的发展，影

响国内产品竞争能力的提高,不利于促进扩大投资和企业的技术进步。我国现行的增值税和营业税并行的税制安排,割裂了经济业务的增值链条机制,使不同服务项目分别适用增值税和营业税,并且营业税还适用不同的税率。

重复征税问题主要体现在三个方面:一是增值税纳税人从营业税纳税人购买的服务,其所含营业税不能得到进项抵扣;二是营业税纳税人从增值税纳税人购买的货物,其增值税进项税额不予抵扣;三是营业税纳税人之间相互提供服务,其已交营业税不能得到抵扣。

重复征税的负面影响主要体现在四个方面:一是影响经济各领域的业务分工的横向细化和纵向深化,造成业务链条的税收积累。二是重复征税增加了货物与劳务的成本,在全球化背景下影响我国产业竞争力。三是由于存在重复征税,导致了一系列税收政策的被动出台,影响了税制的规范性和严肃性。四是由于增值税和营业税之间不能较好地衔接,在一定程度上产生了税收漏洞。

### 3. 国内税收制度无法适应文化企业"走出去"需求

目前,国内对企业"走出去"的税收支持以税收抵免为主,没有国际上通行的海外投资风险准备金、延迟纳税、亏损结转、境内外盈亏互补等政策。另外,境外企业所得税抵免实行"分国不分项"限额抵免法,企业投资于不同税率国家无法实现亏损与收益对冲,跨国纳税人总体税负较高。

### 4. 国际税收双边协定商签滞后

截至2009年底,我国对外签署了95个双边税收协定,实际生效91个。目前我国与一些对外投资东道国,尤其是发展中国家尚未签署国际税收协定,或者是缺乏具体执行条款或税收饶让、税收征管互助和税种无差别的规定。造成文化企业境外投资存在双重征税现象,造成文化"走出去"企业的税负较高,不利于提高国际竞争力。

## 第四节 支持中华文化"走出去"的投融资政策

目前,我国文化金融已初步形成了包括政府文化产业基金、政策性银行支持、商业贷款和证券基金市场在内的多元化的融资渠道。财政投资基金主要采用自行运作或与社会投资机构合作的方式,实行市场化运作,通过股权投资等形式，重点支持初创期和成长期的文化创意产业，待企业发展壮大后用一定方式予以退出。财政贴息主要是财政部门根据国家宏观经济形势，为支持特定领域或区域发展，为贷款企业的银行贷款利息提供补贴。财政担保主要是为缺少实物资产、拥有较多无形资产的文化企业提供融资担保从而获得资金支持，主要采取公开招标确定合作担保公司，对再担保费进行补贴、对担保业务进行补助的方式。财政引导下的多元化融资是综合运用各种财政手段，支持文化创意企业上市融资。

## 一 现状分析

### （一）政府文化基金

基金是指举办、维持或发展某种事业而储备的资金或专门拨款。基金的基本特征有四个：一是独立核算的会计主体，二是为某种特定目的而设立，三是需要有专业组织机构负责其管理运营，四是以接受信托资本的方式进行累积和发展。以政府投入为主导的"文化基金"与"文化专项资金"的区别在于文化基金具有独立性和开放性特点，注重长期综合效益。中国的文化基金主要采取贷款贴息、项目补助、补充国家资本金、绩效奖励、股权投资等多种形式，鼓励和引导社会资本投入文化产业。[①]

文化基金的重要作用体现在以下几个方面：

一是有利于推动政府职能转变，打破行政管理的条块分割。设立文化基金，形成符合文化发展实际的基金管理模式，既强调了政府的导向性，引导文化发展方向；又利用基金"一臂之距"的功效，促进文化体制机制创新，推动管办分离。同时，通过财政资金的竞争性获得机制，进一步激发文化活力，有利于可持续发展。另外，设立文化发展基金，通过设立专门的基金管理机构，实施科学规范的基金化管理，可以打破文化领域多头管理、条块分割的现状，有利于整合资源，形成合力，推动中华文化"走出去"。

二是有利于引导社会投入，拓宽资金渠道。基金具有"蓄水池"功能，中央财政的投入将带动地方各级政府的投入，还可以吸引社会资本进入文化领

---

① 何雨欣、徐蕊：《为推动文化发展繁荣"保驾护航"》，新华社北京 11 月 28 日电。

域，充分发挥中央财政资金"四两拨千斤"的作用。

三是有利于提高财政资金使用效益。设立文化发展基金，推行预算公开、政务公开，建立信息发布机制、申报受理机制、评审决策机制和签约实施机制，将基金的运作置于公众的监督之下，可以保证评审和资助的公平、公正、公开，也有利于确保并不断提高资金使用效益。目前全国性文化类公募基金情况详见表4－4。

表4－4 全国性文化类公募基金会情况

单位：万元

| 名　称 | 主管单位 | 成立时间 | 注册资金 | 捐助收入 | 其他收入 | 资产总额 | 资助项目 | 资助金额 |
|---|---|---|---|---|---|---|---|---|
| 中国孔子基金会 | 文化部 | 1984 | 800 | 0.5 | 237.9[①] | 3671.3 | 2 | 55 |
| 中国文学基金会 | 中国作协 | 1986 | 210 | 231.5 |  | 1870.6 | 3 | 238.4 |
| 中国艺术节基金会 | 文化部 | 1987 | 210 | 218.5 | 295 | 546.1 | 1 | 18.6 |
| 中国少数民族文化艺术基金会 | 文化部 | 1988 | 27.46 | 151.6 |  | 382.1 | 3 | 83.3 |
| 中国电影基金会 | 国家广电总局 | 1989 | 140 | 161.3 | 0.7 | 301.8 | 4 | 85.2 |
| 中国少年儿童文化艺术基金会 | 文化部 | 1991 | 210 | 3 |  | 302.87 | 0 |  |
| 中国国际文化交流基金会 | 文化部 | 1991 | 800 | 7.16 | 1.64 | 3748.4 | 3 | 33.5 |
| 中国京剧艺术基金会 | 文化部 | 1992 | 800 | 38.42 | 18.57 | 1668.8 | 1 | 1 |
| 中国文物保护基金会 | 国家文物局 | 1992 | 236 | 8.8 | 8 | 248.3 | 0 |  |
| 中华社会文化发展基金会 | 文化部 | 1993 | 340 | 144.5 | 4.5[②] | 437.9 | 3 | 100.4 |
| 中国文学艺术基金会 | 中国文联 | 1994 | 210 | 283 | 103.7 | 798.6 | 4 | 304.3 |
| 中国交响乐发展基金会 | 文化部 | 1997 | 218 | 90 |  | 170.39 | 4 | 112.5 |
| 总　计 |  |  | 4201.5 | 1337.8 | 669 | 14147 | 28 | 1032.2 |

①其中政府补助190.07万元，投资收益47.83万元。
②此项为投资收益。
注：以上数据均为2005年年度数据。

财政部门发起设立的文化类政府基金主要有以下三种：

一是文化产业投资基金。2007年，为解决文化产业融资难的问题，财政部开始启动建立文化产业投资基金的研究和准备工作。2009年，《文化产业振兴规划》进一步明确要求，"设立中国文化产业投资基金，按照有关管理办法，由中央财政注资引导，吸收国有骨干文化企业、大型国有企业和金融机构认购。基金由专门机构进行管理，实行市场化运作，通过股权投资等方式，推动资源重组和结构调整，促进国家文化发展战略目标的实现"。经过深入调研和充分论证，商定以财政部、中银国际控股有限公司、中国国际电视总公司和深圳国际文化产业博览交易会有限公司作为联合发起人，依照《中华人民共和国合伙企业法》，采取国内外常用的有限合伙制股权基金的方式设立中国文化产业投资基金。基金规模暂定为200亿元人民币，拟分期募集，首期募集60亿元。2010年，国家发展和改革委员会批复同意开展设立中国文化产业投资基金的筹备工作。

中国文化产业投资基金是根据国务院《文化产业振兴规划》，由中央财政注资引导，吸收国有骨干文体企业、大型国有企业和金融机构认购设立的我国首只国家级文化产业投资基金。该基金主要投资新闻出版发行、广播电影电视、文化艺术、网络文化、文化休闲及其细分文化及相关行业等领域，以引导示范和带动社会资金投资文化产业，推动文化产业振兴和发展，加快文化产业发展成为我国国民经济的支柱性产业。[①]

设立中国文化产业投资基金，是应对我国文化产业发展中面临的市场活力不足、企业融资困难、投资渠道不畅等问题而实行的重要举措；同时也是中央财政创新支持方式，提高资金使用效益的一种新的尝试。这对发挥财政资金的引导示范作用、完善文化产业投融资机制、推动文化资源的整合和结构的调整、促进文化产业发展具有重要意义。

二是国家出版基金。中央财政设立国家出版基金对国家重大出版工程等项目给予补助。2010年安排7亿元资金用于支持相关项目建设。

三是国家文化发展基金，现在正在论证过程中，按照中央部署即将于"十二五"时期设立。

## （二）政策性金融支持

为巩固和深化部门与银行合作机制，金融机构积极开发适合文化产业的信贷产品，加大了信贷投放力度，积极创新文化产业授信模式，打造文化产业全产业链信贷融资体系，以充分发挥金融支持文化产业的促进作用，全面做好各项金融支持和服务工作，促进金融与文化产业协调发展。

---

① http：//www.mcprc.gov.cn/sjzz/whcys/cydt/201107/t20110707_128092.html.

2009年3月，文化部与中国进出口银行签订《关于扶持培育文化出口重点企业、重点项目的合作协议》，立足于中国文化产业发展现状，借助政策性金融机构的投融资优势，解决文化企业和文化项目的融资困难，并最终达成合作协议，即5年内将向文化企业提供不低于200亿元人民币或等值外汇信贷资金。2009年4月，商务部会同有关部门出台《关于金融支持文化出口的指导意见》，要求相关部门加强协调配合，积极搭建文化与金融合作平台，以支持中国文化企业"走出去"为重点，全面支持对外文化贸易的发展。

2010年1月，商务部、文化部、国家广电总局和新闻出版总署公布了《2009～2010年度国家文化出口重点企业目录》和《2009～2010年度国家文化出口重点项目目录》。2010年2月，商务部、中宣部、财政部、文化部、中国人民银行等十部门联合出台《关于进一步推进国家文化出口重点企业和重点项目相关工作的指导意见》，旨在培育和发展一批实力雄厚的外向型大型文化企业，使之成为国际文化市场竞争主体和文化出口的主导力量。该《意见》同时指出，要创造公平的市场环境和良好的政策法制环境，鼓励、支持和引导各种所有制文化企业开拓国际市场。同年，财政部会同中国人民银行、中宣部、文化部、国家广电总局、新闻出版总署、银监会、证监会和保监会等九部门联合发布了《关于金融支持文化产业振兴和发展繁荣的指导意见》，这是金融支持文化产业发展繁荣的第一个宏观政策指导文件，其中规定，"中央和地方财政可通过文化产业发展专项资金等，对符合条件的文化企业，给予贷款贴息和保费补贴"。目前，财政部门主要采取将贴息资金支拨付给受益企业或者拨付给贷款银行由其以政策性优惠利率向企业提供贷款，另外，还积极支持探索文化产业资产托管、投资理财、支付结算等配套金融服务。

（三）证券基金

目前，证券基金参与文化建设的途径主要有两条：

一是利用多层次资本市场，推动优质文化企业利用公开发行股票上市融资，扩大文化产业直接融资规模。同时，支持文化企业通过债券市场融资，引导文化企业综合利用期权、期货等多形式金融衍生品。如对进入主板、创业板上市融资或发行债券的文化创意企业予以支持，通过文化创业私募、风投、版权信托融资、融资租赁等融资方式支持企业获得更多资金。

二是推动文化产业保险市场建设，创新文化产业保险产品和服务方式，加强对重点文化产权交易所的指导，探索完善文化类无形资产确权、评估、质押、流转体系，为文化企业提供专业化、综合性的投融资服务。另外，不断探索创新文化产业担保方式，建立多层次文化企业投融资风险分担和补偿机制。

## 二 存在的问题

### 1. 从文化产业的宏观角度看，文化发展的投融资机制亟须完善

目前，相关文化投融资资产评估机制、风险控制机制以及信息传递机制不健全，没有彻底解决源于文化产业本质特征的融资支持难点。文化产品和服务的形态特殊、多为无形资产，资产评估难度大，风险不易控制、还款来源不明晰等问题严重影响着文化产业的融资。另外，金融服务创新产品不多。银行提供的金融服务主要还是担保、有形资产抵押等形式，对信托、融资租赁等方式鲜有尝试，在无形资产质押贷款以及其他配套金融服务方面的政策不够，在综合运用信贷、股票、债券、私募基金等手段支持中华文化"走出去"方面还有很长的路要走。最后，各地财政部门的文化产业基金大都处于资金募集阶段，成功的案例不多，可借鉴经验少，尚未对文化发展形成有力支持。

### 2. 从文化企业的微观角度看，文化企业投融资的难度较大

首先，我国文化企业多是中小型企业，未全面建立规范的财务核算和监督体系，盈利模式不固定，不良贷款率较高，影响了银行放款的积极性。其次是上市融资困难。我国现行的上市条件中的企业规模、盈利记录与融资的额度和净资产规模挂钩。文化企业受到企业规模、盈利状况的限制以及审批周期和结果不确定性的影响，难以通过上市获得发展所需资金。最后，文化企业之间贷款结构不均衡。大型文化企业容易融资，中小文化企业融资却困难得多。

## 第五节 本章小结

自进入21世纪以来，中国支持文化发展的政策推陈出新、力度较大，从不断满足人民群众日益增长的精神文化需要、将文化产业提升为国家战略、推动文化大发展大繁荣到鼓励中华文化"走出去"、提升国家"软实力"等一系

列政策的颁布与实施，使文化体制改革不断深化，文化事业与文化产业得到全面快速发展，中华文化"走出去"的步伐越来越快。本章首先厘清了我国当前文化发展的相关政策，为下一步分析提供了宏观层面的政策依据。

第一，加大对文化机构的财政投入，是支持中华文化"走出去"最主要的财政政策手段，也是文化产业健康持续发展的基本条件。本章从财政投入的规模、财政投入的结构和财政投入的方式等方面进行了分析。财政投入的重点从政府、企业和民间三个层面分别进行了分析；支持中华文化"走出去"的财政投入政策主要有专项资金、出口补贴、以奖代补和出口奖励等形式。

第二，税收是国家经济制度的重要组成部分，其优惠政策有利于鼓励和支持文化企业参与国际竞争，推动我国文化产品和服务更多地进入国际市场。本章首先从优惠政策的支持方向进行分析：一是加快当前文化体制改革，培养合格市场主体；二是壮大企业实力，鼓励生产和提供符合市场规律的优效文化产品和服务；三是加大文化产品和服务的出口，不断增强中华文化的影响力。其次，从优惠税种分析，分别对增值税、营业税、关税和所得税等税收政策进行比较梳理。

第三，我国文化金融已初步形成包括政府文化产业基金、政策性银行支持、商业贷款和证券基金市场在内的多元化的融资渠道。本章从政府性投资基金、政策性金融支持和证券基金等角度进行了分析，不断创新文化产业担保方式，构建多层次文化企业投融资风险分担和补偿机制。

# 第五章
# 国外支持文化"走出去"的财政政策比较

## 第一节 美国

美国是全球文化产业头号强国,美国文化以其独特的魅力、巨大的市场价值,在世界经济体系中占据着重要的地位。美国拥有 1500 多家日报,8000 多家周报,1.22 万种杂志,1965 家电台,1440 家电视台。文化产业约占全国 GDP 的 10%,拥有全世界 56% 的广播和有线电视收入,85% 的收费电视收入,55% 的票房收入。支撑美国经济大厦的顶梁柱不是传统的农业,也不是传统的工业,而是以知识经济和文化产业为核心的第三产业,美国第三产业已经占到其 GDP 的 70% 左右。[①] 美国文化产业不仅是国民经济的支柱产业,同时也对美国经济主导全球起到了关键作用,并成为美国左右国际军事政治的重要软实力。美国文化繁荣不仅与完善的市场机制、多元化的投资渠道、巨大的消费市场密切相关,还通过融合先进科技,加上鼓励文化创新的环境,使美国文化保持强势地位。美国的市场体系发育完全,崇尚市场自由竞争,美国政府对文化的支持是在坚持自由竞争的市场原则下有选择地进行的。总体而言,美国对文化发展的财政支持主要表现在对某些非营利性机构和文化基础设施提供资金直接支持,以及对营利性机构进行间接支持,如提供优惠的财税政策,引导和鼓励私人企业对文化产业进行投资等。

---

① 张晓明等:《中国文化产业发展报告》,社会科学文献出版社,2011 年。

## 一 美国文化"走出去"现状

### （一）政府宏观层面

美国未设文化部，联邦政府依靠总统人文艺术委员会、国家艺术基金会、国家人文基金会、图书馆博物馆事业机构四大部门，主要通过拨款、评奖、协调等手段为美国国内文化事业服务。国家艺术基金会的主要人事任命采取总统与国会双重任命方式。基金会的主席和部门首席执行官均由总统提名，经国会批准总统任命，任期四年。美国是世界上移民最多的国家，文化的多样性、复杂性和差异性很大。美国文化强调个人价值的实现，追求自由民主和个性化，崇尚个人奋斗，普世观色彩浓厚。美国政府除了从法制层面构建市场体系之外，更多的是利用其文化产品和艺术活动向全世界推行美国价值观，尤其是通过传播媒介进行文化推广。

**1. 加大对外文化宣传，在全世界范围内推行美国价值观，支持对外文化"侵略"**

1948年，美国制定了《史密斯－曼特法案》，即《信息与教育交流法》，授权美国政府在全球范围内开展所谓的公共外交。通过广播等传播媒介、出版文字印刷品、教育文化和技术交流以及面对面接触等方式，向境外的受众传播美国文化及其价值观，以对抗苏联和国际共产主义组织的宣传。本法案还规定，用于对外宣传的内容不得在美国国内使用，后来修改为美国外宣材料在使用12年之后允许在美国国内传播。美国政府还专门设立美国新闻署负责对外宣传的统筹管理，并立法禁止对外宣传的内容向国内听众传播。这充分表明美国政府对内信奉文化思想自由，但对外却十分重视其官方宣传活动。

美国新闻署成立于1953年，直属白宫管辖，署长由总统任命。下辖美国之音广播电台、自由欧洲电台、自由亚洲电台、拉美自由广播电台等单位，雇员最多时达到1万多人，活跃在世界的各个角落，每年开支达20亿美元，全部由美国国会拨款。美国新闻署的宗旨有四个方面：一是宣传美国外交政策，树立美国正面形象；二是开展文化外交，宣传美国的价值观，对外国思想文化施加影响；三是促进美国公民及民间机构与外国的交往；四是了解外国的思想文化情况及其对美国政策的反映，及时向总统和政府决策机构汇报。根据1998年出台的《外交改革与重组法案》，美国新闻署于1999年被撤销，其信息和对外交流部门并入美国国务院，设立教育文化事务局和国际信息项目局，专门负责美国对外教育交流和文化艺术交流活动；其广播系统划归美国广播理事会管理。美国广播理事会通过下辖的美国之音、自由欧洲电台、自由亚洲电台等，继续使用近50种语言负责对外广播。2011年美国广播理事会的财政预算为7.47亿美元。

据20世纪80年代的统计，美国新闻署在128个国家设立了211个新闻处和2000个宣传活动点，在83个国家建立了图书馆，控制着世界75%的电视节目和60%以上的广播节目的生产与制作，每年向外国发行的电视节目总量达到30万小时。1984年11月15日，美国新闻署开通全球电视网，以扩大美国对外宣传力度，在美国驻各国使馆内建立的卫星电视接收站达150多个，由于采用了全球通讯卫星技术手段，这个网络可供美国政府领导人直接向其他国家发表讲话，通过直播美国政府领导人的电视讲话等形式，宣传美国的正面形象，对世界舆论施加影响。美国之音是影响广泛的美国宣传媒介，于1999年划归联邦政府的独立机构广播理事会领导。自1942年成立以来，美国之音一直是美国联邦政府最为重要的外宣机构之一。美国之音与世界范围内1200家电台和电视台签署了协议，每天向美国境外进行44种语言的电台、电视和网络广播，每周播出的新闻时长达1500个小时，全球听众约有1.23亿人。按照美国之音的说法，向境外广播的目的是要促进其他国家的"民主和自由"。

2. 其他政府间文化推广活动

在文化推广方面，美国新闻署制定了美国文化"走出去"战略，如1993年推出的"艺术大使"项目，组织美国钢琴家到国外举办音乐会，扩大美国影响力；还实施了"外国领袖计划"，后更名为"国际访问者计划"，根据该计划的安排，来自其他国家的10万名精英访问了美国，其中200多人后来成为各国的元首或政府首脑。

(二) 企业及组织的微观层面

美国文化产业主要包括图书报刊业、影视业、音乐唱片业、文化艺术业、网络文化业、广告产业等，其中，除美国文化艺术组织属于非营利性机构外，其他文化组织大部分是参与市场竞争的营利性机构。据美国人艺术协会（Americans For the Art）的统计，2009年，美国全国范围内非营利性的艺术和文化产业对美国经济的年均贡献达到1662亿美元，提供了570万个就业机会，给联邦政府、州政府和地方政府分别带来了 126 亿美元、91 亿美元和 79 亿美元的税收收入。对于营利性的文化产业而言，每年产值占美国 GDP 的比重达 20%，为美国提供了近 2000 万个就业机会。

1. 广播影视

广播影视是最能代表美国文化"走出去"的产品，美国视听产品是仅次于航空产品的第二大类重要的出口商品。目前，美国有 1965 家电台，1440 家电视台，在好莱坞聚集着全世界最大的电影制作公司群体，全球 150 多个国家和地区可以看到美国电影，拥有全世界 56% 的广播和有线电视收入，85% 的收费电视收入，55% 的票房收入。统计资料显示，一天当中，美国人（12 岁以上）花在各类媒体上的时间比例分别为：广播 44%，电视 41%，报纸 10%，杂志 5%。广播仍然是美国人使用最多的媒体，广播业总收入超过 200 亿美元。商业电视是美国电视产业的重心，美国三大传统电视网 NBC、CBS、ABC 在美国电视市场中长期占据主导地位，与后来兴起的 FOX、UPN、WB 等一起构成美国商业电视主体。另外，美国电影市场主要被好莱坞大公司垄断，2004 年美国全年制作电影 611 部，最终发行 483 部，全球观众达 96 亿人次，全球票房收入 252.4 亿美元，其中，海外市场票房收入 157 亿美元，远超过 95.4 亿美元的国内票房收入。以欧洲为例，欧洲大陆一半以上的影视节目市场为美国所垄断，好莱坞影片占据欧洲市场的份额超过 80%，而进入美国市场的欧洲视听产品仅占美国市场的 2%。1992 年，美国视听产品对欧洲的出口额为 36 亿美元，而从欧洲进口的数额仅为 2.9 亿美元，两者比例为 12∶1。以法国为例，20 世纪 70 年代，美国影片在法国的占有率是 37%，80 年代达到 57%，90 年代后超过 60%，带有美国价值观的美国电影充斥着世界。

2. 出版行业

美国图书出版业自 1963 年起经历了大幅增长，年图书销售额从 1963 年的 16.8 亿美元增至 2007 年的 308 亿美元。目前，美国有 2000 多家图书出版公司，图书出版从业人员在 9 万人左右。美国出版行业垄断特征明显，排名前 10 位的公司占美国年出版收入的一半以上。

美国是世界上报业最发达的国家，拥有 1500 多家日报，8000 多家周报，报业年度收入超过 500 亿美元。美国报业集团控制着美国报业，甘尼特公司、奈特—里德公司、论坛报公司等报业集团都曾是过去或现在的报业翘楚。在美国，报业总收入占整个印刷业总收入的40%，是印刷业利润最高的行业。就广告而言，2003年报纸广告收入达441亿美元，超过当年421亿美元的电视广告收入。尽管报纸发行量日益萎缩，当前美国报业兼并重组力度较大，但是报业的投资利润率依然较高。

美国杂志十分重视品牌延伸收入，创刊于1923年3月的《时代》杂志是美国乃至全球最具影响力的新闻时政类杂志之一，其年度新闻人物评选已经成为美国文化的重要组成部分。不过美国杂志的种类近年来已呈现下滑趋势。美国杂志种类情况详见表5-1。

表5-1 美国杂志种类变化情况

单位：种

| 年度 | 1997 | 1998 | 1999 | 2000 | 2001 | 2002 | 2003 | 2004 | 2010 |
|------|------|------|------|------|------|------|------|------|------|
| 种类 | 18047 | 18606 | 17970 | 17815 | 17694 | 17321 | 17254 | 18821 | 12200 |

3. 网络文化产业

美国文化产业长期在世界范围内保持"龙头老大"地位的一个重要原因是把文化产业与信息技术、网络技术的发展有机地联系了起来。美国是世界上最早建立和使用计算机网络的国家，凭借信息高速公路进入网络经济时代，随着国家信息高速公路、全球信息基础设施等工程相继建成，进一步巩固了世界头号超级大国的强势地位并继续对其他国家施加影响。20世纪90年代初，克林顿总统提出"信息高速公路"战略，计划用20年投资4000亿～5000亿美元建成由通信网络、数据库及电子产品组成的网络，为用户提供大量的、统一标准的信息服务。2003年，布什政府拿出600亿美元作为推动宽带网发展和应用的引导资金，直接带动了电子商务及企业信息化工程。网络文化产业是文化内容产业中最具发展潜力的部门，目前，美国的数字内容产业年产值高达7000亿美元，网络文化产品的出口额占出口总额的13%以上。迄今为止，美国的网络游戏、动漫产品以及其他新兴文化业态等依然是全球的风向标。

二 财政政策分析

在当今世界，美国的文化竞争力是首屈一指的。文化产业"走出去"不但为美国带来了巨大的经济效益，而且成为美国在全世界推行其价值观和国家影响力的最重要载体。美国文化产业的巨大影响力与联邦政府和各州政府在政策、资金上的支持是密不可分的。总体而言，美国政府对文化发展支持比较准确的概括是"有所为、有所不为"。美国政府明确地区分了营利性文化产业与非营利性文化组织机构，前者完全交给市场进行优胜劣汰，政府既不参与经营也不分享其收益，这是政府"不作为"的领域。非营利性机构承担着市场经济环境下许多不可或缺的社会教育职能，但无法完全依靠自己的力量生存和发展，政府通过财政资助或税收优惠等对其进行支持，这是政府"有所作为"的领域。美国政府通过总统人文艺术委员会、国家艺术基金会、国家人文基金会、图书馆博物馆事业机构四大部门，通过拨款、评奖、协调等手段为美国非营利性文化机构服务。

## （一）财政投入政策

### 1. 美国联邦政府资金支持情况

美国联邦政府对主要的文化机构，包括总统人文艺术委员会、国家艺术基金会、国家人文基金会、图书馆博物馆事业机构，每年直接资助2.5亿美元。联邦政府对其他单位，如史密斯学会、肯尼迪中心、公共广播有限公司等每年的财政资金支持大约在8亿美元。美国之音经费每年在2亿美元左右，2010年的财政预算超过2亿美元。另外，联邦政府还对国防部下属的军乐队、军事基地的艺术设施以及驻外使馆文化事务支出给予资助。总体而言，美国联邦政府每年对文化发展的直接财政资金支持保守估计超过20亿美元。[1]

### 2. 地方政府财政支持情况

美国联邦政府通过国家艺术与人文基金会每年向地方政府的文化艺术理事会提供拨款的同时，要求地方政府拿出相应的配套资金支持各地文化艺术事业的发展。

一是州文化机构支持情况。除了联邦政府的资金支持，美国50个州和6个行政区都设有州级文化艺术机构，负责对非营利性文化机构进行财政支持。州级文化拨款的资助对象与国家艺术基金的资助对象存在互补性，州级资助项目倾向于规模较小的地方组织和名不见经传的年轻艺术家，同时向社区团体进行资金倾

---

[1] 陈志楣、冯梅、郭毅：《中国文化产业发展的财政支持研究》，经济科学出版社，2008。

斜。州级文化拨款尽管具有灵活性的特点，但是拨款来源于州财政收入，与各州的税收收入联系密切。如果经济不景气，就存在降低艺术预算的可能。

二是地方艺术机构支持情况。地方文化部门的主要任务是组织和支持文化艺术活动、管理艺术作品、向社区市民展示文化的多样性等。美国估计有4000个不同规模的社区地方文化艺术机构，服务于美国80%的社区，每年行政经费超过7亿美元。地方直接拨款、地方经营特许权税[1]和建筑投资基金每年为地方文化艺术提供大量的资助。与联邦政府政府事业性拨款资助不同的是，州政府及地方政府是通过支持非营利性文化机构的正常运营费用如管理费用等形式进行补助的。

### （二）税收优惠政策

美国联邦税收法规定，对非营利性美国文化艺术团体和机构以及公共电视台、广播电台免征所得税，并对以促进文化、教育、科学、宗教、慈善事业发展为目的的非营利性社会团体和文化机构免征赋税。按照税法规定，美国的文化艺术团体可根据自愿原则，选择登记为营利性或非营利性文化机构。但是，非营利性文化艺术团体也必须走市场化道路，需要通过高水平的文化艺术品产品和服务占领市场。非营利性文化机构的宗旨是为社会公益事业服务，除基本运营费用外，其收入不得为个人所有，只得用于与自身宗旨有关的业务，否则取消非营利性机构的资格。具体的税收优惠政策有：

一是捐赠免税政策。美国税收法规鼓励捐赠行为，凡是向非营利性文化艺术团体机构捐赠的公司、企业和个人，其赞助款可免交所得税，以鼓励社会力量支持美国文化艺术事业的发展。美国政府在20世纪70年代推出了著名的"501－C－3"条款，通过减免财产税和销售税的优惠政策，为文化艺术的发展汇聚了源源不断的资金。美国税法规定，基金会每年用于符合其宗旨的捐赠款项不得低于其当年收入的5%。根据不同的纳税类型，个人向非营利性机构捐赠1美元可获得28%~40%的减免。同时，美国征收遗产税激励了富人对文化机构的捐赠动机。根据当前美国的法律，不超过70万美元的遗产是不用纳税的，如果遗产超过了这个数额，就要征收37%的遗产税，如果超过300万美元，税率将达到55%。因此，美国有大量的慈善机构和基金会以及公司、团体和个人都积

---

[1] 地方经营特许权税，主要包括旅馆经营税、财产税、营业税、文化娱乐税等。

极资助文化艺术项目。据统计，2003年美国对"艺术、文化和人文"类的捐赠为122亿美元，人均42美元左右，其中个人捐赠占50%，基金会占33%，公司占17%。美国基金会资产约4000亿美元，其中最大的25家基金会占向艺术事业捐款总额的40%，其余由许多小型基金会提供，另外还有家族基金和遗产基金等。

二是流转税优惠政策。首先，美国联邦政府对出版物不征收商品销售税，对出口图书免征增值税和营业税（先征后返）；对进口图书免征进口税。其次，美国政府对出版物的邮寄费用给予60%的减免。再次，为扶持知识产权行业的发展，美国政府对美国的软件企业实行"永久性研发税优惠"政策。按照有关规定，美国公司的研究性支出可享受高达20%的税收优惠。另外，政府为国家级艺术项目建立"信托基金"，即每年从联邦政府征收的烟、酒等消费品税的一部分存入"信托基金"；从旅馆经营税、财产税、营业税和文化娱乐税等地方经营特许权税中抽取一定比例支持文化事业发展。最后，文化艺术机构可以通过城市改造更新名义获得地方税收优惠，如将旧的建筑物改建为艺术室等。

三是对营利性文化产业的税收优惠政策。美国政府对参与市场竞争的产业领域很少给予特殊的税收优惠或财政资金支持，但是，一些地方政府却根据各地实际情况实行了一些有差别的优惠政策。以纽约市为例，文化企业可以通过市经济发展公司获得低息或无息贷款。1997年纽约市通过法律对百老汇营利性剧目生产和演出过程中发生的有形物质和服务消费免除约4%的消费税，1999年纽约州政府又通过法律免除上述消费约4.25%的消费税，总计免除8.25%的消费税。

（三）政府基金支持

在当代西方国家，美国是实行国家艺术理事会制的代表性国家，采取单一国家文化基金管理模式。1965年，《国家艺术及人文事业基金法》在美国通过，美国依法创立了致力于艺术与人文事业发展的机构——国家艺术基金会与国家人文基金会。该法同时要求美国每年拿出一定比例的资金投入到文化领域，从资金方面支持美国文化的发展。从此之后，美国的文化发展如虎添翼，进入了黄金发展期。国家艺术基金会资助的项目涵盖美国的艺术社团、舞蹈、设计、传统艺术、文学、音乐、表演、绘画、视觉艺术等方面，同时鼓励和促进美国文化产品进入国际市场。20世纪80年代至90年代，国会每年向国家艺术基金会拨款1.6亿至1.8亿美元，1996年后减少到1亿美元，从2004年开始增加拨款，2008年达到1.4亿美元，2009年达到1.5亿美元以上。从1965年至2008年，国家艺术基金会提供的各种资助超过了12.8万项，资助总额达到40多亿美元，是美国文化艺术方面最大的资助者。

美国国家艺术基金采取了具有巨大乘数效应的配套拨款制度，这主要得益于美国的税收政策。美国法律有明确的税收优惠政策鼓励向艺术事业捐赠。纳税人向免税的非营利性机构提供任何形式的捐赠，均可减少纳税额。[①]

## 第二节　法国

几百年来，法国一直都是欧洲乃至全世界的文化中心之一，其在文学、绘画、戏剧、建筑、电影等方面的艺术成就蜚声世界。法国是世界上最早进行文化立法的国家，尤其注重弘扬其民族文化，维护民族文化安全。长期以来，法国历任执政者遵循"文化是立国之本"的原则，形成了一系列独具特色的文化政策，进一步推动了法国文化事业的蓬勃发展。

### 一　法国文化"走出去"现状

#### （一）政府宏观层面

为加强对全国文化事业的管理，法国政府1959年颁布法令，将原设于教育部和工业部内的文化和电影主管部门抽出，合并组成新的文化部，以促进艺术创新和戏剧、音乐及文化遗产保护等事业的发展。从1969年起，法国文化部开始在各大区设立文化事务局，以监督地方政府落实国家文化政策法令，促进地方各项文化事业的发展。1982年，法国议会通过了有关地方分权的法律，要求中央政府采取相应的文化分散政策，将兴办文化事业的权利和义务下放到地方政府，以促进全国文化设施的合理布局和财政资金的合理配置，扩大地方政府在文化事业方面的参与度，增强其兴办文化事业的积极性，并由此带动地

---

① 根据不同情况，每向非营利性机构捐赠1美元，每1美元收入可减少28~40美分的税。从经济学角度，捐赠的"价格弹性"为 -1.4 ~ -0.9，也就是说，美国财政部每减少1美元的税收收入，私营部门的非营利性机构便得到90美分至1.4美元的捐赠。

方政府增加对文化事业的投入。

截至 2010 年，全国设有各类博物馆 1212 家，年接待观众 5600 万人次；设有各类纪念馆 100 余家（由国家纪念馆中心负责管理），年接待参观者近 900 万人次；著名的埃菲尔铁塔 2009 年接待观光者 650 万人次；此外，全国还有列入历史和古迹保护范围的建筑物和遗迹 43455 处，其中史前遗迹 2172 处。截至 2009 年，全国设有各类型档案馆 890 家，其中国家级 3 家，大区级 26 家，省级 101 家，市级 760 家；2009 年接待读者 22 万人次。截至 2008 年，全国共设有图书馆 4398 家，其中市级图书馆 4293 家，拥有各类藏品 1.12 亿册（件），拥有注册读者 590 万人；另设有省级外借图书馆 97 家，服务的小城镇达 17155 个。法国文化事业发展概况详见表 5-2。

表 5-2 法国文化事业发展概况

| 文化项目 | 现有数量 | 参观人数 | 备注 |
| --- | --- | --- | --- |
| 博物馆 | 1212 家 | 5600 万人次 | |
| 纪念馆 | 100 余家 | 900 万人次 | |
| 历史古迹和建筑遗迹 | 43455 处 | | 其中史前遗迹 2172 处；埃菲尔铁塔 2009 年接待观光者 650 万人次 |
| 档案馆 | 890 家 | 22 万人次 | 国家级 3 家、大区级 26 家、省级 101 家、市级 760 家 |
| 图书馆 | 4398 家 | 注册读者 590 万人 | 市级图书馆 4293 家，省级外借图书馆 97 家 |
| 国家级剧院和剧场 | 74 家 | 观众 266.8 万人次 | |
| 国家和地区戏剧中心 | 39 家 | 演出 8184 场，观众 120.8 万人次 | |
| 音像录音制品 | 1.41 亿张 | | 零售收入 14 亿欧元，音乐作品版权费 7.62 亿欧元 |
| 电影院 | 2068 家，座位 107.8 万个 | 2 亿人次 | 电影投资额 11 亿欧元，票房收入 12 亿欧元 |
| 出版社 | 224 家 | | 出版图书 74788 种，销售图书 4.65 亿册，销售金额 28 亿欧元 |
| 艺术和文化高等教育 | 124 所 | 在校生 34176 人 | 由文化部主管的教育机构 |

注：以 2009 年数据为基础。

总体而言，法国政府在支持本国文化"走出去"方面主要有以下特点：

1. 利用"文化例外"原则维护本国文化产业利益，支持本国文化"走出去"

20世纪90年代，以法国为代表的欧盟同美国针对开放欧洲文化产品市场尤其是影视市场进行了艰苦的乌拉圭回合贸易谈判。法国于1993年提出了"文化例外"原则，这项决议主张文化产品与服务不能等同于其他工业产品和服务产品，所有属于精神文化的产品应当置于世界贸易谈判范围之外。法国总统希拉克在2001年联合国教科文组织大会上将"文化例外"的提法改为"文化多样性"原则。他认为，"应对文化全球化，就是要提倡文化多样性。这种多样性是建立在每个民族都应在世界上发出自己独特声音的基础之上的，即每个民族能够以它自身的魅力和真理充实人类的财富"。

文化多样性是法国文化外交的核心，法国反对将文化产品等同于一般自由流通的商品，对本国文化产品实行补贴，对外来文化产品加以限制，从而有效保护本国文化安全。法国对本土文化的保护和支持，为保持和弘扬法兰西民族历史悠久的文化特性创造了良好的环境，进一步支持了本国文化产品"走出去"，使法国在国际上一直保持文化大国的地位。

2. 通过文化立法保护本国文化安全

法国历届政府非常重视通过文化立法保护本国文化安全。如《视听产品保护法》规定，全法国1300多家电台在每天早上6：30至晚上10：30之间的音乐节目时段所播放的音乐歌曲中，法语节目不得低于40%，所有的广播电视节目中有关欧洲的内容不得低于60%，各电视台每年播放法语影片的比重不低于40%。违法者将处以巨额罚款，所罚款项用于资助民族文化作品的创作。1985年，政府出台了相关政策，硬性规定各电视台必须按比例出资拍摄并播放国产电视。另外，法国文化部2001年颁布了扶持法语原创剧本的政策，各级政府将大幅度增加对创作法语剧本的年轻作家的扶持力度。《电影工业法》对影视作品登记制度、电影票房税制度、电影出口国家担保制度、对接受补贴机构的监督制度等作出了详细的规定。法国政府十分重视捍卫法语的纯洁性并竭力维护法语在国际上的地位,《杜蓬法》规定,在法国境内举行的各种会议上,法国代表必须使用法语作大会发言,国际会议上必须有法语的同声翻译等。

3. 成立法语联盟,在全球范围内推广法语

法国政府十分注重在全球推广法语,以支持法国文化"走出去"。早在1884年,法国成立了以在海外教授法语为使命的"法语联盟",目前在全球170个国家建立了教学机构,拥有90万名法语教师,8000万名学员。"法语联盟"不仅推广了法语教学,而且扩大了法兰西文化在全世界的影响,这在很大程度上提升了法国在国际舞台上的政治文化软实力。

(二)企业及组织的微观层面

1. 娱乐演出业

截至2009年,法国共有国家级剧院5家,2009年演出1404场,观众71.6万人次;共有国家和地区戏剧中心39家,2009年演出8184场(其中包括巡回演出3117场),观众120.8万人次;设有国家级剧场69家,2009年接待观众195.2万人次。另外,巴黎的一些私人歌舞剧院当年演出1.92万场,观众320万人次。2009年巴黎国家歌剧院演出464场,观众80.4万人次;巴黎滑稽剧院演出84场,观众6.1万人次;法国管弦乐协会所属的23家乐队演出音乐会2000场;19家国家级舞蹈中心演出1200场,观众60.9万人次。

2. 广播影视业

截至2009年,全国共有电影院2068家,座位107.8万个;2009年电影业投资额为11亿欧元(其中81%系国内投资);共拍摄长篇电影230部(其中主要由法国合伙人资助摄制的电影182部);全年首次上演的长篇电影588部(其中268部为法国片,165部为美国片),观众达2亿人次,票房收入12亿欧元。

3. 出版发行业

截至2009年,全国共有出版社224家,当年出版图书74788种(其中新版38445种,再版36343种),印制6.093亿册(其中新版3.705亿册,再版2.388亿册),出版社销售图书4.65亿册,销售金额达28亿欧元。在音像及

录音制品发行方面，2009年，由出版社销售的音乐录音光盘制品5600万张，销售收入5.12亿欧元；当年全国零售商共销售音像录音制品1.41亿张（其中电影光盘占47%），零售收入14亿欧元；2009年，由法国音乐版权协会（Sacem）收取的音乐作品版权使用费达7.62亿欧元。其中，广播和电视行业占35.5%，音像制品行业占20%，现场表演占17.7%，公共场所播音系统占14.4%，电影业占2.1%，国外授权许可占10.2%。

## 二 财政政策分析

### （一）财政投入政策

从财政投入规模看，在1981~1993年密特朗任总统期间，法国文化事业获得了较快发展。密特朗总统先后批准了一系列重要文化设施的建设。近年来，法国中央政府加大了对文化领域的财政投入，根据议会通过的2011财年政府预算法案，当年文化部获得的财政拨款为42.50亿欧元，有关预算资金投入方向及数额详见表5-3、图5-1和图5-2。

表5-3 法国文化部年度预算比较

单位：万欧元

| 年度 | 1961 | 1970 | 1980 | 1985 | 1990 | 1995 | 2000 | 2004 | 2006 | 2011 |
|---|---|---|---|---|---|---|---|---|---|---|
| 预算 | 3900 | 8900 | 40500 | 130600 | 159800 | 206700 | 245200 | 263900 | 288600 | 425000 |

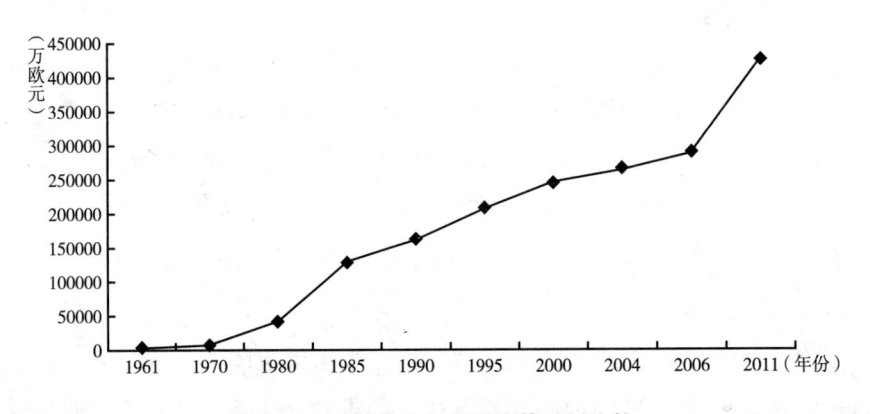

图5-1 法国文化部年度预算增长趋势

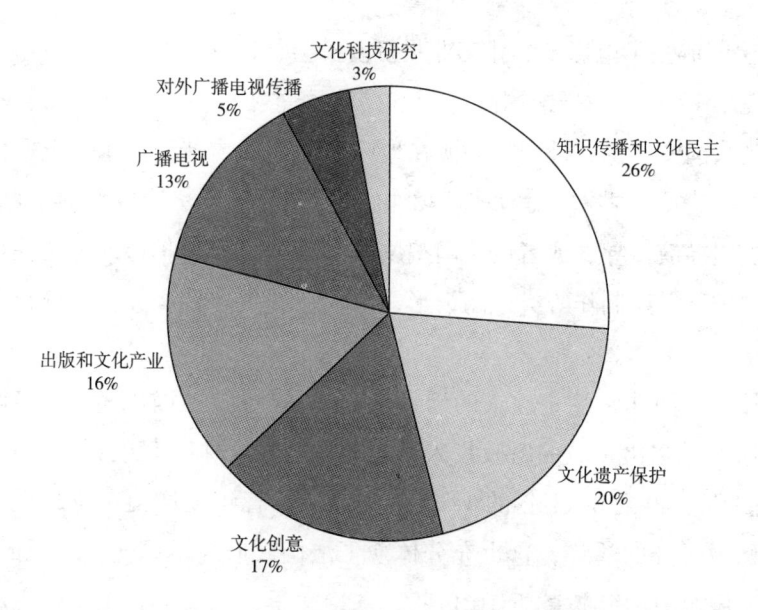

第五章 国外支持文化"走出去"的财政政策比较

图 5-2 法国文化部 2011 年资金投入领域比例

从财政投入体制看，法国财政部门对文化发展的支持体现在以下两个层次：一是在国家层面，中央政府通过对文化部的财政拨款，对位于首都和其他大城市的重要文化设施和重要文化活动给予资助。1981~1993 年间，时任总统密特朗先后批准了一系列重要文化设施的建设，如新凯旋门、巴士底歌剧院、大卢浮宫和国家图书馆等。1993 年，文化事业预算额从 1981 年的 26 亿法郎增加到 138 亿法郎，2006 年达到 28.86 亿欧元，约占国家预算总额的 1%。根据议会通过的 2011 年政府预算法案，文化部获得财政拨款 42.5 亿欧元。目前，全世界只有法国和韩国达到这个水平。二是在地方政府层面，各大区、省和市镇政府通过文化事业专项预算，对本地区一些重要的文化设施和文化活动提供财政支持。

从财政投入结构看，文化预算向艺术创作、遗产保护、艺术教育等重点领域倾斜。当前法国政府对文化事业的支持呈现出以下特点：一是加大对艺术创作的支持力度，如创建巴黎交响乐团等；二是划拨专项资金用于文化遗产的保护和利用；三是制订欧洲艺术教育计划，重视高等艺术教育；四是开展文化艺术的普及教育和文化设施的免费开放；五是加快出版行业改革；六是调整对电视机构的征税额度，加快数字影院建设。1983 年，法国政府出资

2800万法郎成立了电影及文化工业投资委员会，以支持文化和电影事业的发展。创建于1946年的戛纳国际电影节是法国重要的文化活动之一，戛纳电影节得到法国文化部、外交部和所在地政府的财政支持。法国对电影的补贴是建立在一定点数之上的，如果一部电影拍摄项目与法国或欧洲主题有关，或者由法国导演执导，或者由法国编剧提供剧本，或者拍摄地点在法国，或者在法国进行后期制作等类似的情形，则相应获得点数，并作为获得财政补贴的依据。

另外，法国非常注重政策的延续性和一贯性，在当前欧债危机背景下，仍不断加大对文化领域的财政投入，从2000年的24.5亿欧元到2006年的28.8亿欧元，再到2011年的42.5亿欧元，尽管年度增幅有所趋缓，但总体保持稳中有升的趋势，这也充分体现了法国政府对本国文化发展的重视。此外，法国政府每年拨款近10亿欧元支持文学、艺术、音乐、影视和媒体产业发展。

### （二）税收优惠政策

一是税率优惠政策。在法国，一般商品课税税率是19.6%，而文化产业的税率只有5.5%。

二是鼓励捐赠的税收优惠政策。通过制定减税等规章鼓励企业对文化发展的捐赠，这种做法在法文中叫mecenat。即凡是参与支持文化事业的企业可享受3%左右的税收优惠，企业对文化的赞助不仅可以冲抵企业税收，还可以提高企业的知名度，相当于企业的隐形广告。2003年法国颁布的《资助文化税制优惠》规定，对资助文化的企业家实施最多60%的税收优惠。因此，法国企业赞助文化事业的积极性较高，多年来一直高于对环保事业的赞助。许多法国大公司设有文化资助委员会，委员会由专业人才组成并负责审定资助项目，每个公司侧重点各有不同，如埃尔夫石油公司侧重音乐和造型艺术，法国航空公司重视支持有才华的艺术家，法国电力公司侧重于文化保护和考古工作等。

### （三）政府基金支持

法国实施政府主导型的文化管理，政府负责文化管理、投资等事务，但是20世纪末以来，法国政府也开始尝试一些新的文化投资方式，其中最具代表性的是电影与文化产业融资局（IFCIC）的成立。电影与文化产业融资局是由文化部与财政部于1983年共同发起的一个独立的融资机构，其目的是通过帮助文化企业获得银行贷款，从而推动法国文化产业的发展。

电影与文化产业融资局开创阶段的资本金主要由两个部分构成，第一部分资金是来自政府委托 OSEO 和 Caisse des Dépôts et 集团的出资，占到资本金的49%；第二部分资金来自大约20家商业银行或贷款机构，占到资本金的51%。电影与文化产业融资局的资产只有1250万法郎（折合190万欧元），但是，它旗下掌管着总额为6000万法郎（折合920万欧元）的担保基金，其中包括国家电影中心提供的电影以及视听艺术担保基金，文化部提供的文化产业基金以及新闻出版担保基金，这些基金使其能够担保的贷款总额现已达到4000万欧元。电影与文化产业融资局的担保基金只针对贷款银行，其担保的额度一般在贷款总额的50%~70%，也就是说，如果担保贷款出现问题，担保基金将承担一半以上的损失。

## 第三节 英国

### 一 英国文化"走出去"现状

#### （一）政府宏观层面

英国对本国文化的管理实行"一臂之距"政策，以法律为主，政策为辅。英国文化政策不是由政府制定，而是由法律创立的独立管理机构或者非政府机构制定。在政府和文化企业之间设立"半官方"的部门和中介机构，由这些机构负责向政府提供政策建议和决策咨询，并接受政府授权，对文化项目做出评估、制订方案并全程监督项目实施。[1] 英国先后出台了《关于刺激企业赞助艺术的计划》（1984）、《文化赞助税制》《共同赞助法》《国家彩票法》（1994），以通过间接手段支持本国文化"走出去"。英国政府鼓励媒体之间的自由竞争，只有在利益驱动不能保证服务质量的情况下才予以干预。政府对媒体的干预，遵循最低限度干预原则，目的在于保证媒体报道内容的公正性和来源的多样性。

---

[1] 方彦福：《文化管理引论》，福建教育出版社，2010。

另外，英国还制定了一系列行业法规，如《1985年电影院法》、由英国电影理事会（UKFC）主导制定的《2007~2010年出口发展策略》等，以支持英国电影"走出去"。英国于1998年颁布《英国创意产业路径文件》，由英国文化、媒体和体育部门成立专门小组，由前首相布莱尔挂帅，提出把文化创意产业作为英国振兴经济的突破点。

### （二）企业及组织的微观层面

2003年，英国文化产业成为仅次于金融业的第二大产业。英国文化贸易的顺差状态明显，并且随着时间的推移，进出口额之间的差距越来越大。2010年，其文化创意业产值超过2000亿英镑，占英国GDP的比重超过10%。英国文化贸易情况详见表5-4。

表5-4 英国文化贸易进出口数据（1991~2006年）*

| 年份 | 进口额 金额（百万英镑） | 进口额 增长率（%） | 出口额 金额（百万英镑） | 出口额 增长率（%） | 进出口额 金额（百万英镑） | 进出口额 增长率（%） |
| --- | --- | --- | --- | --- | --- | --- |
| 1991 | 192 | — | 320 | — | 512 | — |
| 1992 | 193 | 0.5 | 424 | 32.5 | 617 | 20.5 |
| 1993 | 285 | 47.7 | 549 | 29.5 | 834 | 35.2 |
| 1994 | 386 | 35.4 | 571 | 4.0 | 957 | 14.7 |
| 1995 | 493 | 27.7 | 690 | 20.8 | 1183 | 23.6 |
| 1996 | 556 | 12.8 | 774 | 12.2 | 1330 | 12.4 |
| 1997 | 546 | -1.8 | 820 | 5.9 | 1366 | 2.7 |
| 1998 | 489 | -10.4 | 880 | 7.3 | 1369 | 0.2 |
| 1999 | 608 | 24.3 | 962 | 9.3 | 1570 | 14.7 |
| 2000 | 779 | 28.1 | 1305 | 35.7 | 2084 | 32.7 |
| 2001 | 724 | -7.1 | 1358 | 4.1 | 2082 | -0.1 |
| 2002 | 797 | 10.1 | 1601 | 17.9 | 2398 | 15.2 |
| 2003 | 855 | 7.3 | 1892 | 18.2 | 2747 | 14.6 |
| 2004 | 904 | 5.7 | 2145 | 13.4 | 3049 | 11.0 |
| 2005 | 851 | -5.9 | 2293 | 6.9 | 3144 | 3.1 |
| 2006 | 847 | -0.5 | 2450 | 6.8 | 3297 | 4.9 |

\* 李嘉珊：《国际文化贸易研究》，中国金融出版社，2008，第83页。

## 二 财政政策分析

### （一）财政投入政策

英格兰艺术委员会在英国政府的授权下，代表政府扶持本国文化发展。根据英国政府年度预算要求，英格兰艺术委员会制定出艺术机构和项目的预算并给予支持。欧洲各国的补贴体系不尽相同，相对法国而言，英国补贴比较少。从20世纪80年代开始，英国电影补贴急剧减少，但是英国电影企业每年还可以得到300万～500万英镑的补助。

### （二）税收优惠政策

2005年，英国首相戈登·布朗签署法令，出台了英国支持电影行业发展的税收制度，将小成本制作电影的税收减免额度提高到20%，为预算超过2000万英镑的高成本制作电影提供16%的税收减免。在税收优惠政策的激励下，英国迎来了投资拍摄电影的高潮。2007年，英国参与拍摄的电影达134部，独立制作的影片达到50部，其中包括哈利·波特系列第5集《哈利·波特与凤凰社》以及《谍影重重3》等。

### （三）政府基金支持

英国的"国家科学、技术与艺术基金"（NESTA）是目前西方发达国家彩票基金在文化领域最具代表性的应用基金。1997年，英国政府意识到创意和创新在国家发展中的重要作用，从彩票基金划拨2亿英镑组成"国家科学、技术与艺术基金"，从源头上扶持创意与创新活动。英国彩票基金由英国议会批准发行，并由《国家彩票法》予以规范，发行公司将大约占彩票销售资金28%的公益金支付给国家彩票分配基金，用于为艺术、体育、慈善、国家遗产和新健康、教育、环境等公益事业筹集资金。从最近几年的数据来看，用于艺术方面的公益金大约占到公益金总额的16.66%。

## 第四节 日本

日本称文化产业为"内容产业"。"内容"是指在各种不同媒介中流通的影像、音乐、游戏、书籍等，并通过动画、静止画、声音、文字、程序等表现要素构成的信息。日本的内容产业包括四大类：一是影像产业，包括电影、电视和动画等；二是音乐产业；三是游戏产业；四是出版产业，包括图书、报纸、绘画和教材等。目前，日本的内容产业仅次于美国，居世界第二位。

## 一 日本文化"走出去"现状

### （一）政府宏观层面

日本主管文化产业的部门有文部科学省及其文化厅、经济产业省、总务省、国土交通省以及地方政府相关部门。日本大型文化交流活动多依赖于企业、公司参与和资金赞助，而一些文化体育活动则依赖于大型媒体主办或协办。第二次世界大战失败后，日本政府开始认同自由开展文化艺术活动的体制，减少政府主观干预行为，并最终确定了政府对文化艺术活动进行间接援助、对具体事务不加干涉的"内容不干预"原则。文化厅的职责定位为："在鼓励和推动国民自发开展文化活动的同时，创造一切便利条件，以使所有国民都能享受到各种文化娱乐；此外，努力改进文化艺术活动中的不合理之处，采取一切必要措施振兴本国文化。"日本文化厅委托相关领域的专家或学者组成第三方独立评审机制，由其对政府支持的文化艺术活动做出分析和判断，供政府部门参考。

**1. 将文化发展提升为国家战略**

日本政府决策层认为，文化产业是一个高关联性产业，不仅关系到国民生活的幸福，还有利于增进外国对日本文化的理解，有利于塑造和传播日本的国家品牌，还可以带动其他产业的发展。日本政府于1996年正式提出了《21世纪文化立国方案》，将发展文化经济提升为国家战略。2003年1月，日本动画片《千与千寻》在国际影坛取得了巨大的成功，日本政府提出要善于发现本国文化产品的潜在力量。同年3月，日本政府成立了"知识财产战略本部"，首相任本部长，随后在战略本部下设"文化产业专业调查会"，以加强对文化产业的支持。文化产业专业调查会成员来自广播、电视、电影、音乐、漫画等文化产业界的创作人员，作为文化产业政策的积极拥护者，调查会成员从不同的专业角度，及时发现问题，研究并修订相关文化发展策略，制定切实可行的文化政策。

1995年7月，日本文化政策促进会在《新的文化立国目标——当前振兴文化的重点和对策》中提出了"文化立国"的战略。该报告明确提出将动漫产业作为日本对外输出的重要文化产品，并给予财政资金的支持。从此，日本的动漫产品遍布世界，影响力巨大，目前，日本动漫产品占世界动漫市场的比例已超过60%。1998年3月，文化政策促进会在《文化振兴基本设想——为了实现文化立国》报告中提出了振兴日本文化的六大课题，分别是：搞活艺术创造活动、继承和发展传统文化、振兴地域文化与生活文化、培育和保护文化传承人才建设、加强国际文化传播能力、加强有利于文化传播的基础设施建设。在日本财政的大力支持下，日本建立起大型的公益文化基地，实施了文化街区建设计划，构筑了文化信息综合系统等。

日本文化产业专业调查会指出，一要扩大海外商务活动，加强反盗版工作；二要提高日本品牌的地位，制定开拓海外市场的战略；三要为树立"卓越的日本"形象而努力等。在支持本国文化"走出去"方面，文化产业专业调查会认为，该战略的实施必将带动相关产业的极大发展和国民间的相互理解，同时要积极开展国际交流，必将获得海外对日本文化的尊重，提高日本的国际地位。

**2. 通过立法维护本国文化产业利益，支持本国文化"走出去"**

日本政府提出文化立国战略后，先后制定了《振兴文化艺术基本法》《内容产业促进法》《文化产业振兴法》《创造新产业战略》《信息技术基本法》《知识产权基本法》《著作权中介业务法》等一系列文化法律法规。2004年5月，日本国会批准通过了《关于促进创造、保护及应用文化产业的法律案》（统称《文化产业促进法》），这是一部既包括《信息技术基本法》和《文化艺术振兴法》的内容，又包括规范发展振兴电影、音乐、戏剧、诗歌、小说、戏曲、漫画、游戏产业在内的集大成的法律文献。法律文献规定，政府要积极向海外其他国家介绍日本的文化产业，向国内介绍海外市场，保护日本文化产业的知识产权。

**（二）企业及组织的微观层面**

目前，日本文化产业的总量为80万亿~90万亿日元，是日本国民经济的重要产业支柱。日本文化产业的国际影响力很大，日本国内主流观点是，漫画、动画和游戏是由日本创造出来的产业，是日本引以为荣的代表日本品牌的产业。据经济产业省的统计和预测，日本内容产业的国内市场接近饱和，国际市场有待继续开发。产业主体中96%为中小企业，且多聚集在产业下游。

日本的漫画、动画和游戏产业在世界范围内有广泛的影响。游戏机软件《布袋怪兽》在全世界售出1.2亿个，改编的动画片在68个国家和地区的电视台播出，改编的电影在48个国家和地区放映，单是电影一项就收入2.8亿美元。据统计，2003年，销往美国的日本动画片及相关产品的总收入为43.59亿美元，是当年日本出口到美国的钢铁总收入的4倍。全球的日本动漫迷们在电影和视频上的消费超过50亿美元，动漫衍生品市场高达180亿美元。

## 二 财政政策分析

### （一）财政投入政策

日本政府把发展文化产业作为经济社会发展战略的重要组成部分，紧扣文化产品项目发展的实际情况，通过财政资金的支持形成日本特有的拳头文化产品。日本政府提供政策支持，政府咨询和研究机构负责市场研究，联合提供专业的咨询报告，形成了良好的"官、产、学"相结合的文化发展模式。在这种模式的带动下，从20世纪90年代至今短短20年时间内，日本文化产业发展迅速，文化产品出口贸易仅次于汽车工业，切实提高了日本的国际影响力。

2001年11月，东京发布了《东京观光产业振兴计划》，并出资1.5亿日元举办了"新世纪东京国际动漫展览会"，旨在让日本动漫走向世界，加深其他国家对日本文化的了解。2005年，日本外务省利用政府开发援助项目中24亿日元的文化无偿援助资金，从动漫制作商手中购买了播放版权，无偿提供给发展中国家的电视台播放。这种行为不仅向海外推广了日本的动漫文化，还通过动漫这一载体大大提高了日本的国际地位。另外，日本经产省与文部省联手建立了民间的"内容产品海外流通促进机构"，并建立专项财政资金支持该机构在海外市场开展文化贸易与维权活动。

### （二）税收优惠政策

日本对于高收入的个人和高盈利的企业课税很重，但对日本文化产业而言，却给予"研究投资和科学技术投资"相关的优惠政策。对于公益性文化事业而言，给予"文化投资特别经费"的优惠政策。另外，为鼓励社会资金投资于文化领域，日本政府对于赞助文化事业的企业和个人采取减免税收等优惠政策，有效地引导了社会资金对本国文化发展的支持。

### (三) 政府基金支持

为引导社会资金投放文化领域，1990年3月，日本政府设立了艺术文化振兴基金，用于支持本国文化艺术的发展。艺术振兴基金最初的运营资金有642亿日元，其中国家出资530亿日元，民间捐款112亿日元，此后每年筹集14亿日元左右的资金。另外，日本政府利用基金还成立了特殊法人日本艺术文化振兴会以及国立剧场和新国立剧场，对艺术基金进行管理和经营。

## 第五节 韩国

韩国称文化产业为"文化内容产业"。韩国《文化产业振兴基本法》将文化产业定义为"对文化产品的计划、开发、制作、生产、流通、消费等，以及与之相关的服务的产业"，对文化内容的界定是"包括了文化的要素，并在经济上创造出了高附加值的有形、无形的商品（包括与文化相关的内容以及数字文化内容）和服务及其复合体"。目前，韩国文化产业已经成为仅次于汽车产业的第二大出口创汇产业。据2004年统计数据显示，韩国文化产品在世界市场上占到3.5%的份额，是世界第五大文化产业强国。

### 一 韩国文化"走出去"现状

#### （一）政府宏观层面

**1. 设立相关机构，将发展文化产业作为立国战略**

时任韩国总统的金泳三于1993年上台后，废止了1990年设立的文化部和体育青少年部。1994年，在文化观光部设置了文化产业局，主管文化产业，文化体育部和公报处后来并入文化观光部。1997年亚洲金融风暴重创了韩国经济，韩国政府于1998年正式提出"文化立国"战略，政府的大力支持，使韩国的文化产业出现了跳跃式发展，文化产业从此也成为韩国经济的强力引擎。1999年，文化观光部、产业资源部、信息通讯部建立了各自下属的"游戏综合支援中心""游戏技术开发支援中心""游戏技术开发中心"。2000年，韩国文化产业振兴委员会成立，具体负责制定国家文化产业政策方向、发展计划及文化产业振兴基金运营方案，检查政策执行情况，开展有关调查研究及其他相关工作。2001年，韩国成立文化产业振兴院，全面负责文化产业具体扶持工作。同年，韩国文化观光部出台《韩国文化产业化白皮书》，提出要实施"先占战略"进入中国和日本市场，并以此为契机走进国际市场。基本思想是通过国内市场收回制作成本，通过海外市场盈利，最终目标是把韩国建设成为世界五大文化强国之一。2002年7月，文化观光部决定整合下属的文化产业振兴院、广播影像振兴院、电影振兴委员会、游戏产业开发院、国际广播交流财团等五个部门组建"文化产业支援机构协议会"，加强文化产业信息交流，对原来分散组织的活动进行协调、统筹管理，有效地避免了业务重复，提高了文化产业工作的整体效果。2004年，文化产业局又细分为文化产业局和文化媒体局两部分。在韩国，文化观光部是支持本国文化发展的中枢机构。文化观光部的成立，使文化政策和文化产业政策、观光政策之间产生了协同效应，形成了真正的文化产业政策促进体系。韩国的文化政策与观光政策相结合，使产业部门之间能够最大限度地发挥关联作用，也为集中各方优势力量促进文化产业发展提供了保证。

**2. 通过立法维护本国文化产业利益，支持本国文化"走出去"**

1999年5月21日，韩国政府颁布了《文化产业振兴基本法》，旨在对文化产业进行支持和培育，完善文化产业的发展基础，增强其竞争力，从而为提高国民文化生活的质量、促进国家经济的发展做出贡献。同年7月20日，韩国政府制定了实施细则，由总则、创业、制作、流通、文化产业基础设施、韩国文化产业振兴委员会、文化产业振兴基金、补充细则、罚则共7章43条构成。2003年韩国政府对《文化产业振兴基本法》进行了修订，对文化产业基金委托韩国文化产业振兴院的事务范围，以及基金会机构设置与管理体制作出了规定；2007年又进行了一次修订，形成了文化产业振兴机构制度。另外，1999～2001年韩国相关政府部门先后制定《文化产业发展5年计划》《文化产业前景》和《文化产业发展推进计划》，明确了文化产业发展战略和中长期发展计划，其最终目标是把韩国建设成为21世纪文化大国和知识经济强国。在此期间，韩国有关部门又陆续对《影像振兴基本法》《著作权法》《电影振兴法》《演出法》《广播法》《唱片录像带暨游戏制品法》等做了部分或全面修订，为文化产业的发展提供了法律保障。

《广播法》对地面广播电视的内容和对外资准入和国外文化产品的进入都

有一系列限制。该法明确规定：韩国电影所占比例为所有电影广播电视时间的20%以上40%以下，韩国动画片所占比例为所有动画片广播电视时间的50%以上70%以下。对非地面广播电视业务的要求是：韩国电影比例为30%以上50%以下，韩国动画比例为40%以上60%以下，流行音乐比例为50%以上80%以下。另外，该法规定韩国文化机构仅在韩国广播电视业委员会授权的情况下，才可以接受来自具有教育、体育、宗教、慈善以及其他形式的国际友好目的的外国机构的捐赠。《电影振兴法》对电影的制作、出口等作出了具体规定。另外，韩国的《海关法》《附加价值税法》等法律及相关法规中也包含了大量有利于韩国电影"走出去"的条款。

（二）企业及组织的微观层面

2004年韩国文化产业局细分以后，以韩剧、网络游戏等为主打的"韩流"文化产品席卷整个亚洲。韩国贸易会在一份关于"韩流"的经济影响报告中称，对中国大陆、日本、泰国、中国香港和中国台湾地区的与"韩流"相关的商品出口，使韩国获得了9.18亿美元的收入，占对上述5个经济体商品出口总额的7.2%。[①]

1. 广播电视

韩国广播电视产业包括地面广播电视业、有线电视业、卫星广播电视业、广播传输业等，市场规模超过8万亿韩元。2002年韩剧《冬季恋歌》的播放，在日本和亚洲其他地区掀起了一股"韩流"（韩国流行文化）。韩国经济研究院在《韩流现象与文化产业战略》报告中指出，单单一部电视剧《冬日恋歌》以及由其主角韩国演员裴勇俊为韩国带来的经济效益就超过3万亿韩元（约29亿美元）。其中，旅游业等收入1万亿韩元，产品输出收入2万亿韩元，仅发行裴勇俊画报和《冬日恋歌》专辑的出口值就高达1000亿韩元。目前，韩国电视连续剧在亚洲市场依然占据重要份额，在中国、日本以及阿拉伯地区，韩国广播电视的地位也在不断提高。

2. 电影

从20世纪80年代开始，韩国影片在戛纳、芝加哥、柏林、威尼斯、伦

---

① 《参考消息》2005年5月5日。

敦、东京、莫斯科等城市举行的国际电影节上逐渐获得认可。20世纪90年代，韩国电影加快了发展步伐，越来越多的韩国导演制作了以韩国独特历史为题材的影片。随着大众对电影的兴趣日益提高，韩国的各道政府和私人组织举办过几届国际电影节，如釜山国际电影节、富川国际幻想电影节、全州国际电影节和首尔妇女电影节等，韩国电影在国际上获得认可的程度越来越高。在政府支持下，韩国电影产业发展速度惊人，1997年产值为49万美元，2003年已增长到3098万美元，韩国成为继法国之后又一个可与美国好莱坞分庭抗礼的影视大国。韩国的电影、视频、动画和在线影视业在高速互联网的刺激下快速发展。2007年，由于电影配额的减少，全年共上映了392部影片，较2003年增加了60%，其中112部是韩国本国影片。2009年，韩国电影票房收入稳步增长，首次突破1万亿韩元大关，总额达到1.928万亿韩元。从出口来看，1995年韩国影视出口额仅为21万美元，1999年出口额达到596.92万美元，2006年则迅速增长到2451万美元。

3. 动漫产业

韩国动漫产业的产值超过汽车行业成为韩国第三大支柱产业，其动漫产品及其衍生产品的产值占全球动漫产值的30%，是中国的30倍。韩国已经成为世界三大动画生产国之一，成为亚洲乃至世界数字内容产业的主宰者之一。据韩国出版商协会统计，2003年韩国动画的销售额为3200亿韩元，加上卡通等衍生产品，总市场销售额为7700亿韩元（约合2.7亿美元），占世界市场份额的0.4%，每年向海外出口0.8亿~1亿美元。虽然所占份额仍然不高，但产业增长速度很快。2004年上半年，韩国漫画的出版品种较2003年同期上升了17.5%，销售册数上升了5.2%。2003年韩国文化观光部制定的《漫画产业发展中长期计划（2003~2007年）》中提出：到2007年，韩国漫画制作规模要达到5000亿韩元，消费市场达1万亿韩元，使国产漫画市场占有率提高到70%，销售市场和借阅市场分别占40%和60%，出口占10%。2006年1月4日，韩国文化观光部又发表了《动画产业中期增长战略》，提出了新的目标：将现在每年只有3000亿韩元的韩国动画市场规模在2010年之前提高到1万亿韩元。为此，韩国政府在2006~2010年投资764亿韩元（约合7.36亿元人民币），以推动产业发展。

4. 游戏

在游戏领域,韩国同样呈现出巨大的发展潜力以及在亚太地区的强大竞争力。据韩国文化观光部下属韩国游戏产业开发院2005年7月6日公布的《2005年大韩民国游戏白皮书》显示,2004年韩国网络游戏高速增长,增幅高达31.5%,产值在历史上首次突破1万亿韩元大关,达到10186亿韩元,占全部游戏销售额的61.9%。在游戏进出口方面,韩国出口达到3.88亿美元,进口2.5亿美元,贸易顺差为1.38亿美元。从输出国家和地区看,对中国大陆的出口占39.5%,居第一位;对日本的出口占24.9%,居第二位;对中国台湾的出口占17.9%,其中,韩国对中国的游戏出口占全部出口的50%以上。2003年,韩国网络游戏收入为3.97亿美元,居亚太地区首位。2004年,韩国网络游戏市场销售额增长24.8%,以5.334亿美元的用户订购收入继续稳坐亚太地区网络游戏市场的头把交椅。近年来,韩国网络游戏年均增长率一直保持在10%左右。

## 二 财政政策分析

### (一)财政投入政策

韩国文化行业的财政预算约占国家预算总额的1%,目前,全世界只有法国和韩国达到这个水平。韩国政府2000年首次突破这个水平,2001年又上调9.1%,进入"1万亿韩元时代"。2005年财政文化预算为14252万亿韩元,其中用于振兴文化产业的预算为1911亿韩元,占总预算的13.4%。

韩国政府在加大财政支持的同时,还非常注重对人才的培养。为做好人才储备,政府设立了"文化产业人才培养委员会",负责文化产业人才培养计划的制订、协调等,重点培养文化产业复合型人才和电影、卡通、游戏、广播、影像等产业的高级人才,并在韩国文化振兴院建立了文化产业专门人才库。另外,政府还设立了"教育机构认证委员会",对文化产业教育机构实行认证制,对优秀者给予奖励和提供资金支持等。

### (二)税收优惠政策

为支持本国文化的发展,韩国出台了一系列文化税收优惠政策,主要的优惠政策是对文化的捐赠作为应纳税所得额的抵减项处理,从而给予所得税优惠的政策。韩国文化行业的税收优惠政策详见表5-5。

表 5-5　韩国文化税收优惠政策

| 税收法规 | 对象 | 优惠政策 | 颁布时间 |
| --- | --- | --- | --- |
| 租税特例制限法施行令第70条第1项第2款 | "艺术殿堂" | 将"艺术殿堂"列入固有目的事业准备金(费用)处理办法的范围 | 1995.12.30 |
| 地方税法施行令第101条第1项第16款 | 剧场 | 根据大城市里法人设立时的登记税、重课税例外对象中包括演艺剧场 | 1996.12.31 |
| 附加价值税法第12条第1项第14款 | 演员(包括剧场) | 附加价值税免税对象扩大为包括大众艺术演艺在内的所有非营利性艺术活动 | 1999.12.7 |
| 工资税第34条第1项 | 演员、剧场 | 对艺术团体等所捐赠的所得提成限度从原来的当年所得金额的5%扩大到10% | 2000.10.23 |
| 租税特例制限法施行规则第29条第2款 | 专门艺术法人 | 通过财政经济部长和文化观光部部长的协议,被指定为专门艺术法人可以将当年事业年度所得金额的100%作为固有目的事业准备金,享受捐款税前扣除优惠政策 | 2001.3.28 |
| 租税特例制限法施行令第23条 | 演出事业者 | 临时投资税额的提成(10%),对适用对象进行演艺产业追加 | 2001.9.29 |
| 法人税法施行令第36条第1项第1款和工资税施行令第80条第1款 | 专门艺术法人、团体 | 在年度个人所得的10%、法人收入的5%的限度内,个人以及企业对专门艺术法人、团体给予捐赠的,对于这些捐赠者捐款的相应金额予以扣税 | 2001.12.31 |
| 法人税法施行令第56条第1项第1款和第4款 | 专门艺术法人 | 当年作为固有目的事业准备金的事业所得金额的50%部分,作为捐款在税前扣除 | 2001.12.31 |
| 继承税及赠送税法施行令第12条第9款 | 专门艺术法人、团体 | 对向专门艺术法人、团体的捐助资产宽免继承税和赠与税 | 2001.12.31 |
| 租税特例制限法施行令第2条第1项 | 演出事业者 | 演艺事业列入中小企业投资准备金捐款税前扣除优惠(第4条),中小企业投资税额提成(第5条)等作为租税特例对象的范围 | 2001.12.31 |
| 租税特例制限法第73条,第104条第9款 | 演出事业者 | 对于创业的中小企业,减免其所得税(法人税)的50%,对文化艺术基金进行捐赠的捐款算入的限度也予以扩大(从当年年度所得的50%扩大到100%);对文化艺术团体进行捐赠的捐款算入的限度也予以扩大(从当年年度所得的5%扩大到8%);在所得金额的30%的范围内,可以核计文化事业准备金的方式作为捐款在税前扣除 | 2004.10.5 |

资料来源:韩国2004年文化产业白皮书。

### （三）政府基金支持

韩国电影振兴委员会（KOFIC）是文化观光部下属的独立机构，是电影行业的最高监管组织，在政府及国会的监督下拥有独立制定电影政策的权力。为支持本国电影发展，韩国电影振兴委员会与中小企业厅共同成立了"电影振兴基金"，从2000年起，每年筹资100亿韩元用于振兴韩国电影。同时，为鼓励社会资本支持电影事业，韩国政府规定，如果金融机构向电影委员会审定的项目投资，委员会将投入剩余20%的部分。韩国电影投资机构较多，以100亿韩元基金为例，KOFIC投资20亿韩元、中小企业厅30亿韩元、其他资金来自创投（venture company）等小型公司。"电影投资专门组合"模式是由中小企业厅与KOFIC共同合作投资电影，其功能类似创业投资公司，但是资金规模更大，可以统筹更多资金投资数部影片来分散风险并追求经济效益最大化。政府规定它必须将资金总额60%以上的部分投资文化商品生产，以此确保电影资金的稳定来源。另外，韩国2000年《广播法》规定设立广播发展基金，致力于推进广播电视和文化艺术的发展。

## 第六节 其他国家经验

### 一 加拿大

加拿大是西方第一个宣布实行多元文化主义政策的国家。[①] 加拿大的多元文化政策是由"二元文化主义"演变而来，"二元文化"是指加拿大与英语和法语存在密切联系的两个文化体系。由于传媒产品蕴含着巨大的文化能量，加拿大采取各种措施来保护本国、本民族的宣传媒体。加拿大强调文化市场的特殊性，如《服务贸易总协定》第14条对文化多样性原则作出规定：为了保护公共安全、公共卫生、环境、文化、资源等，世界贸易组织成员方可以采取一些与《服务贸易总协定》不相一致的措施，并不强求完全对等。

在加拿大，电视台至少有78%的股份由加方掌握，国外居民不得收购加拿大的电影发行公司，外国人拥有加拿大报纸的股份比例不得超过25%；在

---

[①] 蓝仁哲：《加拿大文化论》，重庆出版社，2008，第109页。

各类电视和电视台的节目中，与加拿大有关的内容不得低于60%。在加拿大运营的所有电视台必须给加拿大内容以45%的节目配额，在广播电视中播出的本国音乐产品的比例不得少于30%。1993～1999年间，美国和加拿大就杂志出版问题产生了分歧。为保护本国杂志出版行业，抵制美国杂志的大规模入侵，加拿大政府于1994年宣布对外国杂志根据广告额的档次征收80%的执照税，并于1998年颁布了《C-55法案——外国出版社广告服务法》。

1997年，由22个联邦政府组成跨部门团队，共同为加拿大开拓文化国际市场提供服务。加拿大提出开拓国际文化市场的"贸易之路计划"主要包括"贸易之路贡献计划""文化贸易顾问服务""战略市场信息服务"三个部分，为此政府加大对文化机构和文化产业的财政支持。为支持本国文化企业"走出去"，政府长期对加拿大广播公司给予大额财政补贴，加拿大政府在1996年设立了"加拿大电视基金"，对加拿大电视节目产品予以补贴。近年来，加拿大每年文化事业支出占联邦财政总支出的1.8%左右，还通过税收减免等措施支持文化产品出口。另外，政府支持成立了电视电影发展公司，资助国内影视业发展。20世纪80年代中期，加拿大制作的节目进入美国有线电视网，90年代后，加拿大成为美国有线电视网络最大的外国原创节目提供国。

## 二 印度

为了加强与其他国家和地区的文化交流，印度专门成立了印度文化关系委员会（ICCR），这是一个权力很大的机构，除了进行官方和非营利性文化活动外，该委员会还十分重视将印度的文化产品推向世界。目前，印度在全球有20个文化中心和2个次中心，并在国外知名大学设有24个从事印度研究的客座教授席位。印度政府每年向印度文化关系委员会拨款，用于对外宣传和推广印度的音乐、文学、舞蹈、美术、饮食文化以及电影，并组织印度艺术团体到国外进行演出，举办民间手工艺品的展销等。据统计，2008年印度文化关系委员会的预算拨款达到15.2亿比索（约合2.8亿元人民币）。

## 三 俄罗斯

为提高国家对外文化形象，《俄罗斯文化2006～2010联邦规划》提出，文化管理应"融入世界文化过程并提高俄罗斯在国外的积极形象"。《俄罗斯联邦社会和经济长期发展2008~2020》提出要"通过文化潜力树立俄罗斯在国外的积极形象"。俄罗斯联邦鼓励企业和公民把他们的境外资产用于文化领域，鼓励在境外开设文化中心，特别是在前苏联共和国开办文化中心。俄罗斯国际文化交流的首要方向是联合制作文化珍品，修复珍贵历史和文化纪念物；其次是文化工作者的培训和实习；再次是研究和推广文化活动新工艺、新技术和新设备。俄罗斯一贯奉行非法流失国外的文化珍品回归政策，一切非法流失国外并被承认为俄罗斯联邦各族人民拥有的文化珍品都应该归还祖国，而不问这些珍品现在的存放地、流失的时间和原因。

### 四 德国

德国政府很少直接干预文化事务，注重对文化的间接引导，主要体现在以下几个方面：一是提供良好的基础设施与发展环境；二是通过法律、经济、行政等手段加大政策引导力度；三是建立公共服务体系，对公共文化进行财政资助。德国文化"走出去"的经典范例是歌德学院。为在全世界范围内推广德语，德国在多个国家设立歌德学院，其口号就是"德语—德国文化—德国"。

## 第七节 国际经验借鉴

鉴于意识形态和文化价值观的差异，各国的文化政策不尽相同，但就财政的投入方式而言，则具有很高的借鉴价值。我国在文化财政投入机制方面，还存在诸多和公共财政建设以及社会主义市场经济发展不相匹配的问题。在市场经济条件下文化的财政投入方式、效率、监控等方面，国际上有大量成功范例和有益的经验可供我们借鉴。

### 一 政府有所为有所不为，对不同性质的文化机构制定不同类型的支持政策

通过对国际经验的梳理，按照政府与市场参与程度的不同大致分为三类政策：

一是强调政府作用的干预型政策。这种政策强调政府在文化发展中的积极作用，比较注重本国文化保护，对文化产品的输入管理严格，支持促进本国文化"走出去"。具有代表性的国家有法国和加拿大。加拿大的文化立法和相关政策在保护本国文化、实现文化多元化方面取得了明显成效，成为许多国家研究和效仿的典型。法国文化政策的政府干预色彩更加浓厚，法国政府对文化提出了"文化例外"原则，财政预算超过了国家总预算的1%，在一定程度上阻止了文化的过度商业化、低俗化，保护了法国传统文化。

二是强调市场机制的自由型政策。这种政策强调市场机制的重要作用，注重文化市场的自由竞争和平等交易，主张国际文化产品市场的非歧视性准入，反对文化领域的贸易保护。美国和日本是这种政策的代表。美国没有文化部，也没有完整的文化政策，甚至认为不应制定系统的文化政策。不过，文化自由主义并不是绝对的自由，文化市场的自由恰恰建立在完善的法律基础之上。美国政府对文化的干预在不同历史时期各有特点。冷战时期，美国采取直接或间接方式对文化产业施加影响和干预，文化方面支出较大。冷战结束后，文化支出预算大幅削减，强调市场调节和贸易自由，更加重视经济效益而非社会效益。

三是折中性的支持政策。在处理国家干预和市场竞争的关系上，以培育合格市场文化主体，规范市场监管为目标。同时，反对完全的、绝对的市场自由主义，避免文化的过度商业化、低俗化。在保护本国文化安全方面，倾向于适度的、在某些情况下甚至是较多的国家干预手段。

## 二 尊重本国文化发展特点，加强立法支持本国文化发展

目前，有影响力的世界文化强国都是通过立法规范本国财政文化政策，按投入方式不同可以分为以下三类：

一是直接资助类。如俄罗斯《俄罗斯联邦文学艺术领域国家资金的规定》，日本《文化功臣养老基金法施行令》，芬兰《芬兰共和国艺术教授职位和国家对艺术家补贴法》。

二是基金会类。如美国《国家艺术和人文基金法》，瑞士《基金会法》，匈牙利《匈牙利共和国关于文化基金的使用和交纳文化捐款办法的1989年第15号法令》。

三是间接资助类（税收、彩票、捐赠、赞助）。如美国《联邦税收法案（C501 款）》《非相关营业收入法案》；英国《关于刺激企业赞助艺术的计划（1984）》《文化赞助税制》《共同赞助法》《国家彩票法（1994）》。

### 三 注重政策的延续性和一贯性，财政文化预算稳中有升

以法国为例，政府非常注重支持政策的衔接和延续性，强调财政投入的科学性、透明性以及效率，不断加大对文化领域的财政投入，从 2000 年的 24.5 亿欧元增长到 2011 年的 42.5 亿欧元，尽管年度增幅有所趋缓，但总体维持稳中有升的趋势，充分体现了法国对本国文化发展的重视。

### 四 对文化发展进行有选择、有限度的扶持，更加注重发挥财政投入的杠杆作用

自 20 世纪末以来，西方发达国家的文化目标选择呈现出一个共同的趋势，即越发强调文化的经济功能以及文化产业的发展，与此相适应，发达国家文化直接投入的重心也发生了转移，即从单纯强调财政投入的补助功能转向对补助与投资双重功能的强调。美国政府明确地区分了营利性文化产业与非营利性文化组织机构，前者完全交给市场进行优胜劣汰，政府既不参与经营也不分享其收益；后者无法完全依靠自己的力量生存和发展，政府则通过财政资助或税收优惠进行支持。美国国家艺术基金采取了具有巨大乘数效应的配套拨款制度，联邦政府每向国家艺术基金资助 1 亿美元，可衍生出约 7 亿美元的其他资助。美国鼓励向艺术事业捐赠的税收优惠政策，为文化艺术的发展汇聚了源源不断的资金。另外，彩票基金作为国家文化投入的一个重要补充，最近几年获得了长足的发展，芬兰的彩票基金占国家文化投入的比例已经超过了 70%。

## 第八节 本章小结

鉴于意识形态和文化价值观的差异，各国的文化政策不尽相同，但总体而言，世界各国尤其是公认的文化强国对本国文化发展都进行了有选择、有限度的财政投入扶持，这些国家的财政文化政策具有重要的借鉴意义。本章用大量

的篇幅对公认文化强国的文化政策进行了比较,尤其对美国和法国两个分别强调市场机制和政府干预的国家进行了分析。

具体而言,美国政府对文化的支持是在坚持自由竞争的市场原则下有选择地进行的,主要体现在对某些非营利性机构和文化基础设施提供资金直接支持以及对营利性机构进行间接支持,如提供优惠的财税政策,引导和鼓励私人企业对文化产业的投资等。法国利用"文化例外"原则维护本国文化产业利益,通过财政政策积极支持本国文化"走出去"。英国则对本国创意产业实行"一臂之距"的政策,以法律为主,政策为辅。日本政府认同自由开展文化艺术活动,减少政府主观干预行为,并确立政府对文化艺术活动进行间接援助、对具体事务不加干涉的"内容不干预"原则。韩国通过设立相关机构,加大财政投入和税收优惠力度,将发展文化产业作为立国战略。印度电影的"明星体制"使其成为宣传印度文化最有效的工具。加拿大是西方第一个宣布实行多元文化主义政策的国家,其多元文化政策是由"二元文化主义"演变而来的,在政策着力点上独具特色。

本章最后对世界公认文化强国的文化政策进行了综合比较,以期对后面章节的政策建议提供坚实的国际经验支持。

# 第六章
# 支持中华文化"走出去"的财政政策建议

公共财政是政府履行职能的物质基础、体制保障、政策工具和监管手段。在全球化背景下，支持中华文化"走出去"，首先，要逐步建立健全同财力相匹配、同当前国际国内形势相适应的政府投入保障机制，不断完善支持中华文化"走出去"的财政政策。其次，要不断改进财政投入方式，采取基金、项目补贴、定向资助、贷款贴息等多种方式，建立财政投入绩效评价机制。最后，要拓宽投入渠道，积极引导社会资金以多种方式支持中华文化"走出去"，鼓励企业、社会团体和公民个人捐赠，努力促进对外文化产品和服务的多元化、社会化。本书第三章和第四章对当前中华文化"走出去"的现状和问题进行了剖析，在借鉴第五章其他国家支持本国文化"走出去"经验的基础上，本章提出了全球化背景下支持中华文化"走出去"的财政政策建议，分别从财政投入政策、税收优惠政策和财政投融资政策三个方面展开。

## 第一节 支持中华文化"走出去"的政策原则

### 一 服务于国家战略大局

目前，我国文化建设形势显现出三大特点：一是走中国特色社会主义文化道路；二是文化事业与文化产业较快发展；三是文化体制改革取得突破性进展。这为中华文化"走出去"打下了坚实的基础：走中国特色社会主义文化道路正在成为全党全社会的共识，为中华文化"走出去"提供了社会基础；文化事业和文化产业较快发展，为中华文化"走出去"提供了物质基础；文化体制改革取得突破性进展,为中华文化"走出去"提供了体制基础;将对外文化工作与国内文化发展相结合,为中华文化"走出去"提供了深厚的国内基础和动力源泉。在全球化背景下的今天,必须以系统和战略的眼光把国内文化发展和支持中华文化"走出去"放在同等重要的位置。

从国内国外两个大局看,国内进行的文化建设是和谐文化的建设,它以和谐社会为指向,并努力实现文化发展自身的和谐。这种和谐文化建设与中国的和平发展相对应,对于以构建和谐世界为目的的中华文化"走出去"设定了由内而外、由近及远的内在逻辑。因此,中华文化"走出去",对外要服务于国家外交大局和提高中华文化国际影响力,对内要服务于祖国统一大业和全面建设小康社会,服务并促进公共文化建设和文化产业发展。

## 二 符合公共财政发展的新要求

公共财政是与市场经济相伴相生的产物,市场失灵和政府失灵同时存在,一个有效的政府干预政策总是以市场为基础的。制定政策需要把握的根本原则是紧扣政府与市场的关系,把握政府干预和市场干预的各自边界,有所为有所不为。总体而言,文化财政政策包含财政投入政策、税收优惠政策以及财政投融资政策。在当前文化体制改革的转型时期,要把中华文化"走出去"作为全球化背景中获得话语权、增加软实力的战略手段。从培育长期文化生产力的角度,文化财政政策大致需要两个维度的视野,即价值链的角度和产品属性的角度。从文化经济的价值链来看,公共财政需要注重对培育国家文化生产力具有战略意义的环节的投入;从文化产品的经济属性来看,财政的扶持方式应当依据文化产品的公共性差异而有所不同。文化产品的公共性差异详见表6–1。

要充分认识社会主义精神文明建设规律,根据文化建设既有公益性又有经营性的特点,合理划分政府(财政)与市场的作用边界,切实转变政府职能,实现由"办文化"向"管文化"转变,由微观管理向宏观管理转变。财政支持中华文化"走出去"要坚持依法依规投入,保证公共财政对文化建设投入的增长幅度高于财政经常性收入的增长幅度,提高文化支出占财政支出的比例,实现国家财政性文化经费目标。要建立健全支持中华文化"走出去"的长效保障机制,明确中央地方责任,实行合理分担办法。要适应全球化背景要

表6-1 文化产品的公共性差异*

| 一级分类 | 二级分类 | 特征与范例 | 财政政策着力点 |
|---|---|---|---|
| 公共物品（具有公共需求又存在市场失灵的文化产品） | 意识形态文化产品 | 基于国家政府或政党治理需要的文化公共品，比如党报等 | 财政扶持，由党政相关部门管理运营 |
|  | 大众公益文化产品 | 体现国家民族历史与文化记忆的文物、满足人民群众基本文化权益的文化产品，如国家博物馆、图书馆等 | 财政资助，由非营利性文化机构管理运营 |
|  | 社团公共文化产品 | 属于某些特定人群公共需求的文化产品，比如社区文化设施等 | 国家财政引导，地方或社团资助为主，可实行市场化运营 |
| 私人物品（可以通过市场机制有效生产运营的文化产品，更多地体现个人偏好和个性化的文化产品） | 企业组织生产的文化产品 | 这是当代文化产品市场活动的主体，但其部分内容具有一定的公共品性质，价格弹性大，受政治文化因素影响大，比如电影等 | 国家财政可通过直接的产业投融资或间接的财税政策培育和引导文化产品市场，促进文化产品市场的成熟和繁荣 |
|  | 个人生产的文化产品 | 通过个体化的创作活动可以独立完成的公共产品，生产者高度关注自己的产品，比如工艺品等 | 国家财政可通过国家文化发展基金或其他灵活多样的方式进行资助 |

* 王凡：《公共财政支持文化产业发展研究》，《预算管理与会计》2010年第5期。

求，引导和鼓励社会各方面投资文化事业和文化产业，充分调动民间资本投入对外文化产品和服务的积极性，实现对外文化工作的社会化和多元化。

### 三 统筹兼顾、分类支持

要正确处理改革与发展的关系，大力支持深化文化体制改革和机制创新，推动建立完善与社会主义市场经济体制相适应的文化管理体制和机制，为文化事业发展提供体制保障和强大动力，增强文化事业发展的内在活力，不断解放和发展文化生产力，是支持中华文化"走出去"的根本动力。

从社会主义文化建设涉及面广的实际出发，财政支持中华文化"走出去"，既要突出重点，又要统筹兼顾；既要大力支持政府间对外文化交流，又要积极推动反映中华民族精神的文化产品和服务走向国际市场。以"政府主导、社会参与、多种方式动作、交流贸易并重"为方针，秉承"官民并举、以民促官"的方式,力求尽快建立全方位、多层次的统筹协调机制,形成"中央与地方相结合,官方与民间相结合,国内部门与海外阵地相结合,政府交流项目与民间市场运作相结合"的格局,增强国家对外文化工作合力。要加强中央和地方合作,进一步夯实合作机制。中央要加强对地方的政策指导、统筹协调、项目牵引、资金调节、服务保障、奖励评估和人员培训,地方要加强信息汇报、资源开发、品牌建设和组织实施能力。

从统筹"走出去"和"引进来"的关系看,要积极吸收借鉴国外优秀文化成果。要准确把握世界文化最新动态与发展趋势,积极开展文化领域的交流互访,倡导相互尊重、开放的文明观,推进人文交流深入发展。坚持"以我为主、为我所用",学习借鉴一切有利于加强我国社会主义文化建设的有益经验、一切有利于丰富我国人民文化生活的积极成果、一切有利于发展我国文化事业和文化产业的经营管理理念和机制。加强文化领域智力、人才、技术引进工作。鼓励文化单位同国外有实力的文化机构进行项目合作,学习先进制作技术和管理经验;鼓励外资企业在华进行文化科技研发,发展服务外包,开展知识产权保护国际合作等。

财政设立的各项文化发展专项资金应当随着文化改革发展形势和绩效评价情况不断进行调整和完善;同时,要注重放大财政资金的杠杆作用,通过财政资金的引导作用,充分调动社会资金投入支持中华文化"走出去"。要不断创新财政支持方式,充分利用政府购买服务、贷款贴息、设立基金等手段,分类支持中华文化"走出去"的相关项目。2011年,国家确定了"十二五"期间中华文化"走出去"重点工程,这应是支持中华文化"走出去"的重点领域和项目。

## 第二节 支持中华文化"走出去"的财政投入政策建议

通过借鉴第五章的国际经验,按照政府与市场参与程度的不同,可以把文化扶持政策分为三类:一是强调政府作用的干预型政策,强调政府在文化发展中的积极作用,比较注重本国文化保护,对文化产品的输入严格管理,以支持本国文化"走出去"。二是强调市场机制的自由型政策,注重文化市场的自由竞争和平等交易，主张国际文化产品市场的非歧视性准入，反对文化领域的贸易保护。三是折中型财政政策。在全球化背景下，中国在处理国家干预和自由市场的关系上，应当以培育合格市场文化主体为目标，解放市场束缚，规范市场监管，促进行业自律；同时，要坚决反对完全的、绝对的市场自由主义，避免文化过度商业化、低俗化。在处理国际文化贸易、本土文化保护和支持中华文化"走出去"方面，应采取适度的、在某些时间甚至是较多的国家干预政策。

## 一 关于财政投入规模

（1）加大财政文化投入力度，确保中央与地方财政文化投入稳定增长。十七届六中全会提出，保证公共财政对文化建设投入的增长幅度高于财政经常性收入的增长幅度，提高文化支出占财政支出比例。文化事业费作为集中体现对文化建设投入力度、反映文化事业发展的核心指标，文化"十二五"规划中提出了目标，即2015年，争取全国文化系统文化事业费占国家财政总支出的比重达到1%。结合当前文化发展的形势，要研究确保中央与地方财政的文化投入稳定增长的机制和方法，切实增加文化投入，为中华文化"走出去"提供强大的财力支持。

（2）按照健全财力与事权相匹配的财政体制要求，合理界定中央与地方文化事权和支出责任。对维护国家文化安全、促进中华文化"走出去"、加强文化遗产保护等涉及国家和民族全局性利益的事项，中央财政应承担主要的投入责任。发展地方特色文化应由地方财政承担主要的投入责任。中央财政可通过以奖代补等方式，对投入力度大、工作取得明显成效的地方予以重点扶持。同时，要规范省以下财政文化投入责任划分，强化省级政府文化支出责任。

（3）进一步拓宽文化投入来源渠道，合理增加政府非税收入用于文化的投入。重视文化事业费等财政专项资金的征收、管理和使用，逐步提高各级彩票公益金用于文化事业发展的比重。

## 二 关于财政投入方式

（1）完善财政支持公益性文化事业和经营性文化产业投入方式，积极探索基金制管理模式、产业投资基金模式等。需要政府做的政府要加大直接投入力度；需要市场做的要积极通过市场解决，并发挥政府的监督作用。

（2）充分发挥财政资金杠杆作用。采取项目补贴、定向资助、出口奖励等政策措施，落实和完善对外文化政策，支持社会组织、机构、个人捐赠，引导体现中华文化的产品和服务推向国际市场。可以借鉴美国国家艺术基金具有巨大乘数效应的配套资金或捐款制度，吸引更多的社会资金支持中华文化"走出去"。

（3）建立健全财政投入激励约束和绩效评价机制。加强绩效管理，把向国际市场提供更多更好的文化产品和服务作为财政增加投入的重要依据，建立考核评价和激励机制，提高财政资金使用效益。

### 三　关于财政投入结构

目前，我国文化"走出去"从所有制分布上呈现出"传统产业体量大，国企占主导；新兴产业发展快，民企占主导"的特点。以影视剧出口为代表的传统文化行业的整体体量较大，国有企业占有绝对优势，在出口产品数量与资金储备等方面发挥着主渠道优势。在以动漫、网络游戏为代表的新兴行业中，民营企业占有较大的比重。在加大文化投入的同时，调整和优化财政文化支出结构，着重保障领域文化"走出去"工程建设经费。

#### （一）重点保障政府层面的中华文化"走出去"

一是继续完善对外文化工作部际联席会议制度，加大信息资源共享力度。在中央层面支持对外文化工作统筹协调的机制框架，整合社会科学、文学艺术、新闻、广播电视、电影、出版、版权、民族、侨务、体育、旅游等资源，把对外文化交流与外交、外贸、外援、科技、旅游、体育等工作结合起来。逐步建立文化信息资源共享平台、品牌项目合作平台、文化中心长期合作平台、贸易平台、项目竞争和奖励平台、干部培训和交流平台，以信息化手段推动全国对外文化交流信息和资源的共享与整合。支持制订海外中国文化产品区域推广计划，加大文化产业贸易和合作平台建设等。

二是加强同联合国教科文组织、世界贸易组织等国际公约组织的合作与交流，逐步提高中国在公约组织中的话语权。由于文化产品和服务的特殊性，

WTO本身遗留了很多未能彻底解决的问题。世贸组织制定了一些针对发展中国家和经济转轨国家的特殊优惠待遇，如允许发展中国家在一定范围内实施进口数量限制或提高关税的"政府对经济发展援助"条款，仅要求发达国家单方面承担义务而发展中国家无偿享有某些特定优惠的"贸易和发展条款"、联合国教科文组织公约关于鼓励推动发展中国家文化产品与服务更快地进入全球市场、发达国家为发展中国家提供优惠待遇等。要深入研究WTO争端解决机制中有关文化产品和服务的案例，加大同联合国教科文组织成员国和世贸组织的沟通交流，联合弱小和被动的其他国家聚集在公约旗帜下，努力改变全球文化传播和文化市场趋向单一化的恶性循环，充分利用世贸组织相关规则及彼此间豁免条约等手段支持中华文化"走出去"。

三是加大重点对外文化交流品牌的资金支持和风险补贴力度，树立中国新形象，增强文化亲和力。支持综合运用国家文化年、文化节、博览会、艺术节、国际比赛和节庆活动，打造文化外宣品牌，丰富"欢乐春节"等全球性文化对外宣传活动的内涵，不断提升中华文化国际影响力。支持做好"文化中国"工程，突出文化在国家对外关系中的作用和地位，在全球树立"文化中国"的整体形象，具体包括"文化中国"形象塑造、中外文化对话研究与合作、"文化睦邻"与援助等。另外，加大与周边国家的"文化睦邻"合作，鼓励同邻国之间开展文化交流，构建与邻国文化合作机制。

四是加强海外中国文化中心建设，增强中华文化影响力。要科学筹划，合理布局，建设一批海外传播中华文化的阵地。发挥驻外文化中心作为文化活动中心、教育培训中心和信息服务中心的核心阵地作用，不断推动中国文化作品、文化产品、价值观和文化精神进入当地主流文化高端、进入当地社会生活、进入当地公众的情感世界，使对外文化工作的合力进一步增强，合作网络进一步拓宽，对中国友好的力量进一步扩大，中华文化的影响力进一步提高，使之成为我向驻在国全面介绍中国国情的窗口、深入开展文化交流的平台、持续增进相互理解和信任的桥梁。

五是创新对外宣传方式方法，加强国际传播能力建设。首先，加快《人民日报》、新华社、《求是》杂志、《光明日报》、《经济日报》、中央人民广播电台、中央电视台、中国国际广播电台、中国教育电视台、《中国日报》等重点媒体软件和硬件建设，提高新闻信息原创率、首发率、落地率，不断壮大主流舆论，提高舆论引导的及时性、权威性和公信力、影响力，增强舆论主动权。其次，加强新兴媒体建设。加强互联网等新兴媒体建设，形成一批在国际上有较强影响力的综合性网站和特色网站，打造一批具有中国气派、体现时代精神的网络文化品牌。最后，构建技术先进、传输快捷、覆盖广泛的现代传播体系，加强文化传播渠道建设。积极推进下一代广播电视网、新一代移动通信网络、宽带光纤接入网络等网络基础设施建设，推进三网融合，创新业务形态，发挥各类信息网络设施的文化传播作用，实现互联互通、有序运行。

（二）积极支持企业层面的中华文化"走出去"

企业是中华文化"走出去"重要的力量，鼓励更多的民间机构和商业机构"走出去"，以文化贸易为突破口，在实现经济效益的同时可将中华文化"名正言顺"地推向世界。以企业为主体推动中华文化"走出去"有利于打破政治偏见，与政府层面支持中华文化"走出去"相互弥补，相得益彰。通过文化产业发展专项资金支持打造一批具有自主知识产权和较强国际竞争力的文化产品，形成以政府为引导、企业为主体、市场化运作为主要方式的对外文化贸易新格局是全球化背景下支持文化"走出去"的主要途径。

一是支持完善现代文化市场体系。支持实施重大文化产业项目带动战略，加快文化产业基地和区域性特色文化产业群建设，加快构建结构合理、门类齐全、科技含量高、富有创意、竞争力强的现代文化产业体系。发展壮大出版发行、影视制作、印刷、广告、演艺、娱乐、会展等传统文化产业，加快发展文化创意、数字出版、移动多媒体、动漫游戏等新兴文化产业。加强文化产业基地规划和建设，加大对拥有自主知识产权、弘扬民族优秀文化的产业支持力度，推动文化产业与旅游、优育、信息、物流、建筑等产业融合发展。积极培育文化要素市场，有序发展文化人才、信息、技术等交易市场，建立健全文化资产评估体系、文化产权交易体系，发展以版权交易为核心的各类文化资产交易市场，引导其规范运作，不断提高文化生产要素流通的市场化程度。另外，要积极支持构建完整有效的投资信息平台和文化贸易统计分析体系，为文化企业的成长壮大创造良好的市场条件。在未来一段时间，支持的重点是五大中华文化"走出去"工程（详见表6-2）。从行业而言，不同行业各有不同的支持重点，以出版行业为例，其支持重点详见表6-2。

表6-2 "十二五"期间出版行业"走出去"重大工程规划

| 序号 | 名称 | 基本内容 |
| --- | --- | --- |
| 1 | "经典中国"国际出版工程 | 采用项目管理方式资助外向型优秀图书选题的翻译、出版、推广，以版权输出和出版合作等方式，实现对外出版发行，进入国外主流发行渠道，提高中国出版物出版水平和国际竞争力；鼓励向发达国家输出，以主流社会读者为对象，向国际市场推广我国优秀思想文化、精神文明以及历史成就 |
| 2 | 中国出版物国际营销渠道拓展工程 | 积极实施"借船出海"战略，加强与全球性和区域性大型连锁书店的合作，拓展国际主流营销渠道；整合和巩固现有海外华文出版物营销渠道；积极开拓重要国际网络书店等新型出版物销售渠道；构建国际立体营销网络，推动更多的中国优秀出版物走向世界 |
| 3 | 重点出版行业企业海外发展扶持工程 | 加快我国出版行业企业海外发展步伐，为我国重点出版行业企业在产品输出、境外机构设立、境外资本运营等方面提供支持。重点扶持20家外向型骨干企业，通过独资、合资、合作等方式，到境外建社建站、办报办刊、开厂开店，通过参股、控股等多种方式，扩大境外投资，参与国际资本运营和国际企业管理；营造良好环境和服务平台，鼓励和支持各种所有制企业拓展出版行业产品和服务出口业务 |
| 4 | 两岸出版交流合作工程 | 大力推进海峡两岸出版行业交流合作，重点支持挖掘和整合两岸出版资源、文化资源，完善两岸业界交流机制，加强项目合作，共同开拓海外华文市场，弘扬中华文化 |
| 5 | 中国国际图书展销中心建设项目 | 以服务国际出版物贸易、版权贸易为重点，建造国际一流的大型综合性交流平台，为各国参展商提供各项服务，为世界各地的出版商寻找到新的接触机会 |

二是进一步加强资金扶持，鼓励文化企业在境外兴办文化实体或兼并境外文化企业。着力培育一批具有较强实力和国际竞争力的外向型骨干企业和企业集团，加大对文化出口重点企业和重点项目的扶持。要落实重大文化产业项目带动战略，鼓励有实力的文化企业跨地域、跨行业经营和重组，推动文化产业技术改造和升级，努力发展新媒体和新的文化业态，培育一批有实力、有竞争力的骨干文化企业。进一步完善政策措施，加强资金扶持，鼓励文化企业通过投资、合资、控股、参股等多种方式，在境外设立分支机构，使我国文化产品更直接地打入国际文化市场。

三是推动文化产品和服务出口，大力拓展国外文化市场。不断壮大对外文化贸易的主力军，努力形成以国有文化企业为主体、非公有制文化企业积极参与的对外文化贸易格局，不断扩大我国文化产品在国际市场的份额。进一步扶持文化出口重点企业和重点项目，完善《文化产品和服务出口指导目录》。扩大版权贸易，保持图书、报纸、期刊、音像制品、电子出版物等出口持续快速增长，支持电影、电视剧、纪录片、动画片等出口，扩大印刷外贸加工规模。扶持优秀国产影片进入国外主流院线，国产游戏进入国际主流市场，数字出版拓展海外市场，打造具有自主知识产权和核心竞争力的文化品牌，扩大我国文化产品和服务在国际市场的份额，逐步改变主要文化产品进出口严重逆差的局面。另外，要深入挖掘民族文化资源，把传统元素与时尚元素结合起来，把民族特色与世界潮流结合起来，开发国外受众易于接受的、丰富多彩的文化产品和服务。

四是支持国家对外文化贸易促进工程，积极搭建对外文化贸易平台。进一步完善综合交易平台，扶持和指导文化精品进入海外主流市场，促进外向型文化产业和服务贸易大发展。继续办好中国（深圳）国际文化产业博览交易会、中国国际广播电视博览会和北京国际图书博览会等国际性文化产品交易平台，不断扩大中华文化影响力，同时要重视行业协定和惯例等"潜规则"的重要作用。行业协定和惯例在多个文化产业领域起着举足轻重的作用，尽管这些协定和通常做法没有任何强制性，但却能决定文化产品和服务在海外市场的成败。如美国电影协会（MPAA）由美国七大电影公司组成，负责对美国电影实行审查分级制度，审查委员会根据电影台词中的粗口、画面中的暴力、色情等内容情况，将影片分为 G、PG、PG－13、R、NC－17 等5级，观众在选择影片时可以此作为参考。尽管这种分级制度没有强制性，但是，如果一部外国影片想进入美国市场，在未分级的情况下会导致观众量大受影响，有的影院甚至拒绝放映未分级影片。因此，要加深对世界各国文化发展的规律性认识，重视相关技术标准的内容，积极参与国际文化贸易规则的制定，为中华文化"走出去"搭建良好的对外贸易平台。

### （三）注意引导民间层面中华文化"走出去"

支持中华文化"走出去"是一项十分艰巨的任务，单纯依靠政府力量是有限的，应进一步重视发挥非官方机构在中华文化"走出去"的独特作用，形成政府、企业和民间三位一体的对外文化工作格局，取长补短，才能有效推动中华文化"走出去"步伐。着重传播中华文化思想精华和人文伦理精神，重点突出中华文化理念和核心价值观，支持中外民间对话和重大文化项目合作，不断加强孔子学院建设，形成展示、体验并举的综合平台。

一是鼓励民间机构加大对外文化交流，增进中外了解与互信。目前，世界多个国家每年都举办享有国际盛名的大型艺术节，如英国爱丁堡国际艺术节、法国阿维尼翁戏剧节、奥地利萨尔斯堡艺术节、比利时欧罗马利亚艺术节等。另外，世界范围内著名的大型文化机构，如卢浮宫、巴黎歌剧院、大英博物馆等，以及各类专业文化机构，均具有相当的艺术水准和实力，国际影响力巨大。这些艺术节的组委会及文化机构的理事会多兼具官方和民间背景，有很强的舆论影响力和民众号召力，甚至会对政治和外交施加影响。因此，要支持中国文化"走出去"，就要注重同这些艺术节和文化机构的合作，努力搭建友好交流的桥梁，探索长期合作机制，以活动带合作，以合作求认同，深入而广泛地传播中国文化，构建中国的良好形象，从而让这些机构成为中华文化"走出去"的重要合作伙伴，夯实中华文化的海外民众基础。

二是促进与欧美等发达国家在思想领域的交流与争锋。思想界专家学者在世界范围内具有很强的影响力，不仅影响政府，同时也引导媒体及民意。适应全球化的时代的特点，针对不同国家、地区的文化特点，针对不同的受众人群，尤其是政界、文化界、传媒界、学术界和青少年不同对象群体的特点，积极引导中外思想领域人士开展对话，鼓励和支持高等院校加强对外文化交流，鼓励代表国家水平的各类学术团体、艺术机构在相应国际组织中发挥建设性作用，这对提升中外文化交流层次，传递当代中国的声音，争取民意能够起到事半功倍的效果。支持加大与国外文化界、各领域代表性人物和机构院团的合作，着力培养一批对中华文化有浓厚兴趣、有较深理解的文化友人。支持建立面向外国青年的定期文化交流机制，设立中华文化国际传播贡献奖和国际性文化奖项等。

三是加强中华文化在港澳台地区和海外侨胞群体中的推广。首先，加大港澳台中华文化传承工程建设。要不断深化内地与港澳台的文化交流与合作，推动中华文化在港澳台的传播，加深港澳台民众对祖国、民族的认识，促进祖国统一，促进人心回归和文化传承，具体包括文化阵地建设计划、中华文化薪火相传计划、中华文化精品和品牌推广计划等。其次，要加强与驻外媒体、跨国企业集团等机构的信息沟通与业务协作，支持并调动华人华侨在传播中华文化中的独特作用，形成传播中华文化的强大网络，提升中华文化国际传播能力。

## 四 关于财政绩效考评

财政绩效考评是保证财政投入政策效果的重要手段，可以提高财政资金的使用效益。绩效预算注重效率和责任，以结果为导向，即为达到什么样的结果需要配套什么样的预算。绩效预算考评具有重要的意义，一是可以发挥公共财政对部门预算的引导作用，通过财政资金引领项目的运行；二是绩效预算考核有助于形成追责机制，规范政府决策程序；三是绩效考评有助于深化预算改革，从"重投入"向"重效益"转变，切实提高公共支出的效益。

### （一）进一步推进政府预算管理改革

要以公共财政框架为目标，调整和充实文化部门的预算内容，继续完善以基本支出定员定额管理为核心的公共支出标准体系；同时，要加大对文化"走出去"项目支出的预算管理，加强预算制定的可行性，预算执行的准确性和预算评价的严肃性。

### （二）建立健全公共资产管理制度

随着中华文化"走出去"的步伐越来越快，在海外的公共资产，如土地、房屋、设备等资产额越来越大。公共资产的管理成为绩效考评中的一个重要因素，如果未将其纳入绩效考核范围，相关海外文化资产就不能发挥最大效益，还有可能出现资源闲置浪费的现象。因此，要逐步完善资产配置、修缮等标准，加强资产处置的规范性，将有限的资源用到实处。

### （三）建立完善的预算绩效考评体系

要逐步建立完善相关配套制度、指标体系设计、信息化建设等项目，探索建立构建绩效预算框架体系，加强问责机制建设，公开透明绩效计划的完成情况等相关信息，从而使预算绩效考评体系成为规范和引导文化部门加强管理、集中财力支持重大文化"走出去"项目的重要支撑。

### （四）稳步推进绩效考评试点工作

要按照绩效考评管理办法的总体要求，定量分析与定性分析相结合，统一与文化有关的预算绩效考评指标，稳步推进绩效考评试点工作。要发挥试点部门的示范效应，做到绩效考评与滚动预算有机结合，并适时扩大试点范围。

## 第三节　支持中华文化"走出去"的税收优惠政策建议

### 一　税收政策的着力点

#### （一）税政统一

鉴于文化在意识形态建设、文化积累传承以及国民经济结构调整等方面的独特作用以及实现社会主义文化大发展大繁荣的要求，适当运用税收优惠政策促进文化发展是可行也是必要的。但是，调整完善税收优惠政策要符合税制改革的总体要求，要配合国家宏观调控大局，避免为今后的税制改革带来障碍。

#### （二）公平和效率相统一

税收优惠政策的实施范围和力度应适当，防止行业、部门间的攀比，对税收基本制度造成冲击，对税收公平造成负面影响。同时要提高税收优惠政策的支持效率，调整税收政策的着力点，优化税收优惠政策的范围，在创造公平竞争环境的基础上，引导生产要素投向国家重点支持和优先发展的文化领域。

#### （三）协调财政支出与税收优惠

规范财政支持与税收优惠的边界，避免税收越位。财政税收政策不能替代企业自主发展的行为动力；一些促进文化事业发展的准公共产品或服务，应主要通过规范的财政支出保障；对文化产业的税收优惠政策调整应以现行的税收制度及相关税收优惠政策为基础，减少属于替代财政支出功能的涉税优惠，通过调整、统一和规范现有的政策来体现对文化事业和产业的扶持。

#### （四）优惠条件严格界定并具有可操作性

尽量减少不必要的制度成本和管理漏洞，对于税收实践已证明不利于操作,容易造成税收征管漏洞,影响税制统一和税收收入的政策应慎重,同时结合税制改革的进程调整相应的税收优惠政策。

## 二 税收优惠政策建议

### (一) 进一步提高税收调控能力

税收支持文化发展的效果不仅取决于税收政策,也取决于税收政策与财政支出政策的协调配合。因此,要从健全有利于推动文化和文化产业发展的财政体制机制出发,建立税收收入政策与预算支出政策协同作用的政策协调机制,积极发挥财政政策定点调控的优势。目前,我国现行税制中直接税所占比例偏低,间接税所占比重偏高,使税收的自动稳定器和相机抉择的功能难以得到很好的发挥。税收调节经济的功能需要综合运用税种、税率等多种工具,更好地发挥税收在推动消费、投资、出口协调拉动方面的积极作用。根据积极财政政策和稳健财政政策的调控要求,通过税收自动稳定功能和相机抉择政策的搭配使用,使税收在国家宏观调控舞台中的分量越来越重。另外,应结合我国非营利组织的发展状况,进一步研究非营利组织税收优惠政策,细化享受税收优惠政策的非营利组织应符合的条件,完善相关管理办法。公益性文化事业符合非营利组织条件的均可按规定享受相关税收优惠政策。

### (二) 继续贯彻落实和适时完善支持文化事业和产业发展的税收优惠政策

税收政策的贯彻落实直接关系到文化体制改革的推进力度和实际成效。发挥好税收政策的杠杆作用,继续落实鼓励文化产品和服务出口的出口退税政策和营业税政策,加大文化外贸出口;继续落实鼓励文化产业研发和高新技术发展的税收优惠政策,鼓励文化技术创新。对于具有期限的税收优惠政策,如支持文化体制改革和支持电影、动漫产业等一些重点文化产业发展的税收优惠政策,也应结合文化体制改革进展情况和重点文化产业发展的情况,在总结评估的基础上适时研究完善。

值得注意的是,应逐步建立鼓励捐赠的税收引导机制,加快出台鼓励社会捐赠和兴办公益性文化事业的税收优惠政策,引导社会资金投入。从经济学的角度看,捐赠的价格弹性为 -1.4~-0.9,也就是说,财政部门每减少1个货币单位的税收收入,私营部门的非营利机构便得到0.9~1.4个货币单位的捐赠。长远看来，完全依靠国家财政的投入已难以满足新时期对外文化发展的需要，社会力量捐赠公益文化事业应成为国家财政投入的有益补充。目前，社会捐赠较少的原因是多方面的，如政策宣传力度不够、难以形成普遍的社会共识；缺乏有吸引力的荣誉制度，捐赠人得不到应有的表彰；税前列支的优惠政策程序烦琐，税务部门和捐赠企业的积极性都不高，使有关政策在实际捐赠过程中可操作性不强。因此，要积极引导社会力量进入对外文化交流领域，鼓励企业、法人和其他社会组织以及个人以资助、投资、捐赠的形式参与中华文化"走出去"。

### （三）进一步优化增值税和营业税制度

将增值税的征税范围覆盖所有货物和服务，推进增值税改革，将服务业纳入增值税征收范围，逐步减少重复征税现象，是增值税中性原则的内在要求，也是实行增值税国家的通行做法。将货物和服务统一纳入增值税的征税范围，实行规范的销项税减进项税的计征办法，将从根本上彻底解决目前存在的重复征税问题，对于我国文化产业的健康、快速发展意义重大。结合增值税立法的有利时机，应积极推进增值税扩围改革；而在改革没有全面到位之前，应继续完善增值税和营业税政策，特别是考虑部分文化企业的特殊性继续实施税收优惠政策，尽量缓解重复征税的问题。对重复征税突出的行业，在稳妥可控的原则下，可研究差额征税政策。

### （四）继续本着积极稳妥的原则，推进有关文化产品和服务出口免征营业税政策的出台，鼓励我国文化企业"走出去"

随着文化新业态的发展，以直接提供数字内容服务、著作权等无形资产输出为代表的中华文化"走出去"情况日渐增多，对这些文化产品和服务出口活动取得的境外收入免征营业税，有利于鼓励文化企业通过市场途径"走出去"。2009年实施的修订后营业税暂行条例，一举改变了原来的进口服务免税、出口服务征税的做法，将进口服务纳入了营业税的征税范围，并拟对出口服务包括文化服务出口全面实行免征营业税的政策。但考虑到文化服务具有无形的特点，服务贸易不通过海关报关出口，需要根据各种文化出口服务的特点，本着"成熟一项、出台一项"的原则明确免征营业税的范围。同时，继续落实支持海外中国文化中心建设的税收优惠政策，推动开展政府间文化交流活动，不断扩大中华文化的国际影响力。

### （五）加快完善推进文化技术创新的税收政策

推动文化与现代科学技术融合，是加强中华文化影响力的重要途径。适应现代高新技术迅猛发展，按照建设创新型国家的要求，应认真落实税收促进文化科技进步和提高文化产品科技含量的各项政策措施，建立健全支持文化技术创新的税收激励机制。研究完善技术先进型企业和高新技术企业的税收优惠政策，促进文化高新技术企业的发展。在积极运用高新技术改造传统文化产业的同时，按照加快发展文化创意、动漫游戏等新兴文化产业的要求，进一步研究完善促进动漫产业发展的税收优惠政策，提高国产动漫产品的竞争力；进一步研究完善相关税收政策，支持工业设计、软件设计等设计创意产业的发展和设计创意产业公共平台的建设。

### （六）加快完善促进网络文化建设的税收政策

随着网络技术的迅猛发展，互联网发展大众化、媒体化、现实化、数字化的趋势日益明显，网络文化作为全新的文化形态，已成为人们精神文化生活不可或缺的组成部分，成为各种思想文化交汇的平台和意识形态较量的战场，推动网络文化繁荣发展，日益成为当前文化建设的一项战略任务。应研究完善税收政策，支持互联网上网服务营业场所向规模化、连锁化、专业化、品牌化方向发展，以进一步促进产业结构的调整和网络文化市场的整合。

## 第四节　支持中华文化"走出去"的投融资政策建议

### 一　投融资政策着力点

在全球化背景下支持中华文化"走出去"，除了财政投入政策和税收优惠政策，通过财政投融资政策支持中华文化"走出去"，是全球化背景下支持文化发展行之有效的途径，也是新形势下促进文化产品和文化服务"走出去"、增强国家软实力的重大举措。总体而言，政策的着力点有三处：一是建立健全文化产业投融资体系，扩大有关文化基金和专项资金规模，通过贷款贴息、保费补贴以及设立产业投资基金等方式，搭建文化产业发展投融资平台。二是充分调动社会资本发展文化产业的积极性，支持社会资本以多种形式投资文化产业，鼓励、扶持民营文化企业发展，形成以公有制为主体、多种所有制共同发展的文化产业格局。三是加强政策衔接，鼓励和引导文化企业面向资本市场融资，促进金融资本、社会资本和文化资源的有机对接。

## 二 投融资政策建议

### （一）设立国家文化发展基金，支持中华文化"走出去"工程建设

一是设立国家文化发展基金。发展基金的资金来源可分为财政拨款资金和非拨款资金。财政拨款资金是基金的主要来源，非拨款资金包括其他个人和组织的合法捐赠以及通过有限投资获得的资本利得。资金构成可分为受限使用部分和非受限使用部分。受限使用部分用于基金常规运行的项目；非受限使用部分可灵活用于符合资助条件的相关项目。发展基金的资助方式可以是项目补贴、优秀奖励、匹配资助等。资助方向应重点围绕创作资助、宣传推广、征集收藏和人才培养四大方向进行。采取公开、竞争和择优的方式，支持优秀文化作品创作和人才培养，引导文化产品创作生产。就支持中华文化"走出去"而言，可针对目前"走出去"方面的薄弱环节进行资助，如体现中华文化的精品创作、"走出去"平台建设、中青年文化人才的培养等项目。

二是设立国家文化艺术创作基金。借鉴国内外已有经验，可探索设立"国家文化艺术创作基金"等，按照"间接资助、专家管理、社会监督、绩效考核"的原则，支持文化艺术领域优秀作品创作和人才培养，引导文化产品创作生产。

三是设立中国文化产业投资基金，推动建立符合市场经济规律的文化产业投融资平台。

### （二）设立财政担保资金，支持文化企业加快"走出去"的步伐

探索在中央层面和有条件的地方政府设立文化创意产业财政担保资金，中央财政担保资金和地方担保资金规模应依托产业发展实际需要，在综合考察、评估、测算的基础上设定。担保资金的运作方式应主要通过公开招标选择优秀担保机构，对合作担保机构开展的文化企业担保业务进行补助，对再担保费进行补贴，引导担保机构为文化产业提供广泛有效的担保服务。为发挥财政资金的杠杆引导作用，对再担保费补贴和担保业务补助的总额原则上不超过担保公

司文化项目担保总额的1%。担保资金支持方向应是具有正外部性和准公共物品属性的贷款以及中华文化"走出去"的重大项目贷款的担保。[①]

**（三）促进文化与金融有机衔接，打造投融资服务平台**

通过与进出口银行等金融机构签订战略合作协议等形式，使一批重点对外文化交流项目得到银行支持。首先，加强对外文化交流项目的管理，把好资质、资金、项目等准入关，对无不良信用记录的企业、法人和其他组织同等条件下优先安排，鼓励银行、保险公司、风险投资公司给予贷款支持。其次，要推进资本市场建设，引导文化企业开展银企合作、融资担保，实现金融资本与文化资源有机对接。最后，进一步完善市场准入制度，鼓励优势文化企业以资本为纽带，进行跨地区、跨行业、跨所有制兼并重组，提高产业集中度。继续推动符合条件的文化企业上市融资，充分利用资本市场做大做优做强。同时，鼓励具有竞争优势和经营管理能力的文化企业对外投资，兴办文化企业，经营影院、出版社、剧场、书店和报刊、广播电台电视台等。鼓励从事具有中国特色的影视作品、出版物、音乐舞蹈、戏曲曲艺、武术杂技和演出展览等领域的文化企业采用多种形式开拓海外市场。

## 第五节　本章小结

以第三章中华文化"走出去"现状及问题为基础，结合第四章对现行财政政策的分析，参考借鉴第五章的国际经验，本章分别对支持中华文化"走出去"的财政投入政策、税收优惠政策和财政投融资政策提出了建议。

公共财政作为政府履行职能的物质基础、体制保障、政策工具和监管手段，政策把握的根本原则是紧扣政府与市场的关系，有所为有所不为。要以培育合格市场文化主体为目标，解放市场束缚，规范市场监管，促进行业自律；同时坚决反对完全的、绝对的市场自由主义，避免文化过度商业化、低俗化。在处理国际文化贸易、本土文化保护等中华文化"走出去"方面，应采取适度的、在某些时间甚至是较多的国家干预政策。这是本章第一部分的主要内容。

---

[①] 综合参考了财政部科研所博士论文——刘利成：《支持文化创意产业发展的财政政策研究》。

## 第六章 支持中华文化"走出去"的财政政策建议

在全球化背景下支持中华文化"走出去",必须逐步建立健全同财力相匹配、同当前国际国内形势相适应的政府投入保障机制,不断完善支持中华文化"走出去"的财政政策。要统筹国内国外两个大局,加大财政文化投入力度,确保中央与地方财政文化投入稳定增长。要按照健全财力与事权相匹配的财政体制要求,合理界定中央与地方文化事权和支出责任。要进一步拓宽文化投入来源渠道,合理增加政府非税收入用于文化的投入。另外,要采取项目补贴、定向资助、出口奖励等政策措施,扩大对外文化贸易。本章第二部分从重点保障政府层面、积极支持企业层面和注意引导民间层面分别提出了中华文化"走出去"的政策建议。

税收调节经济的功能需要综合运用税种、税率等多种工具,更好地发挥税收在推动文化消费、投资、出口协调拉动方面的积极作用。税收政策建议总的原则是要根据财政政策的调控要求,通过税收自动稳定功能和相机抉择政策的搭配使用,使税收在支持中华文化"走出去"方面的分量越来越重。具体而言,要进一步优化增值税和营业税制度、加快完善推进文化技术创新和促进网络文化建设的税收政策等。

最后,从财政投融资体制而言,要拓宽投入渠道,鼓励企业、社会团体和公民个人捐赠,努力促进对外文化产品和服务的多元化、社会化,积极引导社会资金以多种方式支持中华文化"走出去"。第一,要建立健全文化产业投融资体系,通过贷款贴息、保费补贴以及设立产业投资基金等方式,搭建文化产业发展投融资平台。第二,要充分调动社会资本发展文化产业的积极性,支持社会资本以多种形式投资文化产业,鼓励、扶持民营文化企业发展,形成以公有制为主体、多种所有制共同发展的文化产业格局。第三,应加强政策衔接,鼓励和引导文化企业面向资本市场融资,促进金融资本、社会资本和文化资源有机对接。如设立国家文化发展基金、设立文化创意产业财政担保资金、完善市场准入制度、推动符合条件的文化企业上市融资等。

# 参考文献

[1] 国家统计局:《中国统计年鉴2011》,中国统计出版社,2011。

[2] 国家统计局:《中国统计年鉴2010》,中国统计出版社,2010。

[3] 财政部:《中国财政年鉴2011》,中国财政杂志社,2011。

[4] 财政部:《中国财政年鉴2010》,中国财政杂志社,2010。

[5] 财政部:《中国财政年鉴2009》,中国财政杂志社,2009。

[6] 财政部:《中国财政年鉴2008》,中国财政杂志社,2008。

[7] 财政部:《中国财政年鉴2007》,中国财政杂志社,2007。

[8] 财政部:《中国财政年鉴2006》,中国财政杂志社,2006。

[9] 文化部:《中国文化文物统计年鉴2010》,国家图书馆出版社,2008。

[10] 毕佳、龙志超:《英国文化产业》,外语教学与研究出版社,2007。

[11] 本书编写组:《党的十七届六中全会〈决定〉学习辅导百问》,党建读物出版社,学习出版社,2011。

[12] 本书编写组:《中共中央关于深化文化体制改革推动社会主义文化大发展大繁荣若干重大问题的决定》辅导读本,人民出版社,2011。

[13] 陈少峰、朱嘉:《中国文化产业十年:1999~2009》,金城出版社,2010。

[14] 陈志楣、冯梅、郭毅:《中国文化产业发展的财政支持研究》,经济科学出版社,2008。

[15] 冯雷、夏先良:《中国"走出去"方式创新研究》,社会科学文献出版社,2011。

[16] 方彦福:《文化管理引论》,福建教育出版社,2010。

[17] 胡惠林:《我国文化产业发展战略理论文献研究综述》,上海人民出版社,2010。

[18] 胡惠林：《文化产业学——现代文化产业理论与政策》，上海文艺出版社，2006。

[19] 胡惠林、陈昕：《中国文化产业评论》第12卷，上海人民出版社，2010。

[20] 侯聿瑶：《法国文化产业》，外语教学与研究出版社，2007。

[21] 〔韩〕姜锡一、赵五星：《韩国文化产业》，外语教学与研究出版社，2009。

[22] 姜毅然、张婉茹、王海澜：《以市场为导向的日本文化创意产业》，人民出版社，2009。

[23] 蓝仁哲：《加拿大文化论》，重庆出版社，2008。

[24] 李怀亮、刘悦笛：《文化巨无霸——当代美国文化产业研究》，广东人民出版社，2005。

[25] 李嘉珊：《国际文化贸易研究》，中国金融出版社，2008。

[26] 李景源、陈威：《中国公共文化服务发展报告2007》，社会科学文献出版社，2007。

[27] 刘世锦、林家彬、苏扬：《中国文化遗产事业发展报告2009》，社会科学文献出版社，2009。

[28] 卢仁法、许善达：《促进中国企业对外投资合作税收问题研究》，中国税务出版社，2009。

[29] 欧阳坚：《文化产业政策与文化产业发展研究》，中国经济出版社，2011。

[30] 祁述裕：《中国文化产业发展战略研究》，社会科学文献出版社，2008。

[31] 商务部研究院：《"走出去"营造新优势》，中国商务出版社，2011。

[32] 孙有中：《美国文化产业》，外语教学与研究出版社，2007。

[33] 唐晋：《大国策：软实力大战略》，人民日报出版社，2009。

[34] 王天玺：《文化经济学》，云南出版集团公司，云南人民出版社，2010。

[35] 吴瑛：《文化对外传播：理论与战略》，上海交通大学出版社，2009。

[36] 艺衡：《文化主权与国家文化软实力》，社会科学文献出版社，2009。

[37] 叶朗：《中国文化产业年度发展报告（2010）》，北京大学出版社，2010。

[38] 周宏仁、徐愈：《中国信息化形势分析与预测2010》，社会科学文献出版社，2010。

[39] 郑风田、崔海兴：《"走出去"面临的挑战——提升国家竞争优势的理论与实证分析》，华中科技大学出版社，2011。

[40] 中国出版集团公司战略发展部：《文化"走出去"与出版创新》，中国出版集团，中国对外翻译出版公司，2010。

[41] 邹广文、徐庆文：《全球化与中国文化产业发展》，中央编译出版社，2006。

[42] 张其仔、郭朝先、陈晓东：《中国产业竞争力报告2010》，社会科学文献出版社，2010。

[43] 张讴：《印度文化产业》，外语教学与研究出版社，2007。

[44] 哈维·罗森：《财政学》，中国人民大学出版社，2006。

[45] 戴维·罗默：《高级宏观经济学》，上海财经大学出版社，2009。

[46] 〔英〕迈克·费舍斯通：《消费文化与后现代主义》，译林出版社，2000。

[47] 〔澳〕塔尼亚·芙恩：《文化产品与世界贸易组织》。

[48] 财政部财政科学研究所：《热点与对策2009~2010年度财政研究报告》，财政部财政科学研究所，2011。

[49] 胡锦涛：《在省部级主要领导干部深入贯彻落实科学发展观加快经济发展方式转变专题研讨班上的讲话》，2011。

[50] 胡锦涛：《高举中国特色社会主义伟大旗帜 为夺取全面建设小康社会新胜利而奋斗》，见本书编写组《十七大以来重要文献选编》，中央文献出版社，2009。

[51] 何志平：《文化产业：产业为载体，文化为核心》，见张晓明、胡惠林、章建《2010年中国文化产业发展报告》，社会科学文献出版社，2010。

[52] 刘玉珠：《入世后文化产业面临的挑战与应对策略》，见张晓明、胡惠林、章建刚《2001~2002年中国文化产业发展报告》，社会科学文献出版社，2002。

[53] 齐勇锋、王家新：《构建公共文化服务体系的探索》，见张晓明、胡惠林、章建刚《2006年中国文化产业发展报告》，社会科学文献出版社，

2006。

[54] 王家新、宋文玉：《关于财政支持文化体制改革的思考》，见张晓明、胡惠林、章建刚《2004年中国文化产业发展报告》，社会科学文献出版社，2004。

[55] 张晓明、胡惠林、章建刚：《以结构调整为主线，加快发展文化产业化，促进国民经济发展方式方法的转变》，见张晓明、胡惠林、章建刚《2010年中国文化产业发展报告》，社会科学文献出版社，2010。

[56] 张书林：《有效传播能力：提高文化软实力的重要环节》，见张国祚《中国文化软实力研究报告（2010）》，社会科学文献出版社，2011。

[57] 张晓明、胡惠林、章建刚：《2001～2002年中国文化产业发展报告序言》，见张晓明、胡惠林、章建刚：《2001～2002年中国文化产业发展报告》，社会科学文献出版社，2002。

[58] 中国文物交流中心：《文物对外交流应为推动社会主义文化大发展、大繁荣发挥积极作用》，国家文物局，2011。

[59] 陈清华：《中国文化产业投资机制创新研究》，南京航空航天大学出版社，2009。

[60] 刘利成：《支持文化创意产业发展的财政政策研究》，财政部财政科学研究所，2011。

[61] 苏江明：《产业集群生态相研究》，复旦大学出版社，2004。

[62] 周斌：《文化产业政策法规研究》，南京师范大学出版社，2005。

[63] 周国梁：《美国文化产业集群发展研究》，吉林大学出版社，2010。

[64] 本刊记者：《财政扬帆文化远航》，《中国财政》2012年第2期。

[65] 韩冰：《多部门文化发展战略渐显》，《瞭望》2011年第46期。

[66] 韩冰：《新闻出版"走出去"机遇》，《瞭望》2011年第10期。

[67] 计国忠：《文化产业的政府支持：正外部性角度的分析》，《新疆社会科学》2004年第4期。

[68] 李长春：《正确认识和处理文化建设发展中的若干重大关系，努力探索中国特色社会主义文化发展道路》，《求是》2010年第12期。

[69] 陆杨：《文化定义辨析》，《吉首大学学报（社会科学版）》2006年第2期。

[70] 刘云德：《面向二十一世纪的中国文化》，《新华文摘》2011年第23期。

[71] 祁述裕：《中国和欧盟国家文化体制、文化政策比较分析》，《比较借鉴》2005年第2期。

[72] 唐润华、刘滢：《重点突破：中国媒体国际传播的战略选择》，《新华文摘》2012年第5期。

[73] 吴满意等：《中国文化安全面临的挑战及其战略选择》，《当代世界与社会主义》2004年第3期。

[74] 叶劲松：《新增长理论的国际贸易发展观及其启示》，《宁波大学学报》2002年第3期。

[75] 朱健刚、张来治：《文化主权：今天主权斗争的焦点》，《复旦学报》1998年第1期。

[76] 赵峰：《中华文化复兴的先务》，《紫光阁》2011年第10期。

[77] 郑百灵、周荫组：《关于我国文化产业发展的若干思考》，《当代财经》2002年第9期。

[78] 陈璐：《2011，对外文化交流亮点频现》，《中国文化报》2012年1月。

[79] 本报记者：《关于"韩流"的经济影响报告》，《参考消息》2005年第5期。

[80] 李舫：《"文化折扣"阻碍中国电影远行》，《人民日报》2012年2月。

[81] 何雨欣、徐蕊：《为推动文化发展繁荣"保驾护航"》，《新华每日电讯》2011年第11（28）期。

[82] 何星亮：《继承和弘扬中华文明的价值观》，《学习时报》2011年第3（14）期。

[83] 沈卫星、靳晓燕、沈耀峰：《孔子学院：向世界的一声问候》，《光明日报》2012年第1（5）期。

[84] 美报报道：《中国媒体"走出去"提升国际形象》，《参考消息》2012年第1（18）期。

[85] 文化部：《文化部"十二五"时期文化产业倍增计划》，《中国文化报》2012年第3（1）期。

[86] 王渠：《重振中国传统文化的精髓》，《环球时报》2012年第2（24）期。

［87］ 焦雯、陈霜：《毛里求斯再掀中国文化热》，《中国文化报》2011 年第 12 （16） 期。

［88］ 中国电影海外推广公司：《2009 国产影片海外销售增 9.22%》，《综艺报》2009 年第 12 （28） 期。

［89］ 公共财政支持文化产业发展研究，财政部网站。

［90］ 新华社驻外分社，http：//203.192.6.89/xhs/zwfs.htm。

［91］ 中国国际广播电台，http：//gb.cri.cn/21344/2007/09/29/1885@1788521.htm。

［92］ 中央电视台，http：//cctvenchiridion.cctv.com/20090617/113152.shtml。

［93］《中国日报》，http：//www.chinadaily.com.cn/static_c/gyzgrbwz.html。

［94］ 汉娜尔·考维恩：《从默认的知识到文化产业》，http：//www.lib.hel.fi/ulkkirja/birstonas/index.html。

［95］《民营艺术表演团体》，中国文化产业网，2010 年 4 月 29 日，http：//www.cnci.gov.cn/content/2010429/news_57727.html。

［96］ 新华网，http：//www.cnr.cn//allnews/201004/t20100422_506322208.html，2010 年 4 月 2 日。

［97］ 刘思思：《2009 年中国版权输出创历史最好水平》，国际在线，http：//news.sina.com.cn/o/2010-01-13/162416927019s.shtml，2010 年 1 月 13 日。

［98］《2009 年国产电影实现五突破进入快速发展期》，中国网，http：//www.china.com.cn/news/txt/2010-01-18/content_19256439.htm，2010 年 1 月 18 日。

［99］《文化产业增速超越同期 GDP》，中国文化产业网，2010 年 3 月 2 日。

［100］ http：//www.mcprc.gov.cn/sjzz/whcys/cydt/201107/t20110707_128092.html.

［101］ Axford, Barrie. The Global System：Politics and Culture. Cambridge：Polity Press, 1995：28.

［102］ Goddard, Cliff. The Lexical Semantics of culture. Payne：Language Sciences, 2005 （1）：51 - 53.

［103］ Chris Bilton. Management and Creativity：From Creative Industries to

Creative Management. New York: Blackwell Publishing Ltd., 2007: 33 – 57.

[104] Hartley J. Creative industries. New York: Blackwell Publishing Ltd., 2005: 123 – 176.

[105] Caves R. E. Creative Industries: Contracts between Art and Commerce. New York: President and Fellows of Harvard College, 2001: 211 – 213.

[106] Payne, M. F., Rippingale, R. J. Intensive Cultivation of the Calanoid Copepod. New York: Gladioferens Imparipes Aquaculture, 2001: 56 – 77.

[107] Brecknock B. Creative Capital: Creative Industries in the "Creative City". US: Working Paper, 2004.

# 后记：激情燃烧的青春岁月

## 一 苦涩又快乐的童年

我是黄波涛，字建璋，山东沂水人。我们这一支黄姓的祖先为黄静，明末清初由山西洪洞县迁来，我在家乡的黄姓中排第二十一世，辈分为"秀"或"见（建）"，我学古人取名字的方法又为自己取字为"建璋"。黄姓人口繁衍很快，听老人讲我们这一支系中曾有一个富有的地主叫黄宝元，他当时有近千亩地、50头水牛，每去次集市会买两个猪耳朵作下酒菜，算是当地上好的人家了；其他的黄姓祖先世代为农，安居乐业。我的父母现在在老家以种地为生，日出而作，日落而息，偶尔出去打个零工补贴家用。

我的家乡依山傍水，后面是有九个山峰的九顶莲花山，前面流淌着山东省第二大河流——沂河，并在家前100米处形成了山东省第三大水库——跋山水库。因1960年修建跋山水库，以前的村庄一分为三，我的奶奶坚持到一河之隔的北山脚下居住。家乡的风光颇为秀丽，春天后山的杏花桃花开得正旺，风吹杨花满村香；夏天家前的水库一片清澈碧绿，是游泳休憩的乐园；秋天大雁南飞，花生红薯玉米满仓；冬天则雪花纷飞，围炉小饮，其乐融融。

我的童年就是在这样的环境中度过的，有许多快乐，也有许多苦涩。我小时候最大的特点就是馋，其次是胆小，再次是不服输，最后是常做坏事。我从小体弱多病，个头在同龄人当中是最矮的，总是被同龄或大一点的孩子欺负，打不过他们时只好哭，然后找老师打小报告，养成了不敢直面斗争只能侧翼巧斗的习惯，所以被同学们称为"小鬼"。身体虽弱但野心很大，总想当老大，就去找比我年龄小的孩子玩，我经常带着一群孩子在家前的地里追打游戏，还不时地让手下的小孩去偷山楂、苹果解馋；邻居在家前菜地里种了几株葡萄，我从葡萄架长出酸涩小果时就开始偷着吃，一直吃到秋季成熟，到真正收获时也剩不下几串了。夏天在河里游泳，肚子饿了就去偷人家菜地里的萝卜、黄瓜和葱，那时看谁家菜园里的葱长得好就拔两棵，把根部泥土一撸就送进嘴里，辣得两眼流泪，再一头扎进水库里喝上两口水缓解一下。

我爱偷东西的坏习惯被终止在9岁那年。一天，家中小我两岁的堂弟跑到我家告诉我：哥，有重大发现，小东家兔子栏子里有一大罐蝎子。我小时候挣零花钱的方式就是挖蝎子去卖，大号的蝎子1毛1个，中号的5分1个，小号的卖不了钱。堂弟的消息的含金量实在太高了！我们就选了一个大人们都外出干活的时间去了小东家，那时的农村夜不闭户，只是在门口象征性地放个栅栏防止羊等牲口出去践踏庄稼，所以我们很轻松地进去拿到了那一大罐蝎子。我和堂弟便把那一大罐蝎子一分为二，只留下几个卖不了钱的小号蝎子。事后，我向堂弟一再强调这事不能告诉别人。最后，"杯具"还是发生了。在卖完蝎子后的某天我放学回家，吃晚饭时没有任何异样，饭后，爸妈的审判开始了。那个过程现在都很难忘，当时觉得万分难熬。一阵打骂之后，我妈说没有我这个儿子，叫我赶快离开这个家；我爸就给我准备了一个破搪瓷茶缸、一根打狗的棍子叫我出去要饭乞讨，并说送我到二十里之外的地方放下我，我也不认识回家的路了。我一看那个情形，学上不成，家也回不了，吓得屁滚尿流哭着求饶说再也不偷东西了。那件事情的后果有三：一是我把卖蝎子所有的钱退还给小东，大约有三四元钱的样子，当然了，这些钱中除了偷来的蝎子卖的钱之外，还有我自己去山上挖的蝎子卖的钱；二是我和堂弟绝交一个月，因为我们在大功告成后他嘴里留不住话马上宣扬出去，我讨厌背叛；三是从此之后我再没拿过别人的一针一线。

当然了，童年快乐的回忆也有很多。我小时候的爱好一是挖蝎子，二是拾鱼，三是牧羊，四是去姥姥家，五是看电影，这些回忆大多和家后的青山、家前的水库有关。夏秋是打鱼的时节，那时正好是暑假和秋假，我最大的快乐就是早早起床沿着河边去拾鱼，印象中我总是走啊走，运气好的话能拾个十条八条，然后回家让妈妈用盐腌制后煎来吃解馋。我特别喜欢在水库里游泳，从芒种节气开始游，到秋分节气才结束。一群伙伴光着身子在水里嬉戏、潜水、横渡河流到对岸的村庄。暑假时家人会让我干一些农活，主要是去山坡或者水淹地里放羊。我们一群赤脚羊倌把羊散放到山上之后就找块岩石坐下打扑克。现在到北京生活了，晚上写日记时经常想起小时候放羊的情景：天空蔚蓝、白云悠悠、绿草茵茵，坐在山顶上清风习习，家前的沂河澄江似练、水波稍兴。黄昏该收羊了，西边彩霞满天，村落炊烟袅袅，肚子吃得鼓鼓的羊像事先约定好似的聚到我们身边咩咩地叫你一起回家。回家后羊去饮水，我便一边跑一边脱衣服冲向家前的水库，到水边时衣服也脱完了，然后一头扎进水里潜游十几米，真有几分"虎归深山、龙归大海"的味道。游泳回来吃完晚饭就休息，要是村里能放场电影就再好不过了。家里当时没有电视，村里的电影是所有孩子的精神盛宴，我们还来不及吃晚饭就早早地抱着小板凳去占位了。那时的电影像《少林寺》《李自成》，电视剧像《西游记》等深深地影响着我们，主人公的经历让我们浮想联翩，我们一帮小伙计都想去少林寺练武，想当美猴王。还有一次去舅舅家看电视，因为看到我国运动员获得了金牌，电视进行了褒奖，说这是为国争光，我就把人生的理想确定为当一名优秀的运动员为国争光。还有一次，在中学当英语老师的舅舅到我家吃饭，说村里有人考上了本科实在是给爸妈长脸面，还说本科比专科难考，我便暗暗下定决心考个本科。

## 二  小荷才露尖尖角

我的小学是在本村的北黄家庄小学度过的。我读小学二年级时，爸爸和村支书吵架对我影响很大。爸爸是1974年毕业的高中生，写一手很好的毛笔字，当年高考实行的是推荐制，只有村长有权决定推荐谁去读大学。因为爷爷与村长的关系很僵，所以爸爸就被压在生产队里，没有被推荐去读大学。我觉得爸爸不读大学实在是可惜，他当年写的作文现在读来都让人称叹。我爸爸心里也燃烧着一股无名之火，并在我读二年级的时候爆发了出来。爸爸喝完酒后大闹村支书家。最后的结果是村支书号召了许多人来对付我们，我也成了被压制的对象。我的小学老师在讲课时不让我在教室里面听课，还经常为难我，有一次在讲到"走"字时竟然让我上讲台当众表演走的动作，并让我跑一下，以表达走和跑的区别。

由于全村的压制，倔犟的妈妈实在撑不住了，她想离开这个家，但舍不得我和弟弟。妈妈后来告诉我，那时弟弟还小，她想找临村会看命相的老先生帮我看一下，如果以后我还得在这个村庄种地，就决定离家出走。妈妈扛着自行车翻过几座山后找到了一个远近闻名的盲人先生，他推算了很长时间，说八字里有前途云云，并向我妈收费8元的双卦礼钱，说很少有这样的八字，那时的8元钱算是很多了。最终因为我，妈妈坚强地留了下来，打落牙齿和血吞，苦苦支撑着这个家，以求我有所成就。总之，学校里老师最不喜欢的是我，受同学欺负辱骂最多的也是我，所以我对小学的印象还是黑暗多一些。这种状况一直持续到小学五年级，我们乡第一次举行小学生竞赛，我和另外一名女生作为学校代表去乡中心小学参加了知识竞赛，我考了全乡第一名。这个消息很快就传遍了整个村落，好多人都感觉老子无能倒养了一个有出息的儿子。

我15岁那年，初三毕业参加县预选考试，是我第一次进沂水县城，像刘姥姥进大观园，我进城了！进入县城后我激动地乱叫，两眼应接不暇。说一件让人哭笑不得的故事吧，进县城后我第一次爬楼，彻底解开了心中一个悬而未决、让我疑惑了10年的谜团。离家不远有一个叫韩旺铁矿的地方，在固定时间会有集市开张，在跟着大人赶集时我看到当时高高的楼房（也就是四五层高），心中便生出疑惑：楼房这么高，里面的人是怎样上去的呢，外面的墙上也没有挂着像我们家爬屋顶时用的梯子啊，我也不好意思问大人，就在心中猜测可能是在楼里面吊了一根绳子，大家都像猴子那样抓着绳子上上下下的。去县里中考的时候我才彻底解开疑问，我住在沂水二中宿舍楼的五楼，我把行李放在寝室后就从五楼跑到了一楼，然后再跑到五楼，就这样上上下下连续跑了十多趟，享受了一下爬楼的快感。我住下后很快把学校转了个遍，并在学校门口花五毛钱买到了一袋非常可口的辣酱，那个牌子现在可能不存在了，当时却是那样的美味。我带着爬楼的喜悦和辣酱的美味进入中考的考场，结果我考了全县第三名。

我考全县第三名的消息彻底轰动了全村，村里的人对我刮目相看，以前欺负我的同学也到家里道歉。由于家中经济困难，我弟弟也需要上学，加上中专生可以转农村户口、补贴粮食并分配工作，这些对一个农村家庭来讲实在太诱人了，家里人就让我选择中专。我中专报的第一志愿是位于潍坊市的山东省信息工程学校，我考的分数就读第一志愿是没有任何问题的。但是在90年代中期，学生的志愿分配还没有做到信息化处理，都是手工填写的，因此存在许多猫腻，你有关系就可以改志愿并优先选择学校。很不幸，我是没有关系被顶替志愿的那一类，并被调剂到根本没报过的临沂市商业学校。当然了，我相信那些顶替志愿的"潜规则"受益者也未必心中情愿,现在看来机会公平对年轻人来说是多么重要和珍贵。这么高的分数被顶替,我内心无比痛苦,晚上经常做梦并不停地用脚跺墙,靠肉体的疼痛来缓解内心的苦闷。不得不承认,那是我一生中受到的第一次重大打击,我还太稚嫩的内心承受了太多不能承受之重,我曾经无数次想放弃中专去读高中,但由于家中经济拮据,只好委屈自己去临沂商校读书了。

现在上了一些年纪的人可能知道,从20世纪80年代到90年代中期,中专非常热门,学习成绩最好的人才能读中专;也正因为如此,中专毁掉了一大批优秀的青年学子,这部分人没有机会继续更高层面的学习,也没有机会步入更高层次的平台工作。我在商校读了四年书,从15岁读到19岁,也松松散散地度过了四年悠闲时光。我在商校四年的主题是读小说、写文章、打篮球、胡思乱想。读过的印象最深的小说是路遥的《平凡的世界》,当时做了大量的读书笔记,有些文字现在还能背诵出来。1995年我动了阑尾炎手术回家休养,九四外会班的所有同学为我筹款,还写信鼓励我,令我非常感动,让我体会到了大家庭的温暖。1996年返校后,我疯狂地单相思一个本校的女生,当时的我感觉她简直是天仙下凡,现在看来没有什么。单相思是一件非常痛苦的事情,远远地看到她我就会面红耳赤,在捧水洗脸的时候想的都是那个女生的样子。后来,我在《时代电影》上发表了一篇名为《阿莲》的文章,一时轰动全校,我大概是我们学校第一个在公开期刊上发表文章的人,并收到了几十封来自全省不同年龄段笔友的来信,我因此而声名鹊起。学生时代记忆深刻的还有篮球,我进商校之前从未碰过篮球,发现学校里最风光的是篮球队员,我就下决心练习篮球了。我经常和我的下铺兄弟老尹以及隔壁宿舍的同庆、刘林、伟乾、老花一起练习篮球。那时我的篮球水平很差,以至于白天不好意思出来打,只好晚上下课后摸黑去练习。为了提高投篮准确率,我还专门找曲阜师范大学毕业的体育老师李涛教我投篮,经过一番努力,我成为当时学校投球命中率最高的球员之一。在商校学习了四年,我也打了四年篮球,从刚开始球都不会拍到后来一直打到班里的主力,从第二轮都进不去到带领班级打到最后的亚军。我的篮球技能可谓是质的飞跃,更为重要的是,打篮球使我的身高突飞猛进,四年时间我长高了大约20公分。另外,我还找纪海和永飞练乒乓球,也是从一点不会开始学，最后竟然打到全校第五。

1997年11月中旬左右，我听一个老乡讲临沂荣华大酒店正在招人，于是我就手工制作了一份简历去酒店人事部毛遂自荐。荣华大酒店是临沂烟草专卖局下属的集体所有制企业，那时还很难进。我到人事部时遇到了部门经理，她知道我的情况之后就把我推荐给了财务部。我便去面试了，当时是一个胖子经理面试我的，他说工资有600元左右，这是我一个学期的生活费啊！以至于我在面试完回校的路上总在想他是不是讲错了，怎么有这么多钱？后来才知道面试我的是张经理，我们现在仍然是很好的朋友，他所说的工资没有错，上班后我的工资涨到800元左右。由于酒店当时正缺人手，酒店人事部门有一天打电话给我们学校校长建议我尽快上岗。我们学校校长不同意我去上班，原因是不能解决户口，而且学校还没有提前毕业的先例。我便给当时的于国水校长写了一封长达两千字的信，陈述其中的利害。最后说服校长签字放行，我现在还记得于校长写在我信笺上的批示：同意去荣华工作，但要参加期末考试。我提前毕业参加工作这件事现在看来没什么，但在当时还是统招统分的时代却是件很轰动的事，以至于现在回临沂遇到一些校友时还会聊起来。

### 三 漫长的边工作边自考历程

1997年12月1日，那时的我只有18岁，18岁本该是一个刚进象牙塔、与知识和真理为伴、在浩瀚的书海中遨游的年纪，却来到酒店这个社会缩影下的大染缸开始了工作生涯，俗语讲算是混社会了。每当想起此事，我内心总是充满着深深的遗憾，为我不能在那个个性开始成熟的年纪里与知识为伴，与更优秀的人在一起生活和学习四年。但是，有时候命运的安排就是这样，看似给了我们选择的机会却没有留给我们选择的权利。我的第一份工作是夜审，从夜里8点开始上班，一直到凌晨4点下班，工作的主要内容是把当天酒店所有营业收入进行分类汇总并形成营业日报，并于次日上班前报给酒店领导。我很快就熟悉了夜审的工作，并在工作了十多天后被提为夜审领班。那时的我是一个彻头彻尾的理想主义者，总是想着为提高酒店营业收入而出谋划策，想着拯救那些在娱乐部上班的姐妹们于水火之中……现在想来那时的我天真却也质朴。

我在荣华工作是从1997年12月开始到2004年4月结束，其间除了2002

## 后记：激情燃烧的青春岁月

年到北京培训 10 个月之外，整整干了五年半之久，度过了 18 岁到 25 岁的年龄，从一个莽撞少年变成拥有丰富社会经历的青年。在这一阶段，我从夜审领班干到收银主管、再到大堂副理、最后是政工主管。工作中虽不断前行，但没能有所建树，倒是年少时落下的胆小的毛病在工作中显露无遗，管理工作也没有什么章法可言，当时我管理着一个 20 人的收银队伍，清一色的女生，有些不知道如何着手。但是五年多的工作经历也为我日后的工作打下了坚实的基础，知道了遇到难题如何找突破口，如何发挥四两拨千斤的作用。

在这期间我做的最重要的一件事情就是坚持自学考试并最终获得大专文凭。中专毁了一大批人，但是上帝关上一扇门的同时又会为我们打开一扇窗，自学考试又挽救了一部分人。一直到现在，我最感恩涕零的国家教育政策就是它给予了所有有志之士高等教育自学考试的机会，它为太多清贫的学子创造了一个圆梦大学的机会。以前外企特别看重自学考试的学历，现在其含金量好像没有以前那么高了，我仍希望有关部门还是能够高标准、严要求地把这个考试继续举办下去。

我的自学考试之路非常漫长而艰辛。我从 1994 年刚上中专时就参加自学考试，一直到 2001 年 4 月才拿到大专文凭，经历了七年时间。我参加的是山东经济学院会计学的高教自考，起初有 13 门课程，结果考的过程中又加了两门，所以一共是 15 门课程。在临沂商校学习的头两年里，我通过了 6 门课程，但到后来松懈了，把精力转移到打篮球和做文学青年上面去了，就把自考放了下来，剩余的 9 门课程则全部是在酒店工作时通过的。参加工作后继续学习的确要攻克很多难关，我记得晚上在办公室看书时，酒店 KTV 传来的阵阵歌声会让人无法集中精力，如果唱得好还勉强算是一种享受，但大部分时间却恰恰相反，听到的大多是客人醉酒后狼一样的嚎叫声。由于办公区和营业区相邻，这种声音会无比清晰地、如潮水般不停地冲击着你的耳膜，我也是俗人一个，唉，那种感觉若非亲身经历真的是无法体会！更让人难过的是，你在工作之余学习，身边的人轻则不理解，认为你这人不务正业，放着工作不好好干，还想这想那的；重则骂你疯子，精神不正常，我的同事甚至还扔过我的书。时间久了，身边的人会孤立你，聚会也不叫你，吃饭也不喊你——别耽误了你看书的时间！另外，由于当时网络极其不发达，没有网络课程辅导，所以自己只能一页页地翻、一章章地过，好多内容理解不透，及格率也特低。在我的记忆里，自考课程中有很多门是重考过的，有的还考过多次，像高等数学就考了5次，宏观经济管理考了4次，成本会计考了4次，财务管理考了3次，而每次考试若通不过，则必须等到课程轮换一遍后才能重考。说来也巧，每年春季自考的那几天往往都临近我的生日，有两年的生日就是在考场上度过的；更有意思的是，自考时细雨如丝的天气居多，我也是爱极了这润物细无声的天气。

我现在特别理解在工作中继续学习者的艰难与不易。如果你能找到一个学习的伙伴共勉之那是再好不过了。庆幸的是，我在酒店工作时遇到了一个参加自学考试的伙伴，他叫齐福春，和我同龄，学习特别刻苦，我们一起报名，一起学习，在相互鼓励而又相互竞争的过程中考过了一门又一门，我们也在共同的奋斗中结下了深厚的友谊。如果找不到一个同行的伙伴，那我想告诉你，一定要耐住寂寞，一定要保持一种"阿Q"般的乐观精神，就当作"龙之未升与鱼鳖为伍，待其飞升，不能视鳞"吧！人在特殊的时期必须要有一种革命的理想主义与革命的英雄主义精神的。

### 四 注册会计师：坚持到底的游戏

谈起注册会计师，又是一部旷日持久、异常惨烈的攻城战，其间既有金戈铁马、气吞万里如虎的凌云壮志，又有短兵相接、勇拼刺刀的实战技巧。

我第一次注会报名是在2001年，那年我和同事小齐一起去临沂天成会计师事务所报名。在报名之前，听到了太多关于注会的传说，说是多么多么难考，考上后有多好多好的待遇等。只要是好的，我就想去尝试一下。第一次报名纯粹是当炮灰，一边工作一边考还是有难度的，当年便灰头土脸地下了战场。

2001年我成功通过了高等教育自学考试后便蠢蠢欲动起来。半夜醒来常扪心自问这一生是不是就这样了？经过慎重考虑，我决定去看看外面的世界。首先得确定目的地：香港、北京、上海。香港是全世界会计师行业发展最好的地区之一，但是由于护照、学历、语言等原因未能成行；上海是当时的一个选择，但当我知道有一个远房的表姐在北京海淀图书城做临时工帮别人卖书后，就决定来北京了。其次是确定去北京干什么，参加注册会计师培训就恰如其分

## 后记：激情燃烧的青春岁月

地成了我去北京的理由。最后是准备负笈远行的盘缠。碰巧发生的一件事情也加速了我去北京的步伐，有些酒店每年中秋节会做一些礼品月饼，如果你能推销出去会有一些提成奖励。我当时负责酒店所有的催账清欠工作，在这个过程中我认识了一些单位负责招待的办公室主任，这些人际关系为我在月饼推销中帮了大忙。2001年酒店制作了礼品月饼用来促销，结果我成为酒店里面推销月饼最多的那个人，一共卖出去了7万多元的月饼，销售提成拿了8120元钱。8000多元的销售提成加上我工作四年的储蓄，一共有15000左右，这就成为我"北伐"的军粮！

我办理了停薪留职去北京学习，这件事情好像在单位里又掀起了一阵波澜。2002年4月27日，我买了一张临沂到北京的火车票，我至今清楚地记得是K52次，硬座，票价113元。晚上18:10，火车缓缓开动，经过了费县、平邑、泗水、曲阜、兖州、泰安，到达济南时已是半夜时分；从济南往北的地界是我之前从未踏过的，所以每往前一步都是我那一刻所去过的最北边的地方。我坐在座位上，激动得睡不着觉，贪婪地看着窗外的夜色，心中无比憧憬，前面的道路肯定是坎坷曲折的，但是我知道我正在迈向新的人生。从济南往北，过了德州、沧州、天津，天就蒙蒙亮了，火车又开了不长时间，我就看到了一个很大的城市，楼很高，路上的车跑得很快。快到站时，我被列车广播感动得眼角湿润：朋友们，北京很快就要到了，北京是祖国的首都，是我国的政治文化中心，是全国各族人民向往的地方！凌晨5点左右，我背着沉甸甸的装满十多公斤书籍的牛仔包顺着人流出了北京站。北京，我来了！

我打了一辆出租车，花费23元去北京航空航天大学东门，结账时感觉好贵啊！在我们那个城市花10元钱就能转个遍。路上的车不像现在那样拥挤，车速较快，我印象最深的是在驶上一座桥时看到旁边一座古色古香、飞檐青瓦的古建筑，非常有历史的厚重感！后来我才知道那是二环边上的雍和宫。当时我报名参加的注会辅导班是位于北航南门的联信会计学校，但由于之前没有沟通好，我并不知道北京早晨上班是9点钟，所以我就在北航的东南门站了3个小时。在南门报完名之后，我就去北航青年公寓登记住宿，住宿的地方在北航北门西边一座弧形楼的地下室。来北京的第一个晚上，宿舍里就我一个人，孤孤单单的，地下室有些阴冷，北边马路（北四环）车辆驶过的声音透过半边窗户清晰地传进来，我躺在床上，心情久久不能平静，这个城市是有些陌生，但很大气，我想留在这里。宿舍里很快就来人了，都是来参加注会辅导班的，有从大兴安岭赶来的工作多年的田长海、来自牡丹江的崔毅宁，有刚结婚10天就离开妻子从湖南怀化赶来的吴明戍，还有一个来自山东枣庄的老乡，后来又住进来两个学友，分别来自湖北和内蒙古。

  2002年5月到9月，我在北航度过了4个月的时光，这是我第一次感受大学校园的生活，时光很短暂也很快乐。我和同宿舍的学友一起去北航体育馆对过的会议楼上课；那时我极爱吃七食堂的凉拌猪头肉，现在那个食堂已经拆掉了，有时也去五食堂和旁边的那个叫不上第几食堂的地方吃饭；空余时间我会去操场上打篮球。那时教审计的范友亮老师老爱讲一些黑色幽默笑话，教会计的张筱冰老师业务水平很高，教财管的是人大的博士田明，来自天津商学院教税法的赵颖老师爱用奶粉制成冰淇淋的过程讲解相关税种，真是生动有趣极了！2002年是韩日世界杯之年，我们也会逃课去看比赛。那年我认识了当时经管学院的青年才俊熊飞，现在是很好的朋友。另外，很重要的一件事情是期间我知道了我有资格考研究生并为之高兴了很久。2002年，我报了五课CPA，考了四科，只过了会计一科。当知道成绩的时候，我的心情非常失落，在冬日临沂的街头默默地走了很久。

  自2002年底起，我开始了考研复习，注会学习就因此中断了，一直到2006年考上研究生之后才重新收拾旧山河再次参加注会考试。2006年我调剂去西南林学院读研究生之后，便心无旁骛地开始了注会课程的学习。2006年报考了四科，通过了经济法和税法，同时2002年考过的会计作废。2007年，我作为云南省学联干部，因接待北京多所大学以及香港辅仁大学的宣讲团在昆明的活动，故没有参加当年的注会考试。

  2008年在我第一次考博失利后，我回到昆明认真地复习剩余的三门课程。在2008年的那个暑假里，我每天几乎都是这样度过的：早晨7点钟吃过早餐后背上书包拿着水杯去西林图书馆一楼靠近门口的座位开始学习；从7点半看书到11点半，午餐后上半小时的网，然后午睡到下午2点，再去图书馆看书；下午4点半左右，总会有人给我发短信或去图书馆叫我去打篮球，打上下场多一些，有时是全场的比赛。我感觉昆明的天黑得特别晚，打到下午6点半才收工，回去冲个澡就急奔山下的烧烤摊喝酒，一直到晚上11点半宿舍关门前才回去。云南的酒都是货真价实的，酒味浓厚醇正，啤酒有大理啤酒、澜沧江啤酒，红酒有云南红，白酒有鹤庆干酒，还有数不清的杨梅泡酒、天麻泡酒、三七泡酒等。我有一次去南方电网审计时还喝过一种蛤蚧酒，挺难忘的。在考注会的过程中，我经常在图书馆摆下擂台，迎接大家的挑战，有什么难题尽管来问，为此认识了好多小师弟；我们研究生三班的很多同学也被带动起来，跟着我一起考起注会，现在好几位同学都考过了。学校的老师非常惊诧，2006级研究生三班是近10年来学习最勤奋的一个班级了。其实，这完全来自于一种"势"的创造，我只是很幸运地成为创造这个"势"的人罢了。为了方便考试，我提前到考场附近的旅馆住下，由于考前急火攻心，我嘴唇周围和鼻孔里面长满了水泡，疼痛难忍。同学马宝在周边一单位实习，听说我在准备考试就来看我，带来的好多瓶金银花露和退火的饮料，帮了大忙，让我顺利地考完了所有课程。当年，我报了三科，过了会计和审计。2009年我在工作后把最后一门财务管理也考过了，那是实行注会考5门政策的最后一年。

听说现在注会有好多客观题，难度比以前降低了很多，以前有些年份的题目简直就是以不让你考过为目的，设置了许多陷阱。不过这个可以理解，选拔考试嘛！狭路相逢，有勇有谋者胜。考注会必须要付出时间和精力，秘诀就是坚持到底，没有其他任何捷径可言。通过反复做题和不断理解书中内容是一种快乐，考完注会的人才能真正体会那种"疑是无路处、转眼豁然开"的美妙感觉，并且注会考试彻底打通了任督二脉，从此我不再惧怕任何考试。

## 五　令人断肠的三次考研会战

2000年左右，我老家有一位大学生考取了清华大学MBA，他读清华研究生的事情让我艳羡不已。2001年春节放假时，我去他家咨询关于研究生的事情，他听完我的自考经历后给我提了一些建议，大意是说我能参加自考已经很不容易了，清华研究生的难度很大。尽管事实确实如此，我还是调动起了所有的能量，在心中默默树立起了考研的目标。但是，物质条件及报考资格不允许，我只能在等待中积极地寻找机会。

先说一下清华吧，因为这所大学在我年轻时的梦想里实在占有太大的分量。我在酒店工作时，电脑的屏幕背景共有两张图片：一张是清华大学的校门，一张是香港维多利亚港的夜景，这两张图片时时激励着年轻懵懂的我不断前行。2002年我到北航住下后去的第一站就是清华。2002年五一前两天，我到了为之神往的清华大学，过程非常难忘。那天阳光明媚，我从清华的东南门进去，映入眼帘的是高高的办公楼，路的两侧都是很有特色的学院楼，路上来来往往的游人很多，我内心无比感慨，这就是自己魂牵梦萦的清华；我内心也无比遗憾，为自己年轻的时候不能到这样的学校里与真理为伴而阵阵心酸。我走进了一栋建筑物买了一瓶饮料，出来的时候就坐在台阶上休息，看清华的人来人往。等我站起来走了两步不经意间回首的时候，我看到墙上写着清华大学经济管理学院的字样，我屏住呼吸，看着在网上查过无数遍，半夜醒来想过无数遍，寄托着我年轻无限梦想的地方就这样真实地出现在我的面前，我眼眶润湿了，眼泪忍不住地流了下来……只为对这个地方毫无理由的喜欢，虽不能及，心向往之！

梦想毕竟是梦想，现实毕竟是现实。后来，我去清华经管学院研究生招生办咨询考研事宜，里面一位老大妈告诉我不要考这里，说学院都是全英文授课，再说清华不收以同等学历报考的专科生。后来我好像不相信自己似的，又跑去问了一遍，结果还是无比失望，却又怀着一点阿Q精神骑着自行车巡礼了一遍清华校园再回去，仿佛我也曾在这里学习和生活过。2002年夏天，我偶然知道了北京工商大学会计学允许同等学历专科生报考研究生，看到招生简章后我简直像打了鸡血，我有可能成为研究生了！

2002年9月考完注会后我又回到了北京，先是在颐和园后面中央党校旁边的大有庄表姐家的厨房里住了一段时间，后来搬去西三环航天桥东中国航天家属院的地下室旅馆居住，每月租金500元。我参加了北京工商大学的考前辅导班，很快发现专业课根本不用学，注会那些东西完全可以应付。考研政治很有意思，我自己也喜欢读。不能应付的是英语，对我这个只有初中英语水平、后来在酒店工作时去临沂师范学院英语系旁听过一年多的人来讲，考研英语很难逾越；更不能应付的是数学，对我这个连高中数学都没学过，排列组合都不懂，连线性代数和概率统计的学科名称都没有听说过的人来讲，考研数学简直就是难于上青天。当我第一次打开线性代数时，那种感觉太抓狂了，怎么一大堆数字以这样的形式（矩阵）表达出来呢？概率统计更是荒唐，天书啊！为了学好数学，我那时每天去北航听高等数学、线性代数和概率论的课程，和一群大学生一起上课，说实话，陪太子读书，没有高中数学基础我完全听不懂。2002年12月，课程结束之后我回到了临沂，在单位东边的民居里面每月花100元租了一个单间，准备最后的考研冲刺，那种感觉很难受，明明知道了结果但是还必须全力为之。

经过北京8个月的学习，我基本上花光了我所有的积蓄，再回临沂时我基本上没有钱了。那时每顿饭的生活费只有1.5元，花1元钱买6个煎饼，花5毛钱买点青菜回去炒着吃。学习是一件很费精力的事情，由于没有太多营养，我那时异常消瘦，满脸苍白，我的印象就是肚子经常会饿，6个煎饼一次就能吃完。最让我感动的事情就发生在那个时候，每天中午，我会骑一辆破自行车固定地到荣华大酒店南边十字路口一个大嫂的菜摊上买菜，我估计当时她通过我满脸的菜色看出了我的拮据，我当时只能买5毛钱的青菜，她也不多说什么，会提前把菜顺好，把芹菜叶摘掉，回去一洗直接下锅。每当想起这件事，我总是泪奔，这个大嫂因为城管已经不在那里摆摊了，如果可能，我很想报答她当年在我近乎乞讨的日子里给我的那种最真挚的同情之心。当时田学苗大姐给我买了一只乌鸡让我煮了吃补充能量，到现在我依然铭记在心。那时我最好的兄弟齐福春去看我，我只能买2元钱的煎饼和一盘清炒绿豆芽去招待他，记得吃饭时我们相对无言。

我当时租房的条件很差，门缝很大，寒风往屋内直灌，室内放一盆水都会结冰，方便时还得走半里路去一个公共厕所解决。北方的冬天很冷，为了取暖，我在被窝里看书，并把室内唯一的热源———个台灯放到被窝里面，最后戴着帽子睡去。每天晚上临睡前，我会读40分钟的新概念英语，以培养语感；最后再读一篇《古文观止》的文章，与范仲淹、王安石、苏轼等先贤对话，每每读到他们字里行间的郁奋之情和艰难困苦、玉汝于成的波折经历，我总是泪流满面、欷歔不已。那时的我就像是秦琼卖马，就像是吕蒙正斗笠泡饭，就像是范公南京分粥，就像张载侨寓凤翔；他们又像是璀璨的星空，我正是得益于此，才使我不至于在黑暗中迷失方向或者丧失勇气。2003年1月的考研很快就到来了，我学了100天多一点就第一次登上考研的战场，结果很惨烈。

考完试后很快就到年关，我回老家过年时给了父母200元钱补贴家用，再回临沂时手中就只剩40元钱左右了，经济困难加上2003年的"非典"，我也断了再回北京追逐梦想的道路。2003年，我回到以前的单位荣华大酒店工作，很感谢当时的酒店领导给我再回去工作的机会，我那时的工作是在政工部做政工主管。由于工作轻松，我又可以再学习了。但是我必须解决钱的问题，如果没有钱，去北京仍然是镜中花、水中月。我便开始在报纸上找兼职会计，2003年底我在临沂义堂找到了一份木业公司的兼职。后来公司做得越来越大，我作为财务总监已经没有更多的时间兼顾两头，于是我在2004年4月左右辞掉了荣华大酒店的工作。天下没有不散的筵席，荣华大酒店，我的第一个工作单位，我从18岁到25岁最美好的青春时光都是在这里度过的。

2004年我所在的木业公司转制成为一家中美合资企业，作为财务总监，我每个月的工资是3000元，由于大老板的问题，我在那里只干了大约4个月，我赚了9000元钱，还少给我一个月的工资。2004年，家中出了很大的变故，我的弟弟离家出走，后来在江苏找到他，但也花掉了我在荣华工作时积攒下的大部分工资。我对弟弟的感情很深，总是恨铁不成钢，但是现在他已经独当一面了！我在木业公司赚到9000元钱后不久，我又上路了！2004年8月2日，我把所有的东西拉回沂水老家，离开了临沂这座我学习工作了十年、带给我痛并快乐的城市，再次"北伐"。当火车缓缓开动的时候，我给好友小齐通电话，给家中的老母亲通电话，我告诉自己，不管怎样，我不能再回来了。

财政部财政科学研究所，是当时北京仅有的几所招收自考专科的学校之一，与我第一次报考的北京工商大学一桥之隔，也是我准备考研的学校。2004年8月3日，我报考了文灯学校的数学辅导班，由于暑期原因，我可以在中央财经大学宿舍楼住，也很认真地第一次系统学习了考研的数学课程。8月底的一天，我第一次去财科所研究生部咨询考研政策，研究生处王老师建议我读一下所里的进修课程，如果考上了可以继续使用学分。9月我便成为财科所的一名进修生，一边进修研究生课程，一边参加考研。幸运的是，我有了许多考研的同伴，也对所里的有关政策及出题风格有了很深的了解。不幸的是，由于时间的关系，加上数学实在是难，2005年1月我第二次考研还是失败了，原因还是数学不及格；更为不幸的是，我的钱又花完了。

这时，出现了几个贵人。一个是临沭工作的曹恩民，我们在学习会计职称时认识，一见如故，作为忘年交，他在我最困难的时候在经济上支持了我；一个是临沂的朋友王晓华，支持了我 5000 元钱；一个是小婕，我的女朋友，我们在财科所进修班认识，现在我们组成了幸福的家庭，我大部分的花费都是她支持的，一直到我参加工作。这三位可爱的人是我完成考研梦想最重要的财力保障，值得我一辈子感恩。

我终于不用再顾虑下顿能否吃上饭，终于平心静气地准备第三次考研了！想想放下包袱、开动机器，追逐自己的考研梦真是一件幸福的事情。所以，整个 2005 年，我每天都在认真的学习中度过，一边有女朋友的呵护，一边有同学的鼓励。当然了，我和小婕老爱去隔壁食堂，因为那里有我最爱吃的凉拌猪耳朵与猪头肉。

当你把考研目标分解到每一天，然后去完成每天任务的时候，再困难的事情也会变得简单。对我而言，政治和专业课不算难；英语方面我就傻背了一万个词汇，从那后我就能应付所有的英语考试了；数学我就是不停地做题，但是后来证明我还是失误了，因为基础不扎实，过多地追逐难题是没有太大必要的，高度重视真题才是不二法则，如果你能把真题进行分类汇总，基本上就能应对 90% 以上的考题。这是教训，考友可以参考，前车之鉴吧。

时间很快到了 2006 年 1 月，两天的研究生考试就轰轰烈烈地过去了。我的感觉不是很好，主要是担心外语和数学不能及格，那年春节我过得很忐忑，老在想考试的事情。后来成绩出来了，外语考得还挺好的，但是数学太低了，才考了 90 分，加上那年财科所的专业课很难，分数普遍较低，导致我总分没有达到 A 区的分数线。尽管心里很难过，但是还得考虑调剂的事情。调剂的情况很不乐观，因为大部分学校都不要自考专科同等学历报考者。我专门用一个笔记本，记录了大陆所有的招生院校，并一一电话咨询，得到的答案就是不能要我这种同等学历报考者。这一过程持续到了 4 月，我又抱着试试看的态度给可能招收我的两所学校打去电话，包括新疆石河子大学和西南林学院。西南林学院最终确定给我面试机会，但告诉我第二天就要面试，当天必须飞去昆明。

2006 年 4 月 18 日，是我的生日，我和小婕吃了一碗长寿面，就一起坐机场大巴去首都机场。在经过财科所东边的小店铺时，里面还放了一首我最喜欢的歌曲——大长今的主题曲《希望》，其明快的节奏也能代表我当时的心情。那是我第一次坐飞机，当飞机升起来的时候，我想今天是我27岁的生日，这一刻，我终于飞了起来！是的，我在奔向新的光明。

## 六　博士成就人生质的飞跃

2006年9月，我开始了在西南林学院读研的美好时光，这是我第一次真正意义上地走进大学校门。西南林学院位于云南昆明白龙寺的小山上面，隔壁就是云南世博园，校园里绿树青青，竹涛阵阵，花香满园。昆明的气候特别好，不愧为春城，一年四季如春，无酷暑寒冬。我读研的那一年，学校一共招收了309名研究生，我的学号是最后的309号，想想也有些后怕，如果学校招满了我的经历还要重写。尽管我以同等学历考入，不是科班出身，但很快发现我是班里专业知识最扎实的那一个。

西南林学院现已改为西南林业大学，我在这里度过了两年的读书生涯，考完了注册会计师、尝试国家公务员考试并认真准备博士考试。大理鸡足山，丽江普济寺，香格里拉梅里雪山，玉溪市抚仙湖及所辖的江川、通海、澄江、峨山，红河市及其所辖的建水、石屏、元阳和河口，澜沧江边的临沧、云县都曾留下我的足迹，正是云南的山山水水抚平了曾经溢满我内心的失意。而学校山下的烧烤、彩云之南的小吃、图书馆里相见不相识的学友、打遍云南无敌手的篮球队友，以及与云游高僧大德的彻夜长谈都将成为我人生"V"字转弯时的永恒印记。

由于成绩优秀，我成为可以提前毕业的研究生之一，也就是说，2008年我就可以毕业了。2007年冬天，我便第一次很认真地准备了国家公务员考试，虽然很用心，结果却不理想。2008年春节刚过，我就坐火车回到了学校，全力准备第一次博士考试，目标是财政部财政科学研究所的会计学专业。

第一次考博我准备了45天左右，尽管时间不长，但是我高度专注、全力以赴，每天都在西林图书馆二楼看书。考前十天，我从昆明到北京，住在小红庙陈澍兄弟的家里。由于财科所英语考试中翻译和写作占了65%的分数，我便找到考研时使用的《英语长难句分析》，把书中所有的句子英汉互译了一

## 后记：激情燃烧的青春岁月

遍。经济学则参考人大版吴易风等合著的研究生教材《西方经济学》，专业课看的是《企业会计准则解释》以及一本会计概念框架。对于经济学和专业课，我边读书边分类总结，认真地做了笔记。事实证明，要想考博成功，做笔记是最有用的方法。博士的考题很少，关键是看你回答问题的深度，通过结合多本书籍对每个考点整理的综述笔记无疑是价值千金的。印象很深刻，那年在考场上，由于题目很少，很多考生坐了一个小时就没什么可写了，结果是一大帮人看着我在那里不停地写啊写，我用完了十几页的试卷纸，一直写到三个小时考试结束，考完试还有考生问我有什么好答的还用那么长时间。其实，我答在试卷上的内容相当于把笔记又默写了一遍。那年我英语考得不太好，总成绩223分，是整个财科所会计专业的第二名，与第一名差了2分，我的两门专业课分别考了当年第一。在报考同一导师的人之中，我比第二名多了15分之多。尽管笔试成绩较好，但是由于面试中英语口语表现较差，加上其他的一些客观原因，我又名落孙山。

　　这个结果让我痛苦不堪，就像有些电影剧本所描述的那样，故意把一些不幸全部写到某个角色身上，我当时真的"hold"不住了，甚至想去滇西的寺庙出家，不再淋这人生的风雨了。在硕士导师刘德钦和师母的劝导下，我在老师家里喝得酩酊大醉，奋斗前行的人往往是脆弱的，我把多年的苦水全部倒了出来。

　　2008年8月暑假期间，我和小婕一起去滇西的大理、丽江和香格里拉旅游，在这次旅程中，我认识了一位骑马云游归来的藏传佛教老师傅、一位鸡足山的禅宗老师傅，我与他彻夜长谈，并先后在密宗禁地和寺庙里面住了几个晚上，对前途和命运有了许多人生顿悟。不得不承认，那是我人生最低谷的时刻，从那开始，我人生的境况出现了好转，人生的局面出现了转机。

　　2009年春天，我还是准备了第二次博士考试。开始时我计划还考会计学专业，但是拿出上一年的笔记和教材来时，内心无比伤感。经过一番考虑后，我决定换专业，就把报考方向调整为财政学，导师依然报最好的导师。这一调整的难度还是很大的，因为经济学和专业课还要重新学习。还是同样的学习方法——做笔记，学习地点改到了首都师范大学物理系自习室。我在那里认真地把宏观经济学和财政学学了一遍，功夫不负有心人，那次我的笔试成绩是本导师的第一名,经济学还是所里的单科第一,加上我苦练英语听力和口语以及闫老师的指导,我很荣幸地成为2009级财政学专业的博士研究生。

玉渊潭畔、航天桥边的财科所是改变我一生命运的地方,这里是当年北京仅有的几所愿意招考自考生的学校院所之一,这里曾寄托着我最初的梦想并激励了我许多年。我在这里进修,考研两次未果,调剂到云南读研结束后又回到这里,并最终完成了自己的学业梦想。财科所的各位经济学泰斗如同天上的繁星,照亮我前行的道路。另外,感谢我所在的2004级硕士进修班同学,像叶学明、曲向明、陈林、王晶晶、王徽、孙娟、陈志鹏,我所在的2009级博士班同学(限于篇幅不能一一列举了),以及所有师门的兄弟姐妹,我视之为人生永恒的财富!在此感谢他们给我温暖、陪我成长、见证彼此。

博士三年很快结束,我终于在2012年4月底完成了博士论文的写作,那时正值暮春,"莫道今年春将尽,明年春色倍还人"。论文的完成,最应该感谢的是导师张少春副部长和社科院闫坤教授。张老师是"桃李不言、下自成蹊"典型的代表,不言则已,一言则天下春秋、功名文章信手拈来,尤其他那种"愿同往,鲈莼江上,再忆南池旧事"的读书人情怀让我们这些门生受益匪浅。我曾就论文题目向导师汇报过,张老师指示这是顺应当前形势的"显学",要认真写好。闫坤教授则是当前中国财政界的公认的"美女教授",内外兼修,风华冠今;早年人大毕业后留学东洋,学术多有建树,行政也是一把好手,其仗义执言、雷厉风行的个性尤其让人佩服。正是得益于闫老师从论文开题、论文修改、论文预答辩的认真指导,文章才得以顺利出炉。

博士毕业后,我又申请了社科院经济所的博士后进站学习,我会以更加饱满的精神,刻苦钻研,切实提高自己研究问题的能力。

## 七 国考与现在的工作

我当年参加国考的单位与现在的工作单位不是一个地方,算不上一个成功的案例。但是,其中的某些经历和个人的看法可以成为更多人士成功的台阶,算是抛砖引玉吧。

2007年冬天,我第一次很认真地准备了2008年国家公务员考试,最后的成绩是120分,考分不算高,在财科所参加同年考试的同学当中排在四、五名的样子。报考岗位时想报一些冷门岗位，所以财政部、发改委什么的都不敢报考，就凭感觉报考了一个好似冷门实则不是的地方，具体的岗位是国资委一个叫纪检监察局的地方。事实证明我又错了，那年这个岗位的面试线非常之高，我没有进入面试线，但是，我的分数对之前不敢报考的岗位而言都是高分。其实，国家公务员考试的岗位没有绝对的冷门和热门之说，都是相对的。报考的公务员岗位一般每年只招一两个人，面试的比例为1:3或者1:5，从那么多的报考者当中选出前6名或前10名其实是不容易的。所以，我在此劝那些依然在路上走着的朋友，考公务员就选择那些你愿意为之付出青春的专业岗位，只有你喜欢的事情你才愿意为之付出努力，追逐梦想才有意义。

从考试本身而言，我感觉行政能力测试还是一个熟练工种，你只要愿意付出努力，多做题多总结规律，还是能提高分数的；申论则是一个基础工种，需要你平时的积累，"平时不烧香、临时抱佛脚"是没有用的，《瞭望》《半月谈》和《新华每日电讯》是提高申论写作水平最好的参考资料，如果按照政治经济文化热点分类背诵十多篇范文一定会对你的考试产生不可估量的作用。

2008年9月，我回到北京，参加了新华通讯社的考试，成功地进入了面试阶段，经过实习，最后于2009年7月进入这个有着80多年历史、承载国家耳目喉舌和智库及消息总汇职能的机构上班。我参加国家公务员考试的过程也就随之结束了，但那时战号长鸣、挑灯看剑的情景历历在目，写出来也算是一个纪念吧。

2012年7月，随着博士毕业，我10多年奋斗的历程告一段落，进入了三十岁后的青壮年时期。2012年底，女儿兰舒降生，这个可爱的小宝贝也提醒我踏上了新的人生阶段。我的岳父讲《钢铁是怎样炼成的》这本书对他影响很大，激励了他们那一代人，其中那句最有名的话也成为他的格言：人最宝贵的东西是生命，生命对于人只有一次。一个人的一生应该是这样度过的：当他回首往事的时候，他不会因虚度年华而悔恨，也不会因碌碌无为而羞耻。每每读到这句话，总能感觉到那种沉甸甸的分量。回忆我过去的青春岁月，其间有太多的酸楚，有太多的失败，成功总在最后的绝望时分才姗姗来迟，但是，我可以很自豪地讲，在之前的岁月里，我既没有虚度年华，也没有碌碌无为！

灿烂的太阳，皎洁的月亮，闪闪的星星，蓝蓝的天空，广阔的大地，无边的海洋，万紫千红的花草树木，千姿百态的虫鱼鸟兽，感谢这美好的大自然，令我无限神往，给了我生命与力量；感谢苍天，你总是在关上所有的门之后再给我开一扇窗。难忘我的亲生父母及老家所有的亲人，他们一直为当时家中经济困难而让我委屈就读中专而后悔遗憾，也一直为现在的我千淘万漉苦尽甘来而欷歔不已。写至此处，泪水与笔墨齐下，不能竟书而欲搁笔……。感谢爱妻小婕，她外表秀丽、内心善良、勤劳持家、履行着一个贤妻良母的角色，可以说，没有她就没有我现在的一切。感谢岳父岳母，他们任劳任怨地支持我逆水行舟，踏破一道又一道的关隘。

感谢在青春岁月里帮助过我的人，是你们让这个过程变得那么温情脉脉；感谢那些有意或无意为难过我的人，那是一种负激励，对手的存在让我变得更加坚强；感谢所有的同学朋友，是你们见证了我一个又一个阶段的故事；感谢自己，无论是折戟沉沙还是漫漫长夜，我总是在心中燃起熊熊的火焰，屡败屡战，愈挫愈勇，从绝望中寻找希望，不断地将一个个不可能变成可能。

我只是一个个体，由于经历过于特殊不具有代表性，但是我一直在追逐我的梦想，我坚信我的梦想也是当前伟大"中国梦"的一部分！我同千千万万的劳动人民一起共同编织这个中华民族伟大复兴的光荣梦想。让我们继续怀揣对未来无限美好生活的向往，让我们继续相约未来光辉灿烂的岁月，共同书写不朽的人生传奇！

## 图书在版编目(CIP)数据

中华文化"走出去"的财政政策研究/黄波涛著.—北京：社会科学文献出版社，2013.7
　ISBN 978-7-5097-4696-7

　Ⅰ.①中…　Ⅱ.①黄…　Ⅲ.①文化交流-国际交流-财政支出-财政政策-研究-中国　Ⅳ.①F812.45

中国版本图书馆 CIP 数据核字（2013）第 114392 号

---

### 中华文化"走出去"的财政政策研究

| | |
|---|---|
| 著　　者 / | 黄波涛 |
| 出 版 人 / | 谢寿光 |
| 出 版 者 / | 社会科学文献出版社 |
| 地　　址 / | 北京市西城区北三环中路甲 29 号院 3 号楼华龙大厦 |
| 邮政编码 / | 100029 |
| 责任部门 / | 经济与管理出版中心 (010) 59367226 |
| 电子信箱 / | caijingbu@ssap.cn |
| 项目统筹 / | 恽　薇 |
| 经　　销 / | 社会科学文献出版社市场营销中心 (010) 59367081　59367089 |
| 读者服务 / | 读者服务中心 (010) 59367028 |
| 责任编辑 / | 张　扬 |
| 责任校对 / | 刘宏桥 |
| 责任印制 / | 岳　阳 |
| 印　　装 / | 三河市尚艺印装有限公司 |
| 开　　本 / | 787mm×1092mm　1/16 |
| 印　　张 / | 13.5 |
| 版　　次 / | 2013 年 7 月第 1 版 |
| 字　　数 / | 218 千字 |
| 印　　次 / | 2013 年 7 月第 1 次印刷 |
| 书　　号 / | ISBN 978-7-5097-4696-7 |
| 定　　价 / | 49.00 元 |

本书如有破损、缺页、装订错误，请与本社读者服务中心联系更换

▲ 版权所有　翻印必究